Peindre la Provence à l'aquarelle

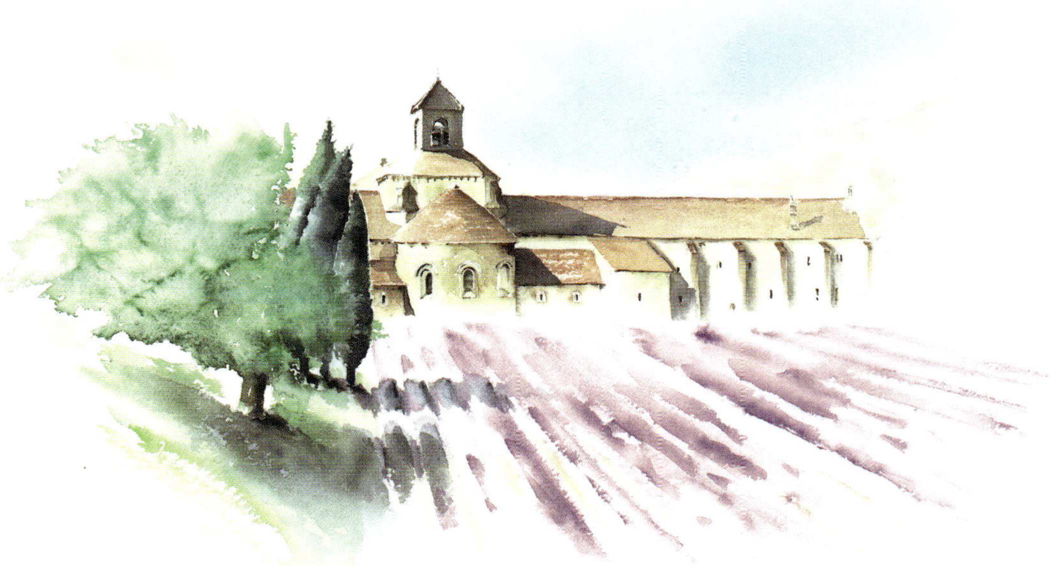

Éditions **OUEST-FRANCE**

Merci à Jacqueline,

Jamie et François,

Bernadette et Maurice

et Janou

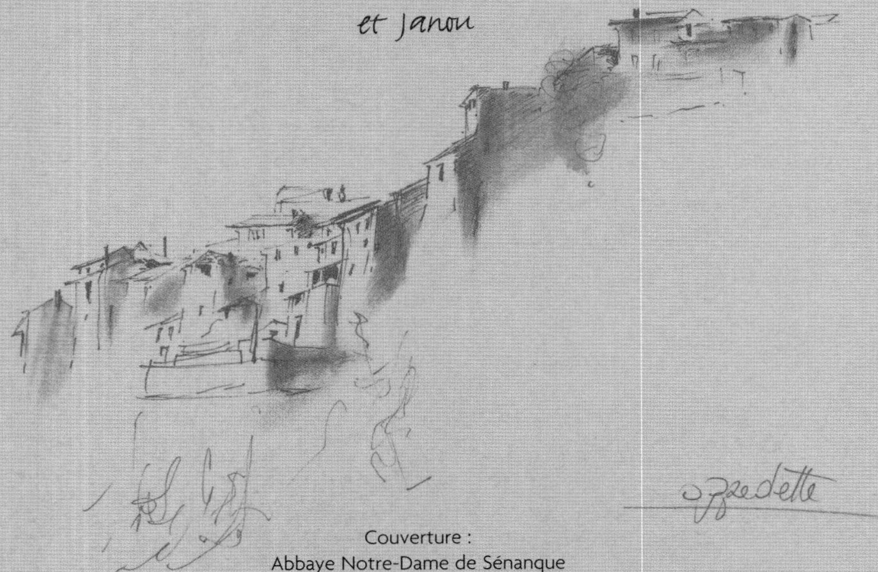

Couverture :
Abbaye Notre-Dame de Sénanque
© Marie-Madeleine Flambard

Édition : Catherine Dandres Franck et Jérôme Le Bihan

Assistante d'édition : Clara Popper et Lise Corlay
Lecture technique : Colette Corneille

Maquette : Nord Compo, Villeneuve-d'Ascq (59)
Couverture : studio graphique des Éditions Ouest-France

Prises de vue et photogravure : Micro Lynx, Rennes (35)
Impression : Imprimerie de Champagne (52)

N° d'éditeur : 8398.01.1,3.09.16 – ISBN : 978-2-7373-7304-6 – Dépôt légal : avril 2005
Imprimé en France
www.editionsouestfrance.fr

La Provence et ses paysages

Mon premier souvenir de Provence date d'un exercice classique des cours de géomorphologie que j'adorais : une coupe géologique. Descendant au creux de la vallée du Calavon, buttant sur les plis calcaires des Alpilles ou de la Sainte-Victoire, escaladant le plateau de Valensole, dérapant sur le cône de déjection de la Crau, je découvrais avec bonheur les dessous de cette terre de Provence où prospéraient le maquis et la garrigue.

Il y eut ensuite les récits de Léo des étés passés à Séguret : l'odeur du tilleul, la chaleur, les cigales et les heures

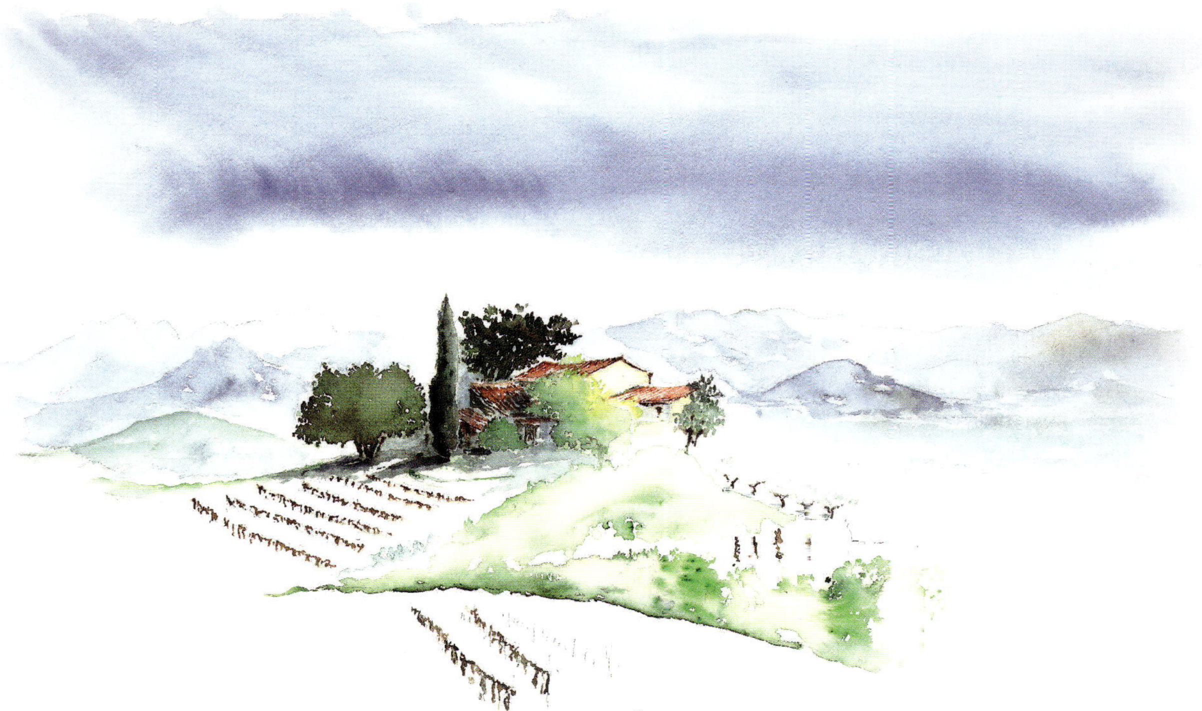

studieuses dans la fraîcheur de la maison. Bien des années plus tard, après avoir découvert l'aquarelle, j'y reviendrai portant un autre regard sur ces paysages.

Qu'est-ce un paysage, si ce n'est le résultat d'une longue histoire et du travail des hommes ? Peuplée dès la préhistoire, la Provincia des Romains a toujours été une terre de passage et d'accueil : les Grecs, les Etrusques, les Romains bien sûr, mais aussi les Ligures, les Wisigoths, les Sarrasins et plus tard les Sardes, les Autrichiens, les Arméniens, les Italiens, les Maghrébins, les Corses...

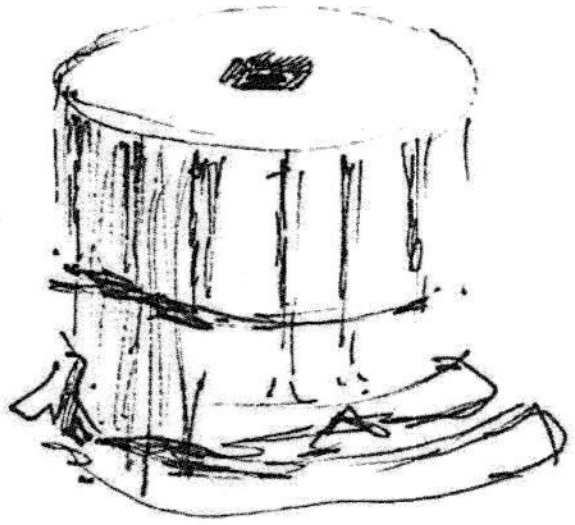

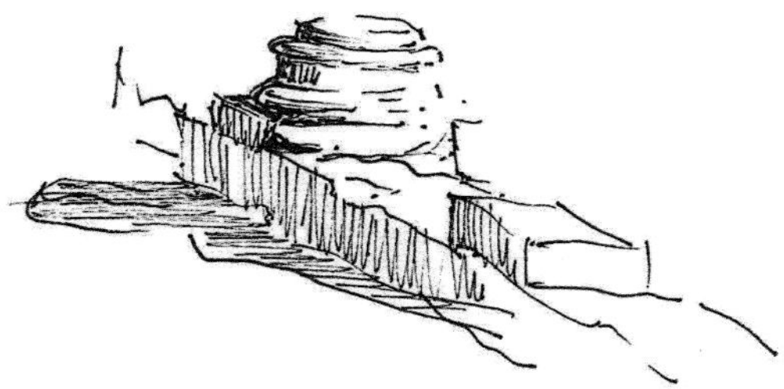

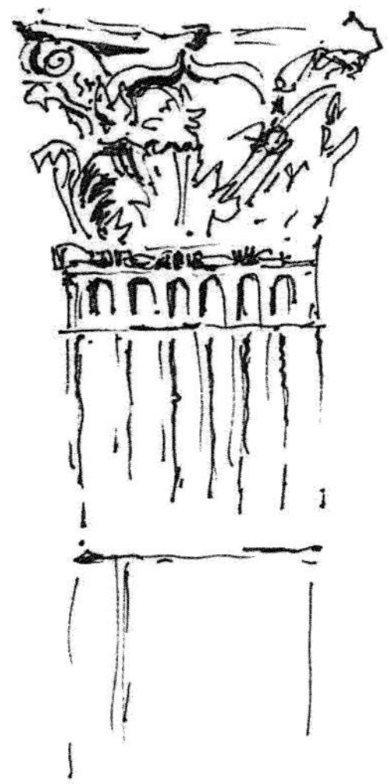

Quartier de la Roquette Arles.

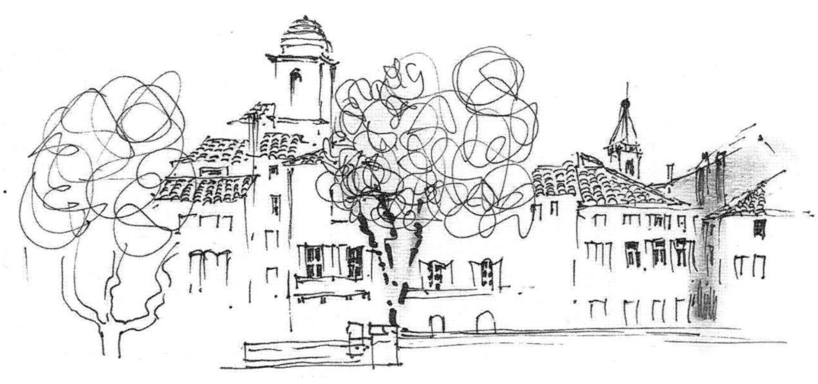

Ils sont tous venus, traversant la Méditerranée, empruntant la via Aurelia et la via Domitia. Les oppidums, temples, arènes et théâtres sont là pour en témoigner. Les moines ont laissé des joyaux, les guerres de Religion des ruines... Pour tenter de comprendre la Provence, quoi de plus merveilleux que de partager la stupeur d'un Pétrarque frappé par la légèreté de l'air, de chevaucher en compagnie d'Angelo, le hussard de Giono, de retrouver l'école de Pagnol, d'aimer Marseille avec Izzo... Il faudrait un livre entier pour les citer tous, ceux qui l'ont peinte, ceux qui

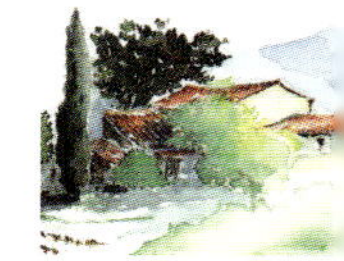

l'aimèrent, la traversèrent, ceux qui ont écrit pour elle, ceux qu'elle a inspirés, de Bosco à Camus, de Van Gogh à Cézanne, de Masson à de Staël, de Zola à Durrell ou Magnan...
Tout cela m'habite lorsque je parcours la campagne à la recherche de l'émotion qui me fera m'arrêter pour peindre. C'est alors que les mots donnent du sens au dessin et à la couleur : non pour expliquer, mais pour traduire un peu de ces lieux « habités ». Partir sur les traces d'un livre, d'un récit, d'une image, d'un souvenir a toujours quelque chose de jubilatoire.

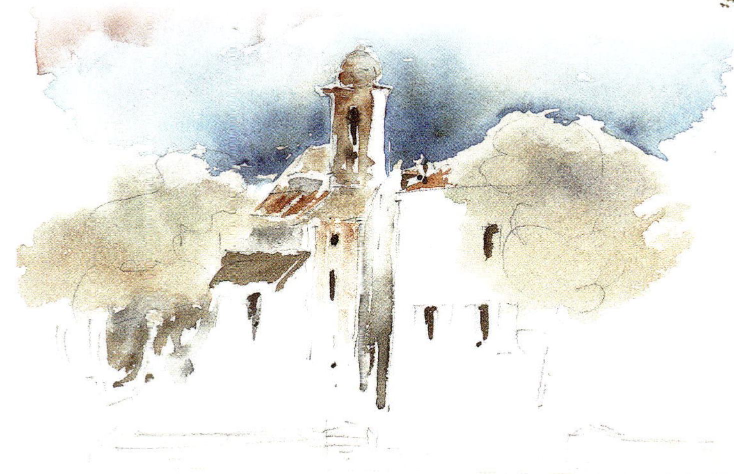

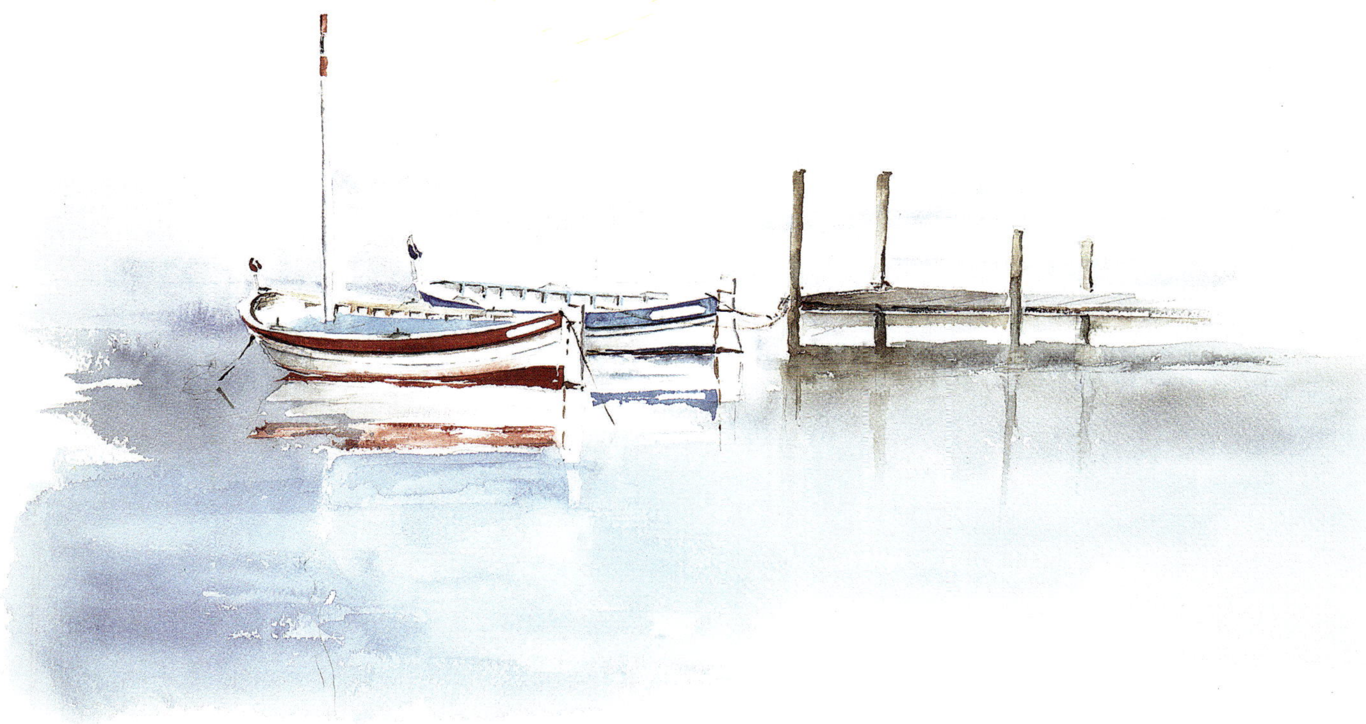

Sommaire

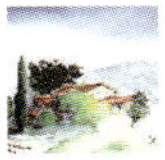
La Provence et ses paysages, p. 3

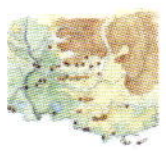
Carte de la Provence, p. 8

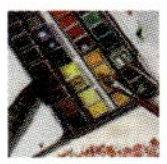
Les techniques, p. 10

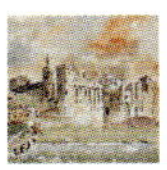
Avignon quand le soleil décline, p. 14

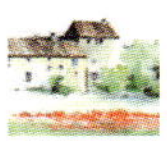
Aux portes de l'Isle-sur-la-Sorgue, le mas des Fontanelles, p. 16

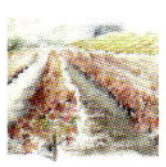
Les vignes rouge et or, partout présentes, p. 20

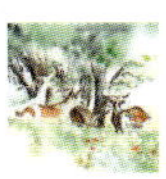
Près de Forcalquier, rencontre avec les roves, p. 24

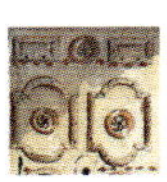
Portes anciennes à Simiane-la-Rotonde, p. 26

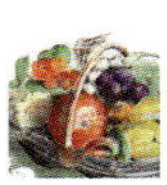
Retour du jardin, p. 32

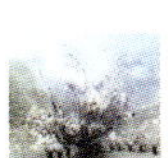
Un champ de cerisiers en fleur près de Cucuron, p. 34

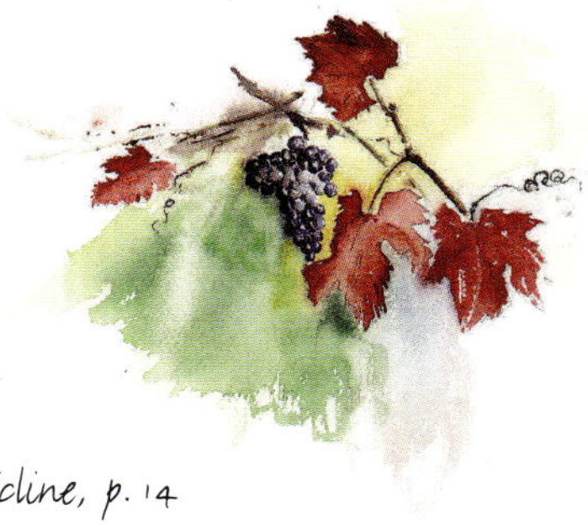

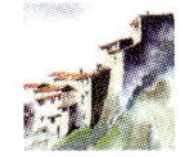
Oppedette, un village perché à l'entrée d'un canyon, p. 38

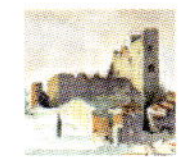
A l'ombre de son château, le village de Lacoste, p. 42

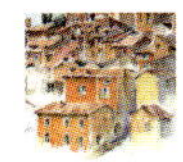
Un village aux couleurs de sa terre, Roussillon, p. 44

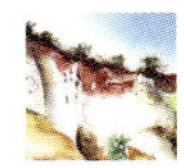
Les ocres de Rustrel, p. 48

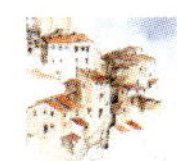
Au bord du plateau du Vaucluse, Gordes, p. 50

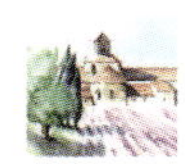
L'abbaye romane de Sénanque, p. 54

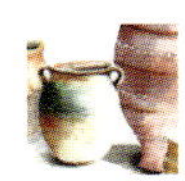
Dans un jardin de Manosque, des poteries, p. 58

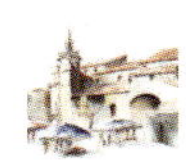
Dans le parc naturel régional du Luberon, Grambois, p. 62

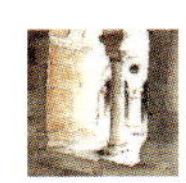
Le Thoronet, la plus ancienne abbaye cistercienne de Provence, p. 64

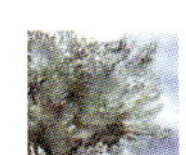
L'olivier, p. 68

sommaire

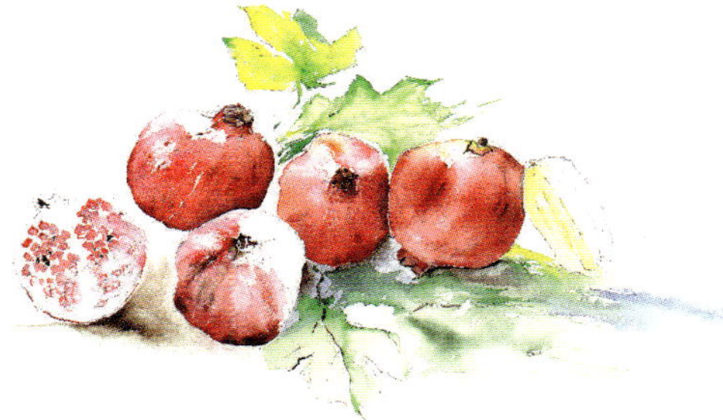

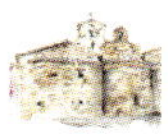
Une chapelle de Provence, Notre-Dame de Pépiole, p. 72

Barques à Six-Fours dans la baie de Sanary, p. 78

Porquerolles, ses bateaux et ses palmiers, p. 82

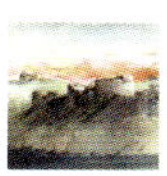
Port-Cros, p. 90

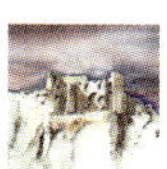
Les Baux-de-Provence, p. 92

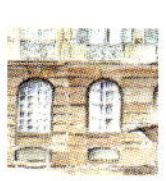
Aix-en-Provence, la place d'Albertas, p. 94

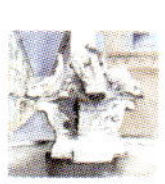
La fontaine des Quatre-Dauphins à Aix-en-Provence, p. 100

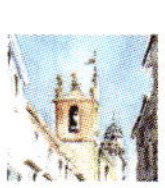
Marché et rue dans le soleil à Aix-en-Provence, p. 102

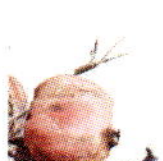
Figues et grenades, p. 104

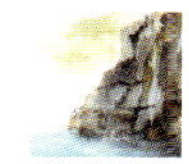
La calanque d'En-Vau, p. 108

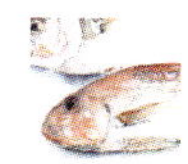
Daurades et rouget barbet, p. 110

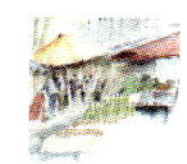
Le marché de Cassis, p. 114

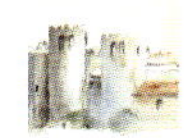
Marseille, p. 116

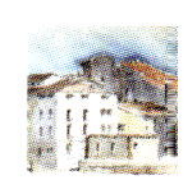
Arles, p. 124

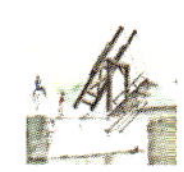
Le pont Langlois peint par Van Gogh, p. 130

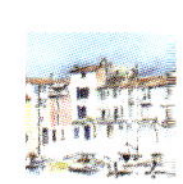
Martigues, p. 132

Les cabanes Saintes-Maries-de-la-mer, p. 138

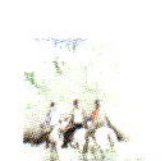
Les cavaliers, p. 140

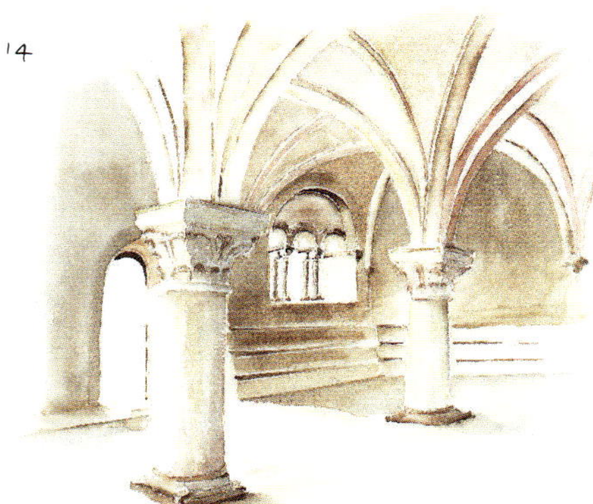

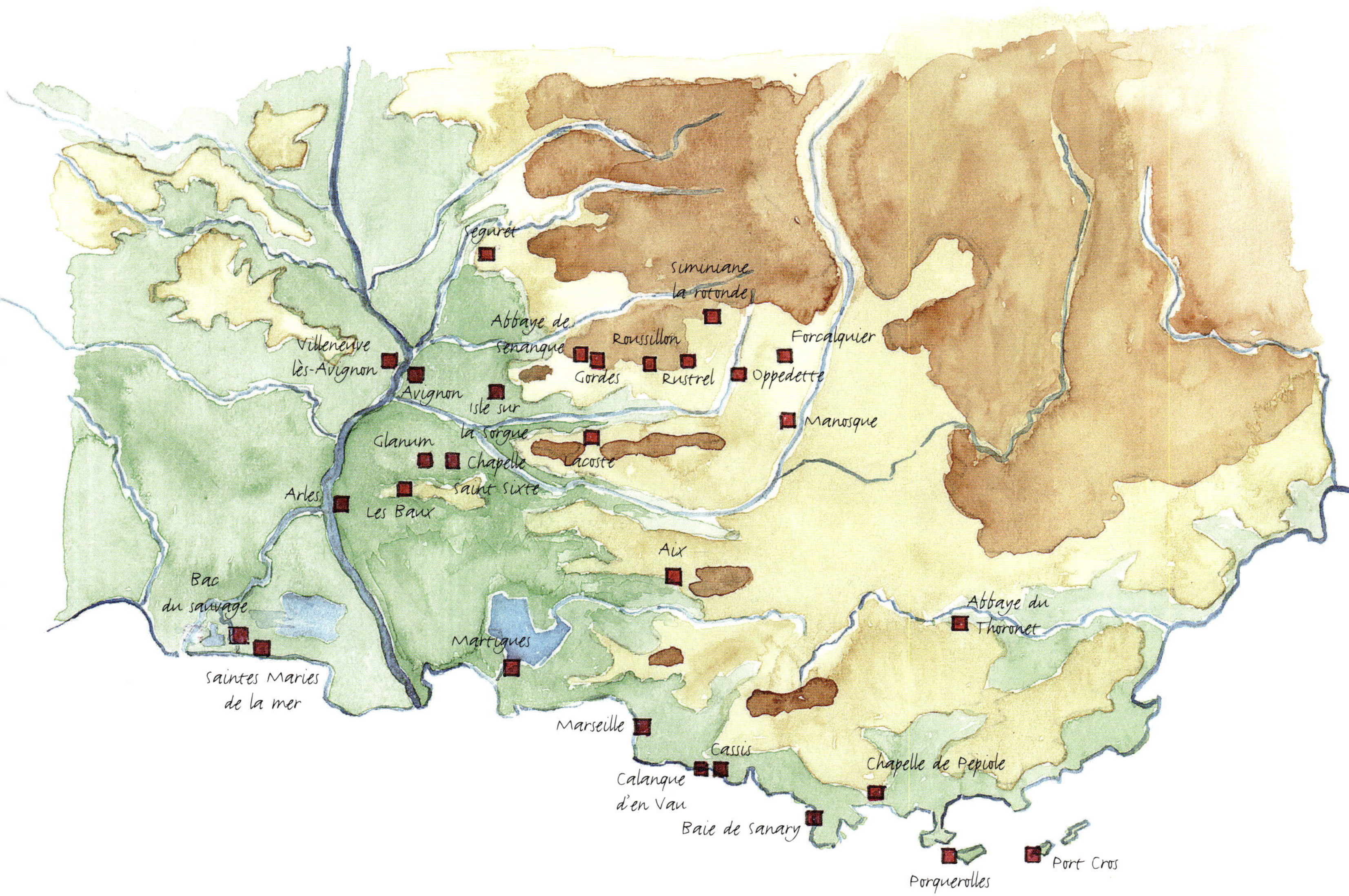
Séguret
Siminiane
la rotonde
Abbaye de
Sénanque
Roussillon
Forcalquier
Villeneuve
lès-Avignon
Avignon
Gordes
Rustrel
Oppedette
Isle sur
la Sorgue
Manosque
Glanum
Chapelle
Saint Sixte
Lacoste
Arles
Les Baux
Aix
Bac
du sauvage
Saintes Maries
de la mer
Martigues
Abbaye du
Thoronet
Marseille
Cassis
Calanque
d'en Vau
Chapelle de Pepiole
Baie de Sanary
Porquerolles
Port Cros

Pour une pratique de l'aquarelle

Il y a mille et une façons de pratiquer l'aquarelle. En extérieur, vous ne travaillerez pas de la même manière qu'en atelier où l'on peut, par exemple, prendre le temps de peindre par couches successives. Bien d'autres paramètres interviennent selon que l'on a ou pas des notions de dessin, une maîtrise de la perspective, des connaissances en physique et en chimie dans le domaine de la réflexion de la lumière et de la réaction des pigments.

J'ai appris à pratiquer l'aquarelle de façon très pragmatique en regardant un ami peindre. Ensuite, après bien des tâtonnements, j'ai trouvé une manière de travailler à ma mesure. Il me semble que l'on peut aborder cette technique de multiples façons : il n'y a pas de règle absolue. La seule chose indispensable est simplement la persévérance dans le travail. Lorsque l'on m'interroge sur ma façon de faire ou sur le temps que je mets à réaliser une aquarelle, j'ai l'habitude de faire référence à la musique : qui aurait l'idée de se produire sur scène pour un concert sans la maîtrise de son instrument ? Cela implique plusieurs heures de travail par jour pendant des années. En peinture, nous devons avoir les mêmes exigences, que l'on soit professionnel ou amateur.

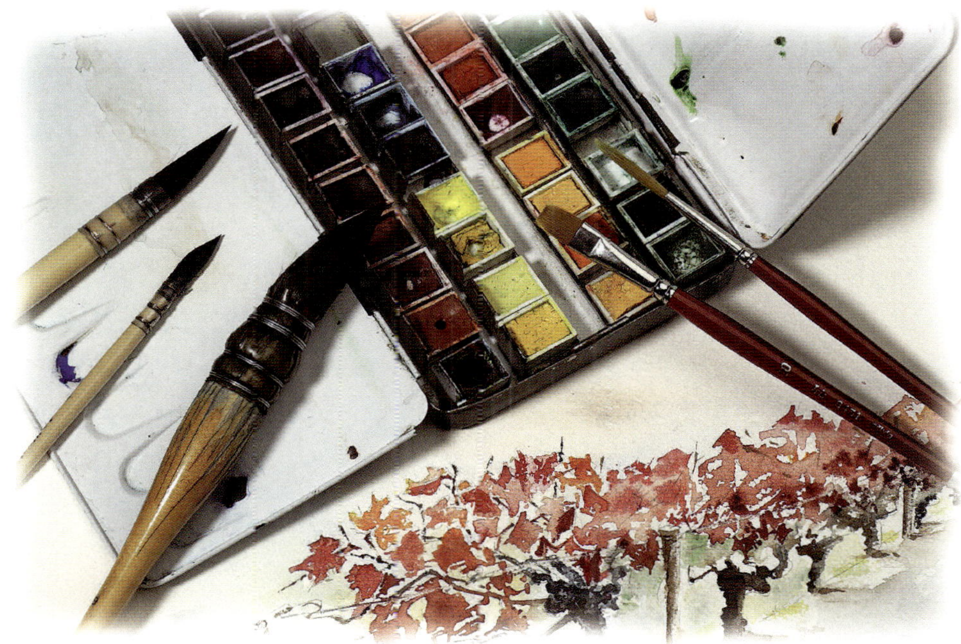

« Apprivoiser » le sujet

Bien souvent lorsqu'un paysage ou un sujet m'intéresse, je commence par en faire le tour pour observer l'orientation de la lumière, le jeu des ombres ou des reflets... Les villages perchés du pays d'Apt, par exemple, nécessitent que l'on comprenne l'histoire de leur implantation, leur architecture, le jeu de la lumière du soleil sur les toits et les murs : il est important de parcourir leurs ruelles, de faire le tour des maisons, de les voir de loin, de près, et d'envisager plusieurs angles de vision, jusqu'à ce que l'on sente l'endroit idéal où l'on a envie de s'installer. Avec le temps, vous constaterez que le choix de s'installer ici plutôt que quelques mètres plus loin n'est pas le fruit du hasard mais correspond bien souvent à ce que j'appelle « l'intuition d'une harmonie ».

Éduquer son regard

Il existe bien des manières pour enrichir sa pratique : vous pouvez regarder des oeuvres peintes en essayant d'analyser pourquoi vous aimez ceci et pas cela, pourquoi telle aquarelle vous semble animée d'un souffle incroyable. Vous pouvez également dessiner sur un carnet de croquis un détail, une ligne, un volume, une ombre portée. Il suffit d'avoir un petit carnet et un crayon dans sa poche ou dans son sac : vous noterez très vite des choses qui passent quelquefois inaperçues : vous constaterez bientôt des progrès dans votre façon de voir.

Structurer son dessin

Pour démarrer une aquarelle, il est nécessaire de noter à grands traits les lignes du paysage, ou les volumes des maisons, des bateaux, des objets, selon le sujet choisi car il est difficile de rectifier par la couleur un dessin incorrect. L'orientation de la lumière doit être soigneusement indiquée, ainsi que les ombres. Je trace souvent une flèche sur le papier pour indiquer la direction du soleil au moment où je commence mon aquarelle. En outre, cernez préalablement les zones blanches, qui vont souvent traduire les jeux de lumière : ce sont des zones que vous éviterez de mouiller, soit pour préserver le blanc du papier, soit pour y travailler des couleurs pures. Et bien sûr, rien ne vous interdit de simplifier ou d'interpréter ce que vous avez devant les yeux.

Prendre son temps

Bien des manuels affirment que l'aquarelle nécessite une exécution rapide. C'est une opinion très relative, qui s'oppose à la façon de faire d'Henry Miller contemplant longuement sa feuille de papier blanc, mettant de l'eau puis une goutte de couleur et regardant longtemps la diffusion se faire, réfléchissant à nouveau avant d'intervenir. Il m'arrive de faire de grandes pauses après le dessin, avant de répandre l'eau ou encore après les premiers fondus. C'est le temps

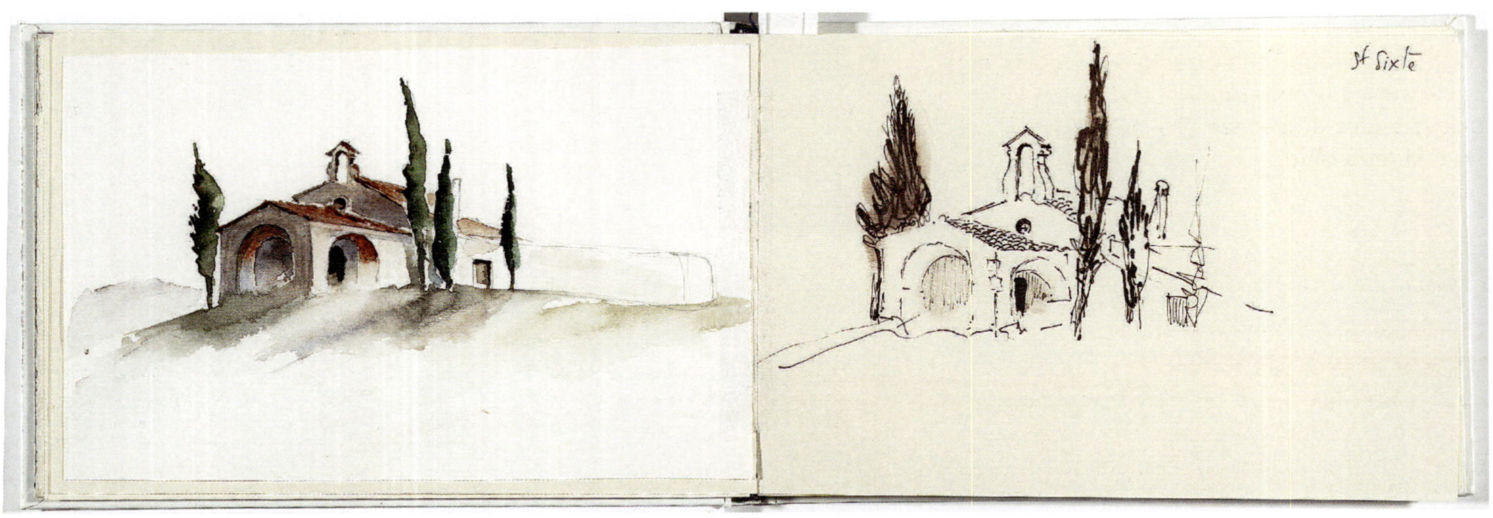

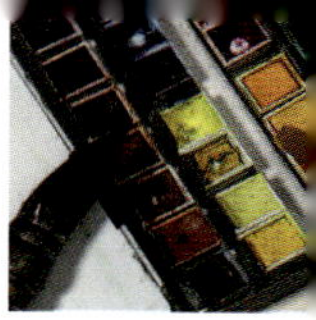

de se pénétrer du sujet. Certaines étapes demandent beaucoup de concentration et de réflexion. Si vous faites un ciel sur papier très mouillé en faisant tomber des gouttes de pigment sans utiliser le pinceau, vous ne devez pas quitter votre travail des yeux et être prêt à l'incliner dans le sens désiré, ceci presque jusqu'au séchage.

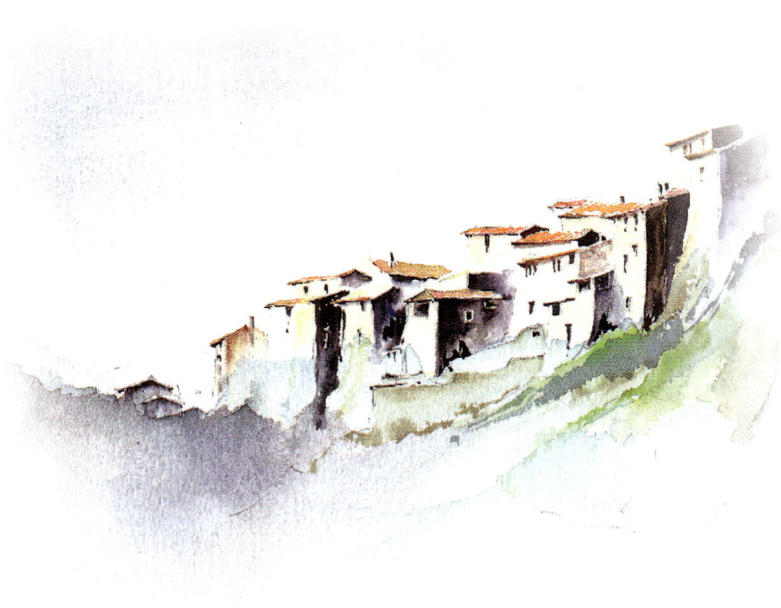

Ne pas avoir peur de l'eau

L'eau est sûrement l'élément le plus important de ce médium, elle conduit la couleur. Essayez de dessiner uniquement avec de l'eau pure les branches et les feuilles d'un arbre, puis faites tomber délicatement de la couleur à un endroit du dessin et vous la verrez se faufiler en suivant le fil de l'eau. Si vous souhaitez retoucher une aquarelle pour une raison quelconque, attendez qu'elle soit sèche puis mouillez à nouveau tout ou partie pour la retravailler.

Rectifier les erreurs

Contrairement à certaines affirmations, on peut réparer des erreurs. Une tache peut s'atténuer, voire disparaître, avec une brosse à dents par exemple : mettre beaucoup d'eau claire, brosser doucement, éponger aussitôt et recommencer, mais sachez que les winsors sont tenaces et les cadmiums opaques. La totalité d'une aquarelle peut aussi être lavée puis reprise une fois bien sèche. Une lame de rasoir permet de gratter délicatement le pigment pour retrouver des blancs malencontreusement disparus. Turner a beaucoup utilisé ce procédé. L'application de la couleur en glacis permet de modifier le rapport entre un premier plan et un arrière-plan que l'on souhaite éloigner.

Le sec et le mouillé

Jean Duminy, que j'ai longtemps regardé peindre avant de me décider à prendre moi-même un pinceau, travaille dans l'eau : il n'hésite pas, lorsque le soleil chauffe, à verser de l'eau directement de la bouteille sur le papier. Longtemps j'ai suivi cette méthode, humide sur humide, papier et pinceau gorgés d'eau. C'est cela qu'il faudra maîtriser petit à petit, le pinceau chargé d'eau et de pigment jouant

avec l'eau du papier. Il est souvent judicieux de réaliser une grande aquarelle par zone, en commençant par le haut pour éviter de poser son poignet sur le papier mouillé.
Petit à petit, j'ai ensuite intégré d'autres techniques et j'aime de plus en plus travailler mouillé sur sec : en approchant un pinceau plein d'eau d'un côté d'une tache colorée, déposée sur le papier, vous réalisez un fondu, un effet flou propre à renvoyer la lumière. Le lavis est une autre façon d'aborder l'aquarelle ; il peut s'utiliser uni, dégradé ou en couches superposées.

Quelques accessoires

Lame de rasoir, gomme à masquer, brosse à dents, sel fin peuvent s'utiliser à petites doses.

La gomme à masquer se pose avant de mouiller abondamment le papier pour commencer l'aquarelle, et seulement pour de tout petits motifs. Il est inutile de couvrir de gomme à masquer une façade de maison blanche par exemple, mais peut-être seulement le montant d'une fenêtre. La gomme à masquer projetée avec une brosse à dents est utile pour réaliser des effets particuliers comme les champs de cerisiers expliqués page 34.

C'est Claude Lepage qui m'a initiée au secret du sel fin pour créer des effets de feuillages, pour rendre le granulé du sable sur une plage. Il y a un moment clé pour saupoudrer de sel fin une surface colorée : il faut qu'elle soit presque mate, mais encore mouillée. A la page 142, vous pourrez trouver des indications précises pour réaliser cet effet spécial.

Si vous avez oublié de garder en réserve un blanc, vous pouvez gratter avec une lame de rasoir pour retrouver le blanc du papier, mais seulement pour de petits éléments : mâts de bateau, éclats de soleil dans l'ombre portée d'un arbre par exemple.

La lumière

L'unique but de l'aquarelle est de faire jaillir la lumière avec presque rien : de l'eau et quelques gouttes de couleur. Paradoxalement, c'est en cernant l'ombre que l'on fait ressortir la lumière. Les débutants ont tendance à vouloir couvrir toute la surface de l'aquarelle : il faudra petit à petit apprendre à garder du blanc. Dans l'aquarelle de l'abbaye de Sénanque, page 54 par exemple, la bande blanche entre l'abbaye et le champ de lavande est sans doute l'élément le plus important de cette peinture.

Les pinceaux et le papier

Quatre pinceaux me suffisent : trois pinceaux spécifiques pour l'aquarelle, un gros plein d'eau n° 9 que j'utilise depuis dix ans et qui n'a pas bougé, un moyen petit-gris n° 3 et un petit n° 0. Le quatrième est un pinceau à lettres n° 6, très pratique pour les détails.

Même lorsque je réalise une petite aquarelle, j'utilise le papier grand format - 61 x 46 cm - du Moulin d'Arches en bloc thermocollé car j'aime avoir de l'espace sur la feuille. Quand on a commencé un dessin, il est toujours désagréable d'être gêné par un format trop petit. Le grain fin me convient mieux qu'un grain plus gros pour travailler en extérieur.

Les couleurs

Une grande boîte de 48 godets est devenue ma compagne de voyage, le choix des couleurs est en effet très variable selon la région ou la saison. Pour la série d'aquarelles de Provence, les terres de Sienne naturelle et brûlée sont présentes et très souvent utilisées, ainsi que le bleu outremer et le bleu de cobalt.

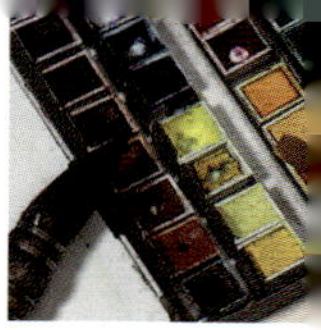

Les couleurs les plus utilisées

Pour repérer tout de suite vos couleurs prenez soin de coller les étiquettes des godets sur un carton en fonction de leur position dans la boîte.

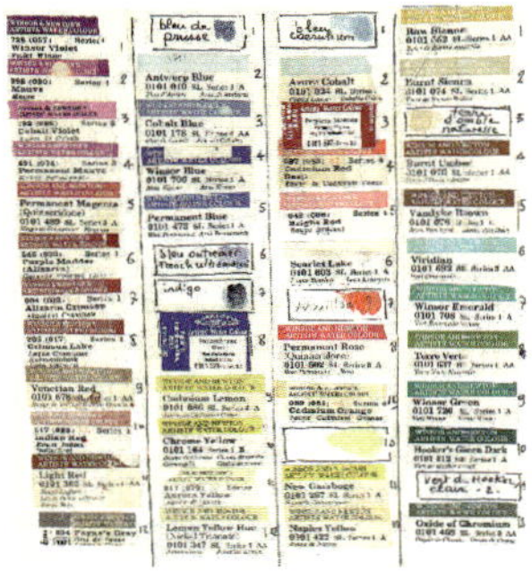

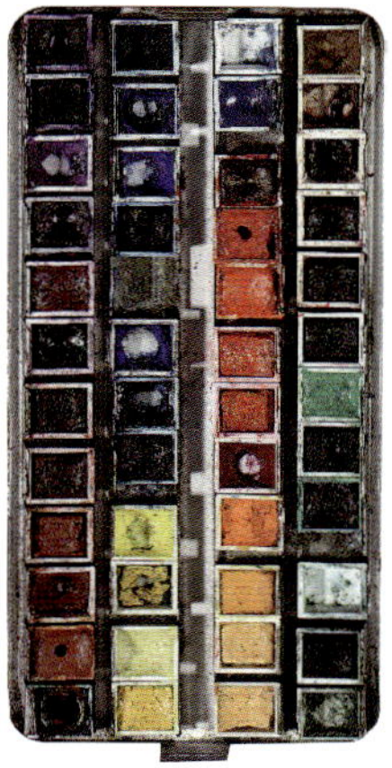

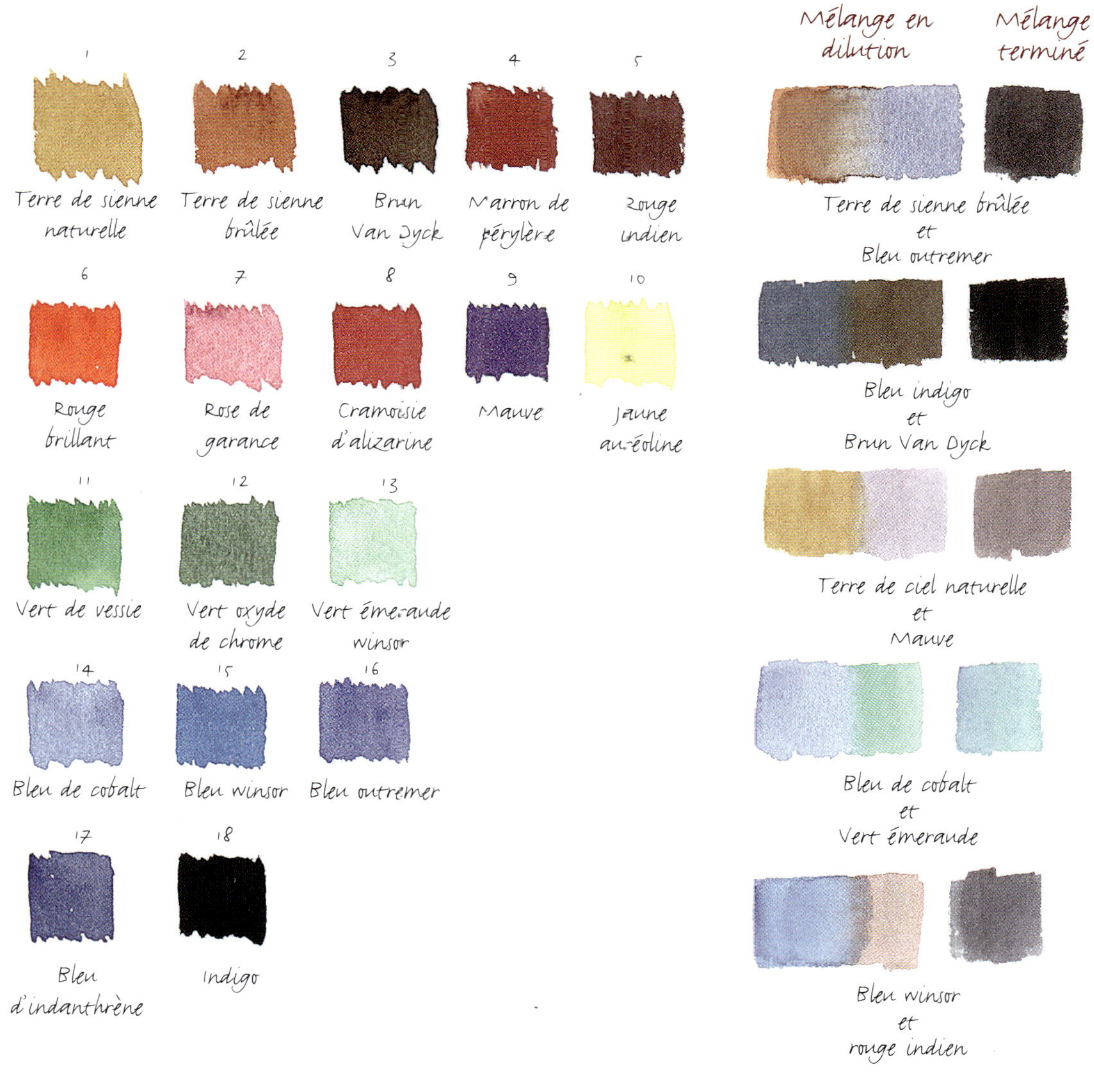

Avignon quand le soleil décline

Les villes et les forteresses de Provence offrent la blancheur de leurs pierres à la lumière impitoyable du Midi, éprouvante pour le regard du peintre. Mais quand le soleil décline, quelle richesse d'ombres, de creux, d'arêtes, chaque pierre réfléchissant la lumière à sa façon. Sortant de la ville par la porte d'Oulle, on traverse le pont Daladier pour rejoindre l'île de la Barthelasse qui sépare le Rhône en deux. C'est là qu'Avignon prend toute sa mesure : de longs après-midi à dessiner et à attendre le moment où le soleil incendie la ville qui s'habille, selon les mots de Lawrence Durrell, de « nacre, de bistre et de miel ». De part et d'autre du fleuve, le palais des Papes fait face au fort Saint-André qui domine Villeneuve-lès-Avignon. C'est un concentré d'histoire, une impression de richesse qui se dégage tant de l'architecture que du paysage : tout est à peindre !

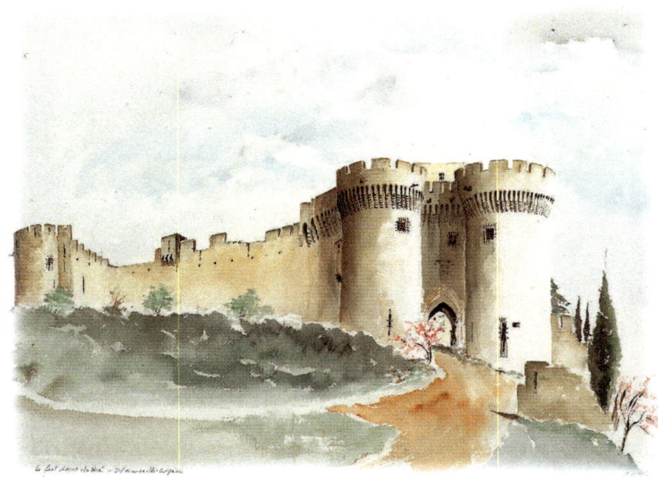

Format 61 cm x 46 cm ▸

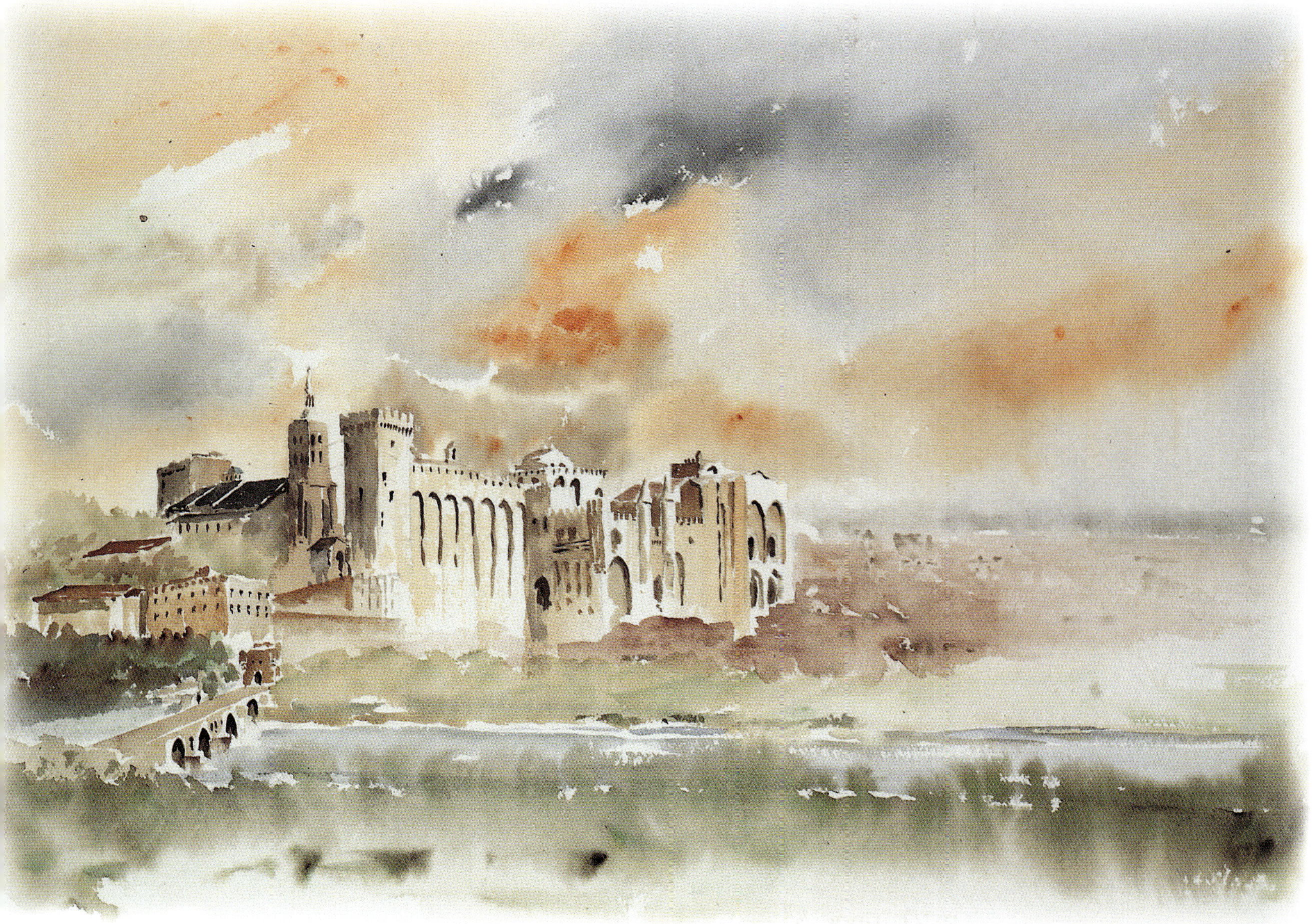

Aux portes de l'Isle-sur-la-Sorgue, le mas des Fontanelles

Pendant des années, la route qui arrivait à Lagnes depuis Cabrières-d'Avignon réservait dans un virage, la surprise de son flamboyant champ de coquelicots attendus par tous. Ce printemps, dès le mois d'avril, j'ai guetté en vain l'arrivée de ce rouge qui sourd de l'herbe avant de se répandre, lumineux, dans le soleil rasant de l'après-midi. Cette année, rien ! En revanche, non loin, dans la plaine de la Sorgue, les coquelicots étaient revenus après une longue absence : de longues et irrégulières traînées de rouge dans l'herbe tendre formaient une vague frémissante sous le vent d'avril devant le mas des Fontanelles.

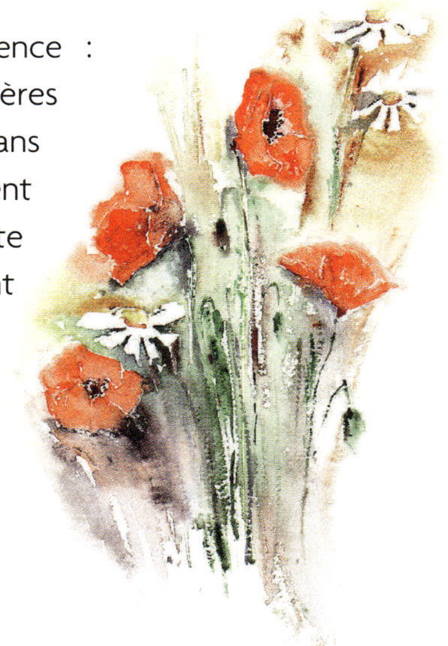

Découverte technique

Un sujet simple, une succession de plans, et une lumière venant de la droite.

Format 61 cm x 46 cm ▸

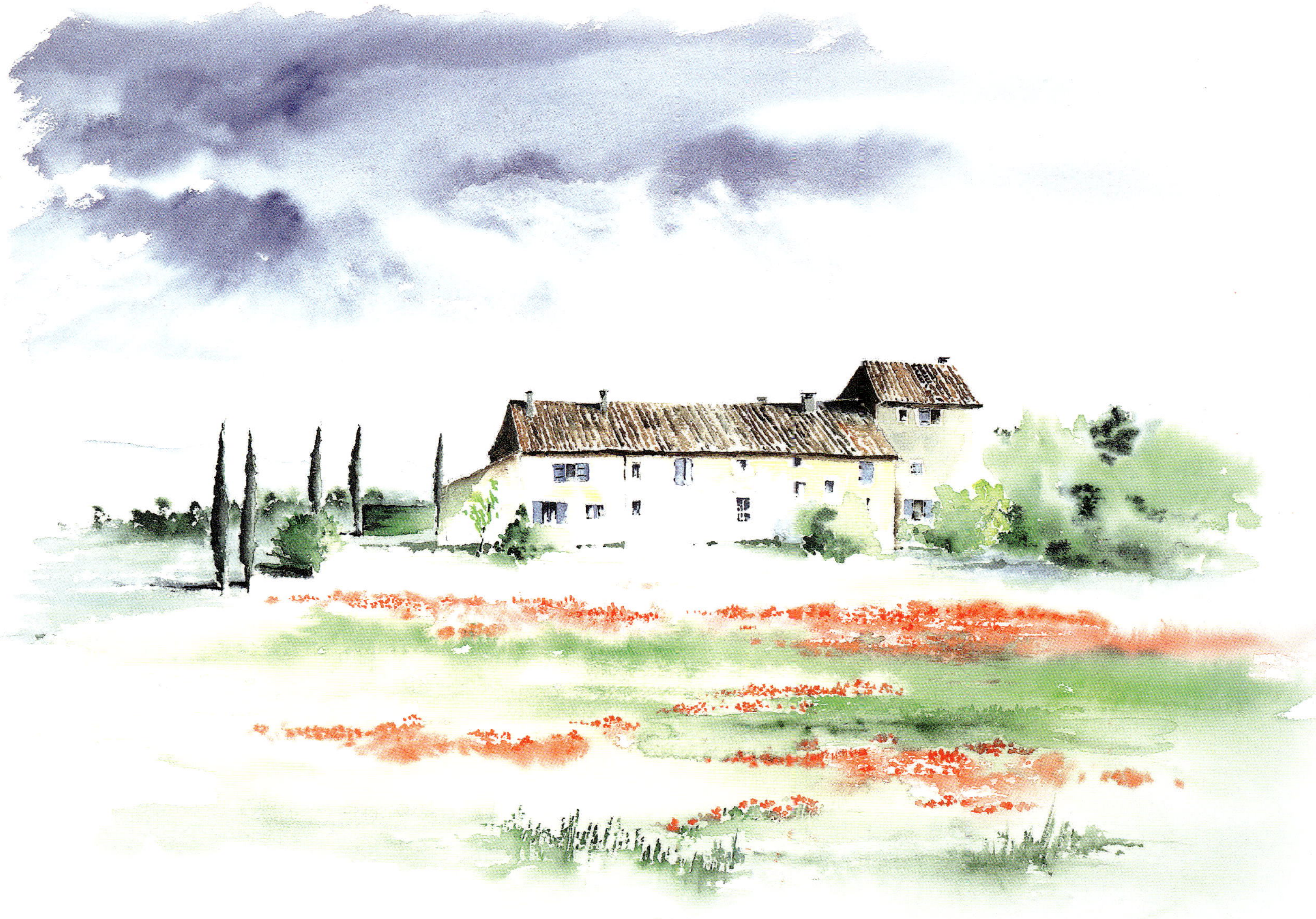

Réalisation

L'esquisse du dessin commence par le mas placé au centre de la feuille, dans sa moitié supérieure afin de réserver l'espace pour le sujet principal : le champ de coquelicots. Devant la bâtisse, indiquez sommairement d'un trait de crayon les zones où la couleur rouge sera dominante. À l'horizon, marquez sur la gauche la ligne des collines bleutées sur lesquelles se détachera la masse sombre des cyprès.

1 ▪ Après avoir esquissé le paysage, prenez un pinceau n° 9 largement imbibé d'eau et mouillez toute la partie correspondant au ciel. Faites tomber de grosses gouttes de bleu d'indanthrène, qui est un beau bleu foncé plutôt chaud, correspondant bien à la température modérée du printemps, puis une pointe de bleu de cobalt déposé vers l'horizon en évitant de charger la partie droite de l'aquarelle d'où vient la lumière. Rapidement, soulevez le bloc de papier pour orienter la dilution colorée sans utiliser le pinceau. Ne quittez pas votre travail des yeux jusqu'à ce que les pigments se soient stabilisés. Le papier étant toujours mouillé, absorbez l'eau avec un tissu de manière à dégager le blanc des nuages.
Là où l'herbe et les arbustes rencontrent le ciel, appliquez de l'eau avec le gros pinceau et déposez un peu de vert de vessie très dilué, retravaillé pour les parties ombrées avec du vert oxyde de chrome.

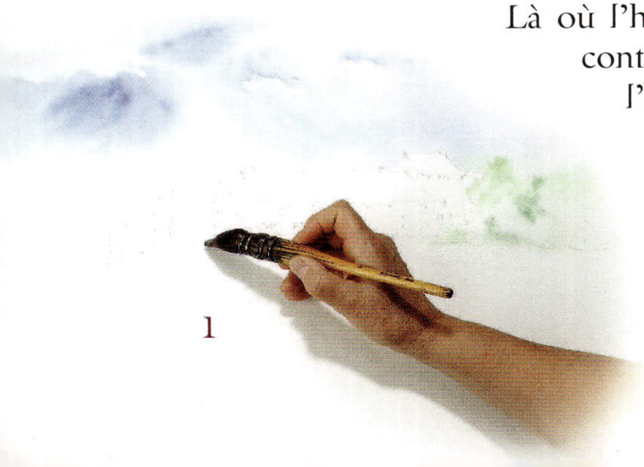

1

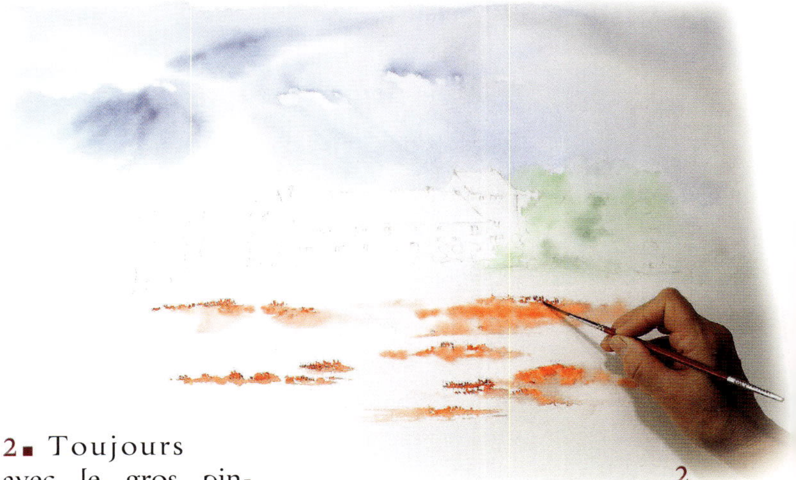

2

2 ▪ Toujours avec le gros pinceau, mouillez les zones de floraison des coquelicots. Pour avoir une couleur très propre, sortez directement du tube le rouge « bright red » qui correspond au rouge orangé des coquelicots. Puis travaillez avec le petit pinceau par petites touches dans l'humide. Si le pinceau rencontre une zone sèche, ajoutez un peu d'eau pour diluer la peinture. Des touches de rouge de Chine appliquées d'un geste rapide, apportent un peu de profondeur et de mouvement.
Humectez les réserves de papier blanc pour le préparer à recevoir le vert de vessie, légèrement acidulé, qui correspond bien à la couleur de l'herbe tendre. Ne craignez pas d'apporter un peu de vert dans certaines zones de rouge, elles se fondront et se mélangeront.
Attendez que le papier sèche pour retravailler très légèrement le vert avec du vert d'oxyde de chrome.
Passez aux cyprès avec deux pinceaux fins. Sur la partie ombrée, à l'opposé de la source de la lumière, appliquer un vert d'oxyde de chrome additionné d'indigo de bas en haut, puis, avec l'autre pinceau mettre de l'eau claire en contact pour une diffusion en dégradé vers le soleil.

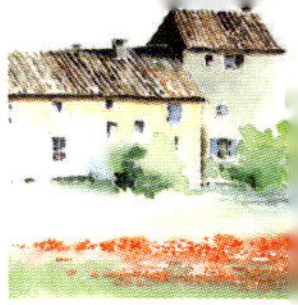

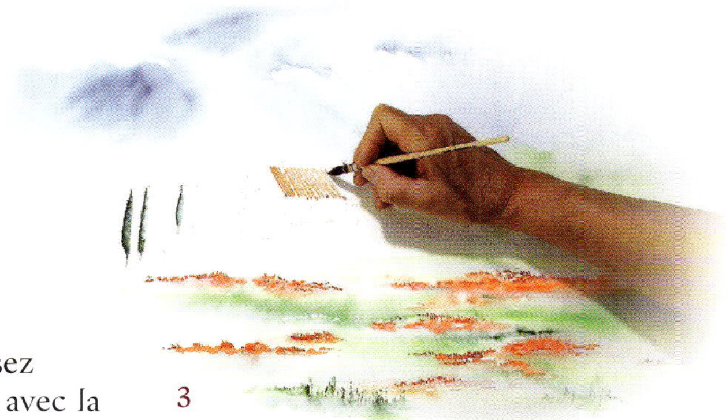

3

3▪ À sec, avec le petit gris n° 0, passez au toit du mas avec un peu de terre de Sienne diluée : travaillez dans le sens de la pente en traçant des bandes irrégulières pour évoquer les tuiles. Dans les intervalles blancs déposez en pointillé du brun Van Dyck avec la pointe d'un pinceau très fin et faites le diffuser avec un pinceau d'eau claire.

4▪ Continuez par les murs ombragés du mas, qui contribuent à figurer les volumes, avec du bleu de cobalt et de la terre de Sienne brûlée. Sur les murs ensoleillés, passez de la terre de Sienne naturelle. Si vous trouvez le jaune trop violent, épongez avec un tissu absorbant. N'hésitez pas à laisser des blancs là où viendront d'autres couleurs mais également entre les couleurs si vous ne souhaitez pas qu'elles se mélangent. Passez des touches de bleu Winsor sur les volets. A l'intérieur des fenêtres, déposez un peu de brun Van Dyck et d'indigo dilué avec de l'eau pour traduire les reflets sur les vitres.

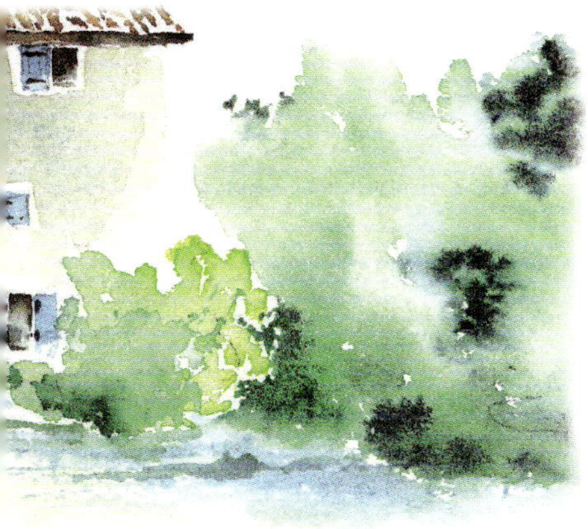

4

5▪ Poursuivez par la végétation située au pied des murs en la travaillant avec le pinceau fin : commencez par les parties sombres avec un mélange de vert d'oxyde et de bleu indigo, complétez le feuillage avec du vert de vessie, puis avec du jaune Winsor pour les bords exposés au soleil. Ces teintes ne se touchent pas. Vous établirez ensuite un lien entre les couleurs par fusion en approchant un pinceau mouillé. Terminez en ajoutant les ombres portées des arbres et buissons, arbustes et cheminées. Passez un lavis de bleu de cobalt sur les collines. Le mas est maintenant bien situé dans l'espace, l'ombre et la lumière. Vous pouvez accentuer cet effet par quelques touches supplémentaires de bleu cobalt sur les monts et un ajout de jaune sur les arbustes situés à droite du mas.

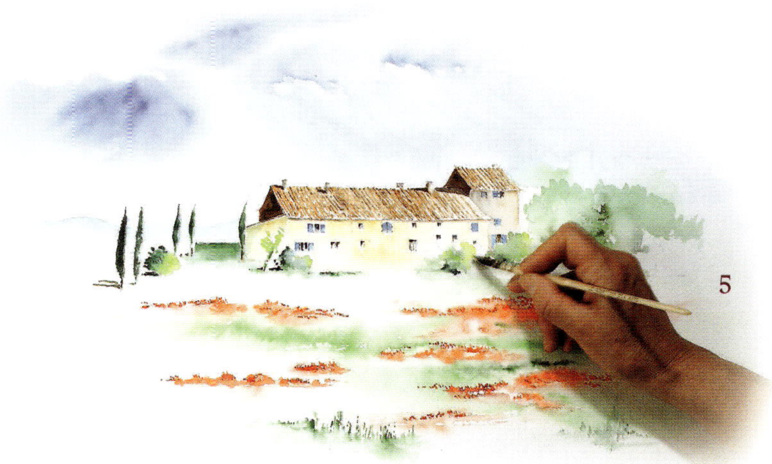

5

Les vignes rouge et or, partout présentes

Vers la fin du mois d'octobre, il est facile de trouver un emplacement paisible pour peindre parmi les vignes. La campagne s'est vidée : les enfants sont à l'école, leurs parents s'affairent, promeneurs et visiteurs sont rentrés chez eux... Le soleil est tiède, les vendangeurs sont passés et reviendront plus tard pour la taille. Les rouges, les ors et les orangés ont pris possession des champs et tracent de larges lignes et surfaces de couleur.

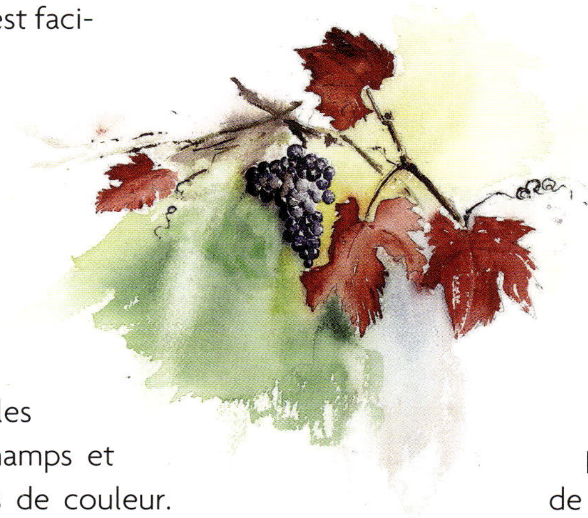

Une petite grappe oubliée par les vendangeurs n'attendait que mon pinceau.

La Provence regorge de vignobles et de vins. C'est à l'automne que les vignes attirent le regard du peintre. Quand elles commencent à changer de couleur, n'attendez pas trop longtemps, le mistral m'a joué un mauvais tour : le jour où il me fut enfin possible de me rendre dans le vignoble de Séguret, presque toutes les feuilles s'étaient envolées.

Découverte technique

Aborder de façon simple et pragmatique la perspective et la profondeur de champ.

Format 61 cm x 46 cm ▸

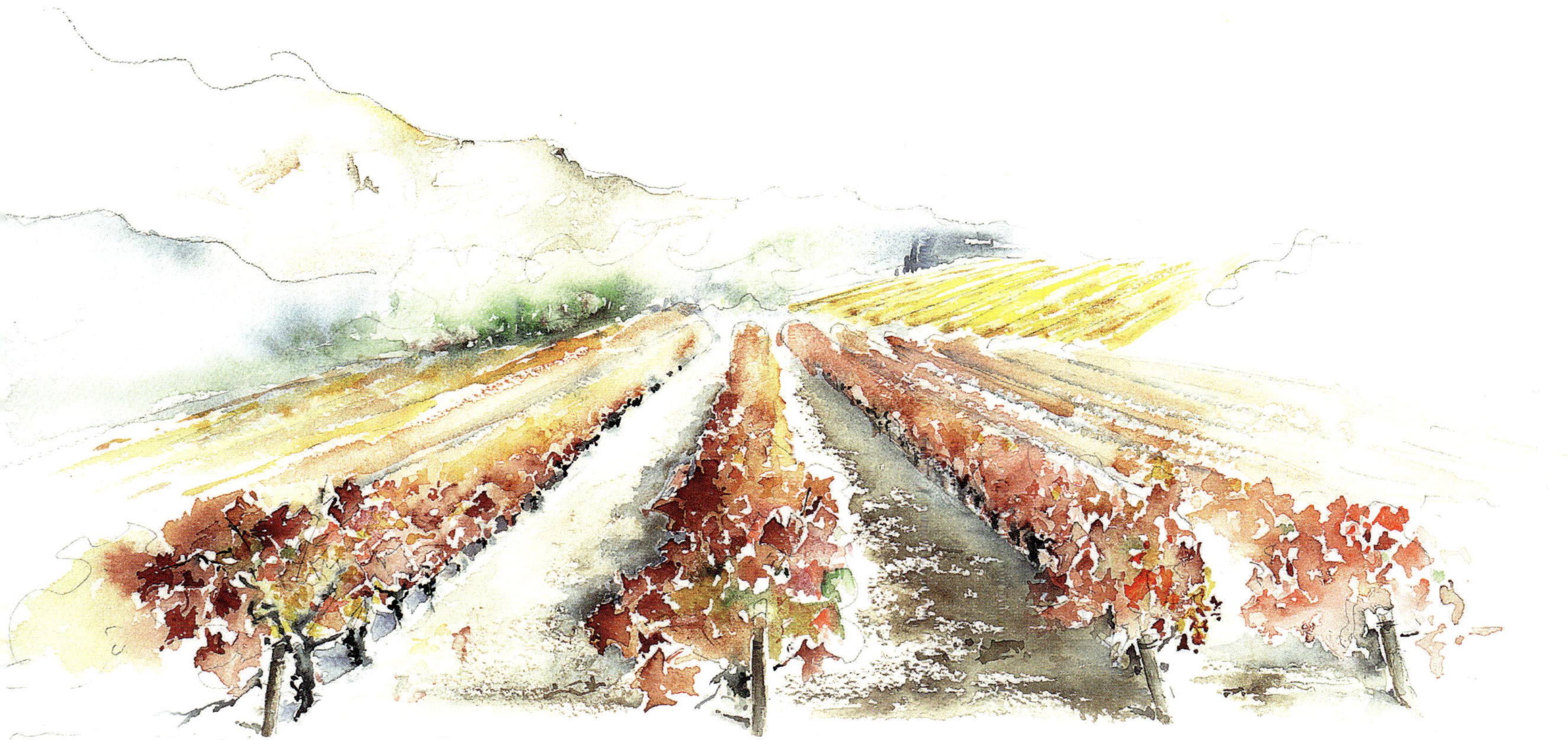

Réalisation

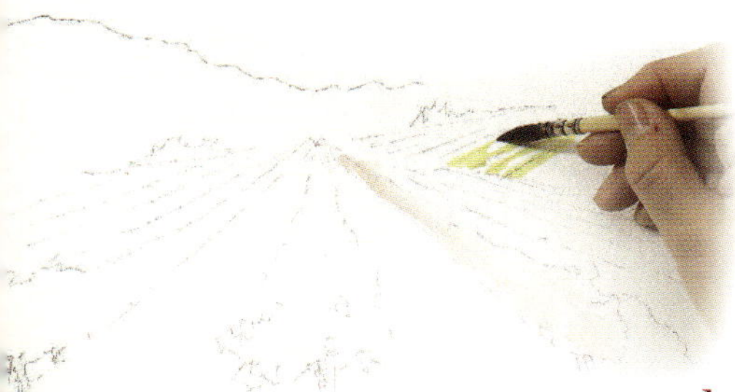

1

1 ▪ Les rangées de vigne disposées en éventail donnent la perspective. Deux éléments ferment ces lignes structurantes : le champ jaune à droite et les deux courbes des collines à gauche.

2 ▪ Posez les couleurs principales avec un pinceau plein d'eau : du marron de pérylène pour la vigne à dominante rouge et du jaune transparent (gomme gutte) pour les arrière-plans lumineux au fond à droite. Plus vous allez vers le lointain, plus la couleur doit être diluée.

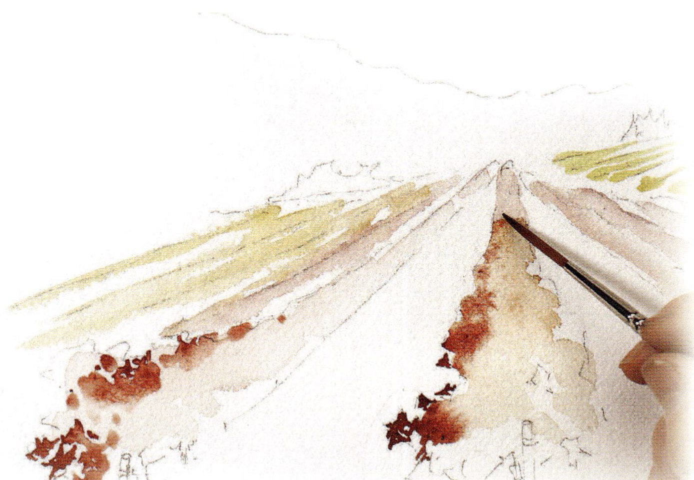

2

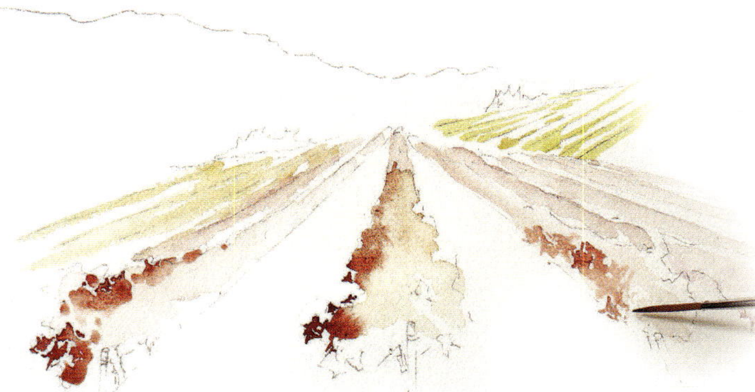

3

3 ▪ La plus grande partie du travail va s'effectuer sur les vignes du premier plan avec essentiellement quatre couleurs : rose de garance, marron de pérylène, terre de Sienne brûlée et terre de Sienne naturelle. Vous ajouterez du vert de vessie en très petite quantité.
Avec un petit pinceau à lettres, posez du marron de pérylène par petites touches irrégulières qui vont en partie se diluer dans votre premier fond encore humide. Les touches doivent diminuer en taille et en intensité au fur et à mesure que vous allez vers l'arrière-plan.

4 ▪ Avec la pointe du pinceau, prenez un peu de terre de Sienne brûlée pour l'appliquer par touches correspondant aux parties les plus ensoleillées. Faites la même chose avec le rose de garance : il s'agit de suggérer la forme des feuilles en mettant un peu de pigment au bord d'une feuille puis de l'eau claire pour diluer la couleur.

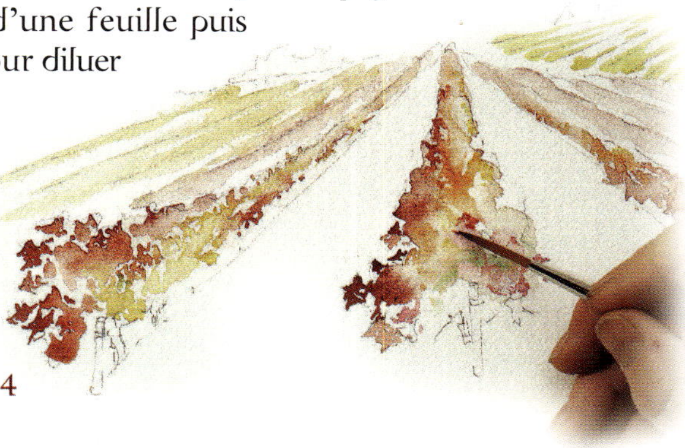

4

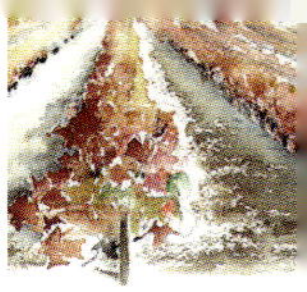

5 ▪ Les petits poteaux en bois qui maintiennent les rangées de vigne sont importants car ils renforcent la structure générale de l'aquarelle : passez un trait de brun Van Dyck assez dense (coté opposé au soleil) et provoquez la diffusion en suivant ce trait avec un pinceau chargé d'eau claire. Donnez du mouvement aux premiers pieds de vigne qui s'estompent et diminuent vers le lointain jusqu'à ne plus être qu'un point : ils sont traités avec du brun Van Dyck et de l'indigo qui forment un beau noir.

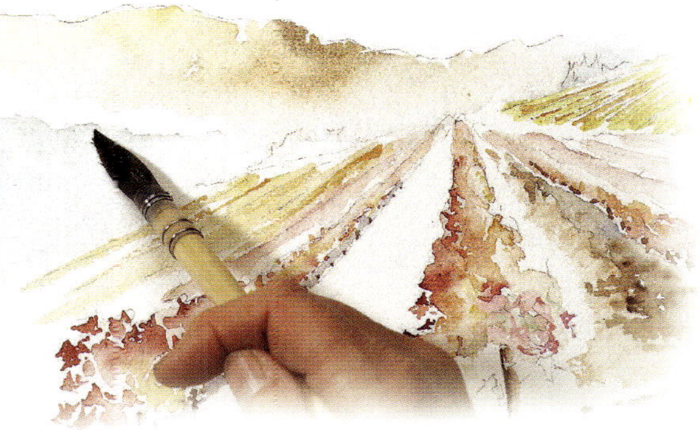

6

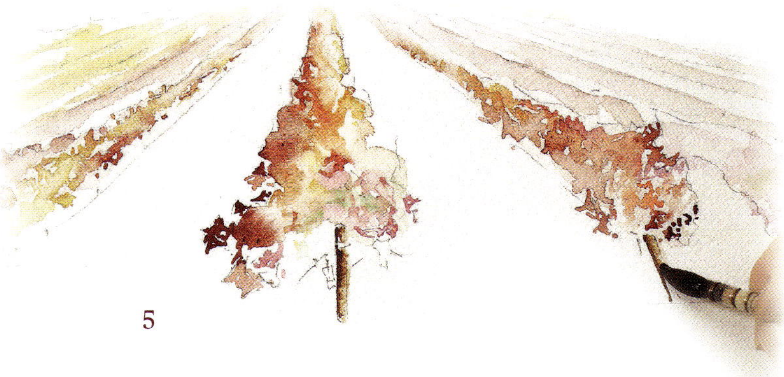

5

6 ▪ La lumière venant de la droite, l'ombre des vignes sera traitée avec du brun Van Dyck traîné sur le papier à sec en utilisant le grain du papier pour rendre l'aspect caillouteux et terreux du champ.
Entre les ceps, un peu de bleu de cobalt très dilué traduira l'ombre sous les pieds de vigne. Traitez les dégradés des ombres avec un peu d'eau plus ou moins colorée et servez-vous de terre de Sienne pour les sillons entre les vignes dans le lointain.
Avec un gros pinceau à lavis, esquissez l'horizon en traitant différemment les deux niveaux de collines. Le plus bas qui est le plus proche nécessite un peu de vert de vessie très dilué, le second plan plus caillouteux est traité avec de la terre de Sienne et du brun Van Dyck. Evitez de faire un aplat uniforme, travaillez par taches pour exprimer les irrégularités et les rondeurs des collines.

7 ▪ Avec du vert de vessie atténué par un peu de bleu, traitez le bouquet d'arbres à gauche au pied des collines en utilisant le pinceau n° 3. À droite, le massif d'arbres, probablement des cyprès, sera évoqué par quelques touches de brun Van Dyck et d'indigo du premier plan. Pour terminer, accentuez quelques détails du premier plan en prenant votre temps.

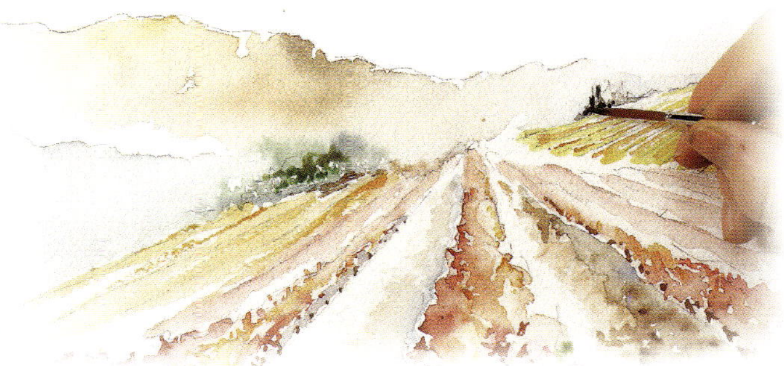

7

Près de Forcalquier, rencontre avec les roves

En revenant de Forcalquier, en retrait de la route, le long d'un chemin, j'aperçus un troupeau de chèvres et de moutons à demi caché dans les herbes fraîches et tendres de printemps. Les chèvres grimpaient contre les troncs d'arbres pour manger les jeunes feuilles de pommier. Séduite par le mouvement des têtes tendues vers les branches et par la beauté de leurs cornes, je n'ai pas résisté à la tentation d'en faire de rapides croquis et de les prendre en photo car les mouvements continuels de ces animaux très vifs me rendaient la tâche impossible. Les roves sont des chèvres rustiques d'origine provençale, reconnaissables à leurs grandes cornes en forme de lyre. Elles se font rares. Il est maintenant plus difficile d'en rencontrer car la transhumance à pied a pratiquement disparu.

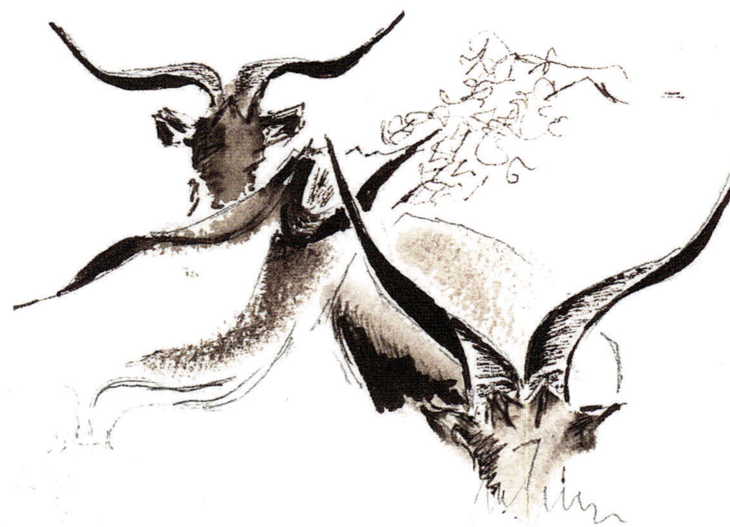

Format 61 cm x 46 cm ▸

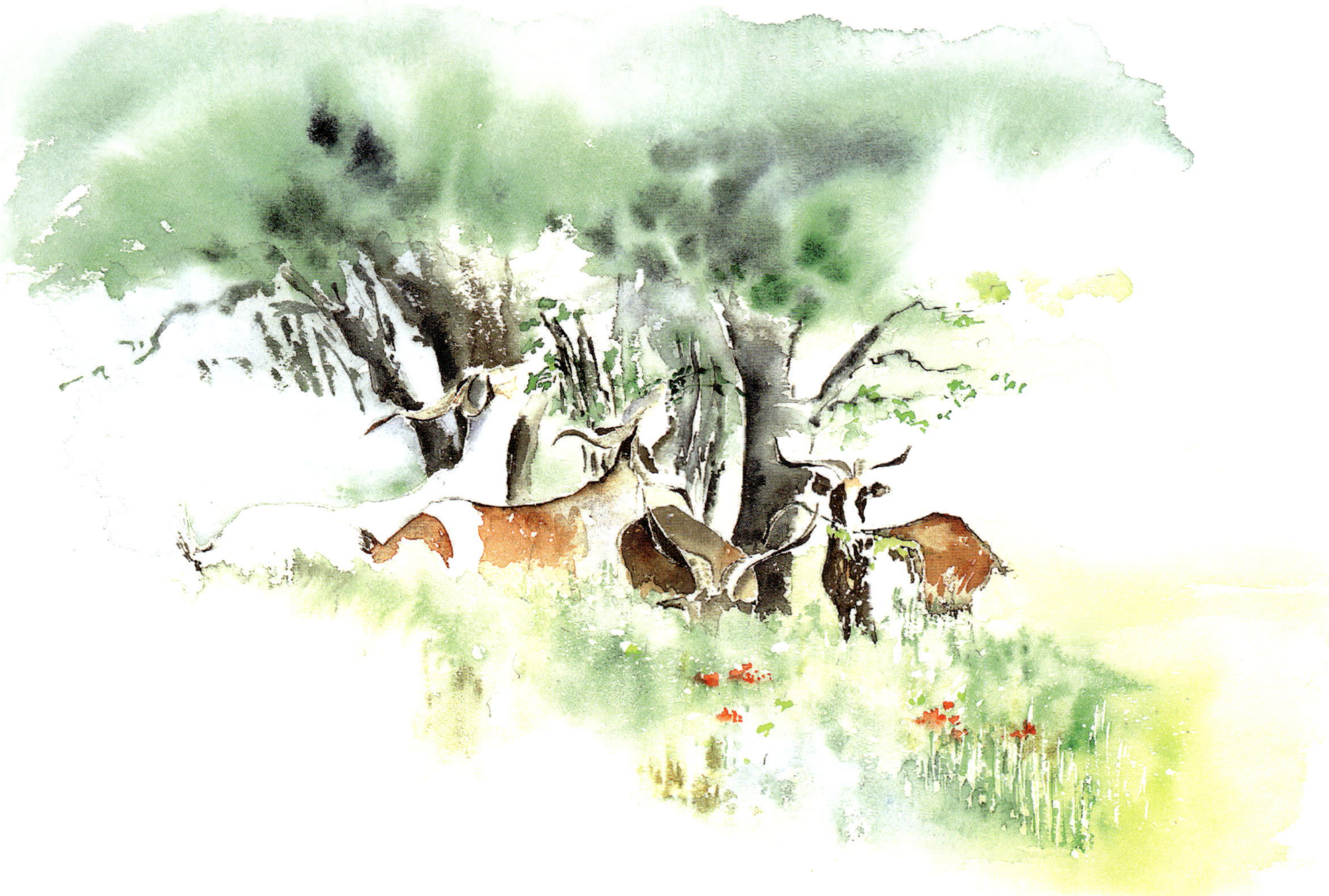

Portes à Simiane-la-Rotonde

Non loin de la montagne de Lure, après avoir fait provision de livres et de fromages au marché de Banon, Simiane est une belle escale. Assez loin des villages perchés plus touristiques du Luberon, c'est un village calme qui conjugue avec bonheur charme médiéval et vie d'aujourd'hui. Peu de monde dans ses ruelles caladées : les habitants du village sont partis travailler et on n'entend que des cris d'enfants qui s'élèvent de la cour de l'école située en contrebas.

L'ombre est partout : dans les ruelles étroites bordées de belles maisons, sous la place couverte, ancienne halle, d'où l'on découvre une vue superbe. Les portes des maisons gardent la marque des grandes familles d'autrefois qui semblent toujours présentes : lourdes portes diamantées, linteaux en pierres taillées.

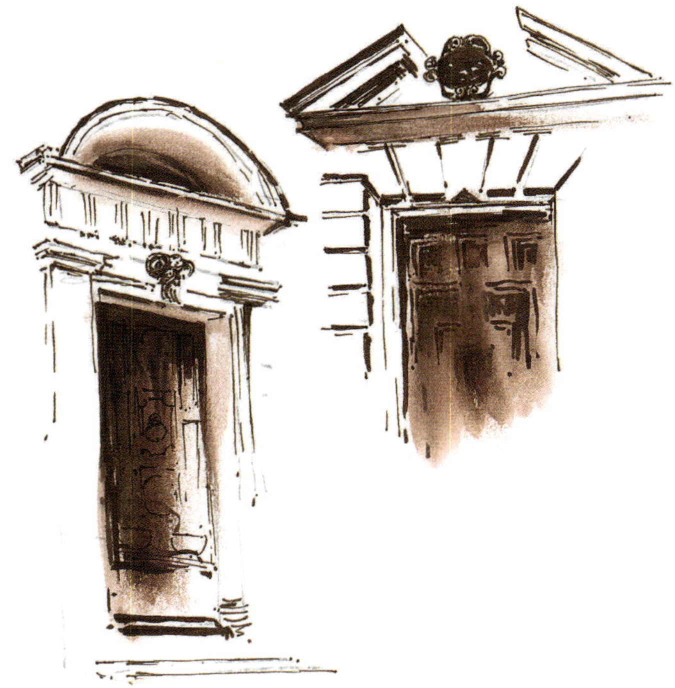

Découverte technique

Utilisation de l'ombre et de la lumière pour représenter les moulures des portes en bois.

Format 30 cm x 40 cm ▸

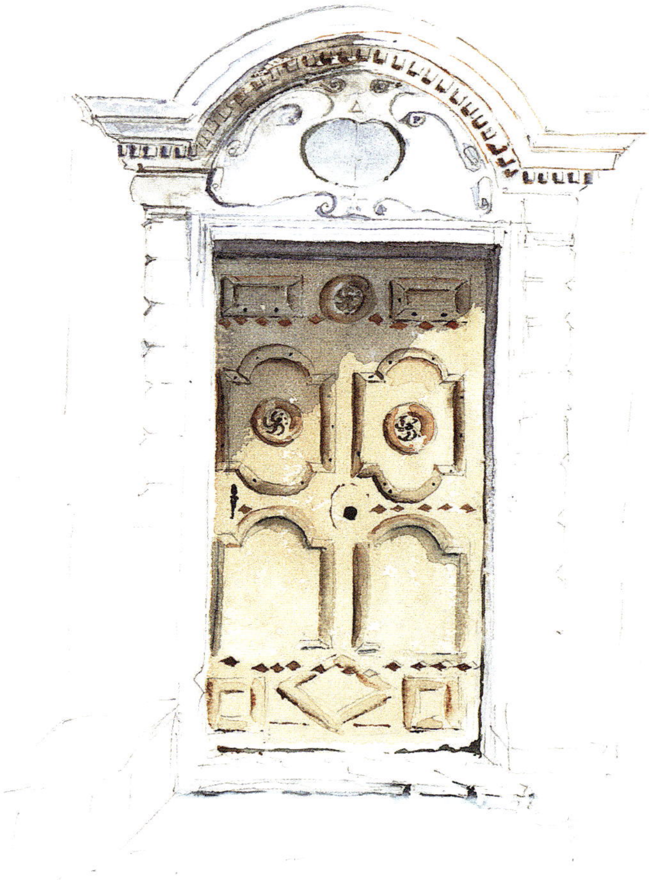

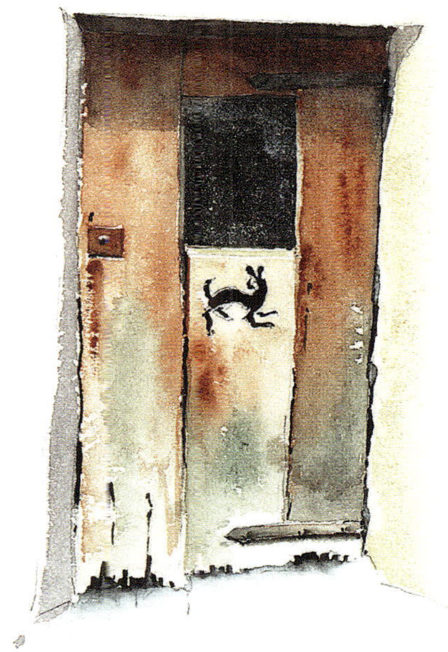

Réalisation

1 ■ Dessinez cette porte de cellier usée par le temps en terminant par le petit animal qui orne la porte. Traitez rapidement le bois de la porte avec une terre de Sienne brûlée, les touches se termineront par un effleurement très sec pour traduire les aspérités du bois rustique et usé. Passez, en remontant, un peu de vert d'oxyde de cadmium, ajoutez un peu d'eau pour fondre le vert.

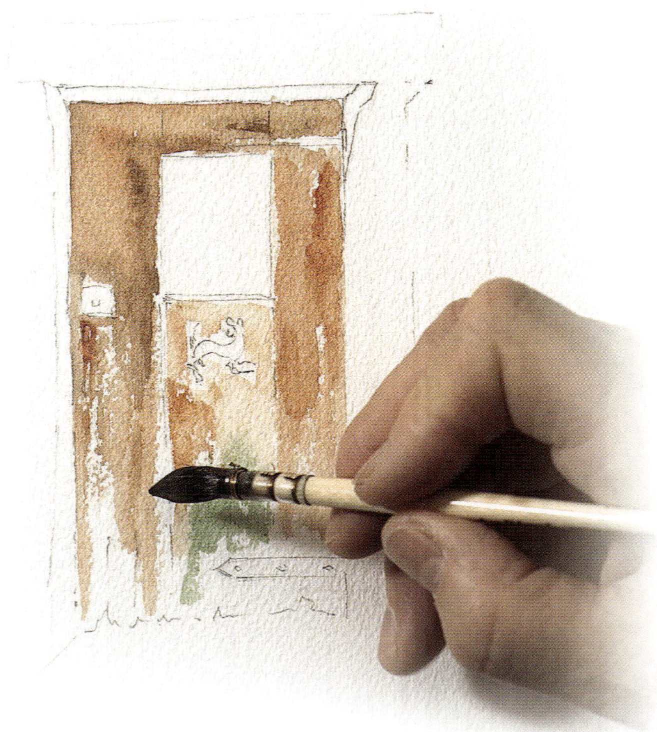

1

2 ■ Prenez sur le même pinceau du brun Van Dyck et de l'indigo, dont le mélange donne une couleur sombre proche du noir mais plus lumineuse et plus subtile, pour représenter l'ouverture découpée dans la porte. Traînez le pinceau en laissant des petits éclats blancs et absorbez doucement l'excédent de peinture avec un papier ou un tissu en coton.

3 ■ De la pointe d'un pinceau fin, tracez les ferrures de la porte qui seront ensuite soulignées par un trait plus sombre pour obtenir un effet de relief. Utilisez le même ton pour évoquer les joints sombres entre les planches.

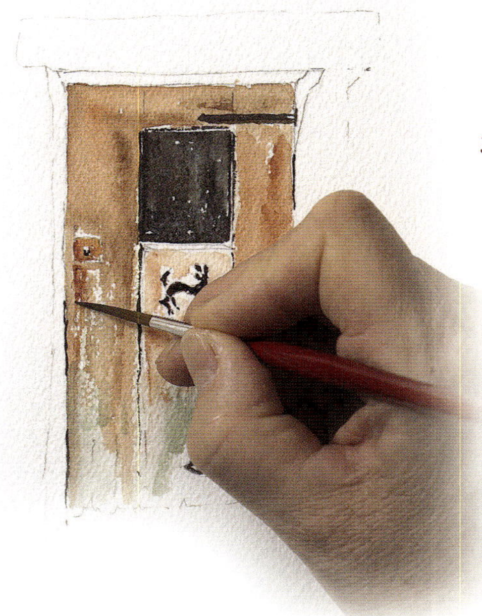

3

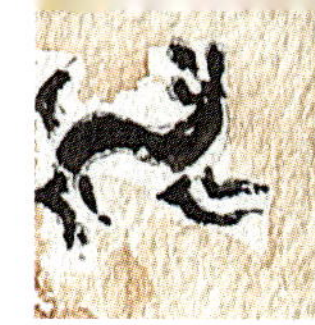

4■ Déposez des touches sombres sur le bas de la porte, là où le bois est usé, puis passez à l'exécution du petit animal pyrogravé au milieu de la porte toujours avec le même mélange. Pour un meilleur rendu, utilisez le cloisonnement en laissant un petit fil blanc tout autour : le petit animal prendra plus de relief.

4

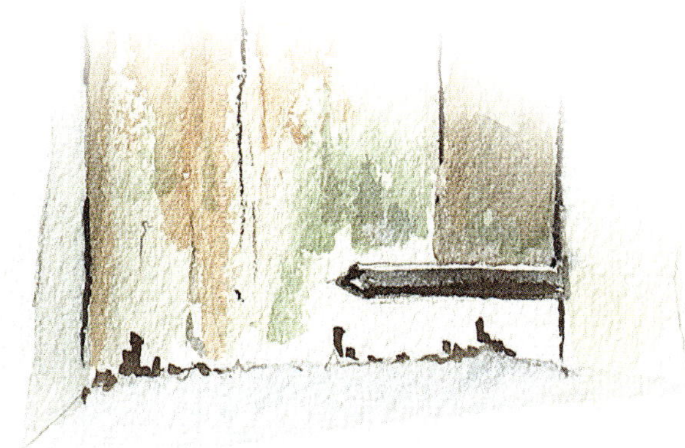

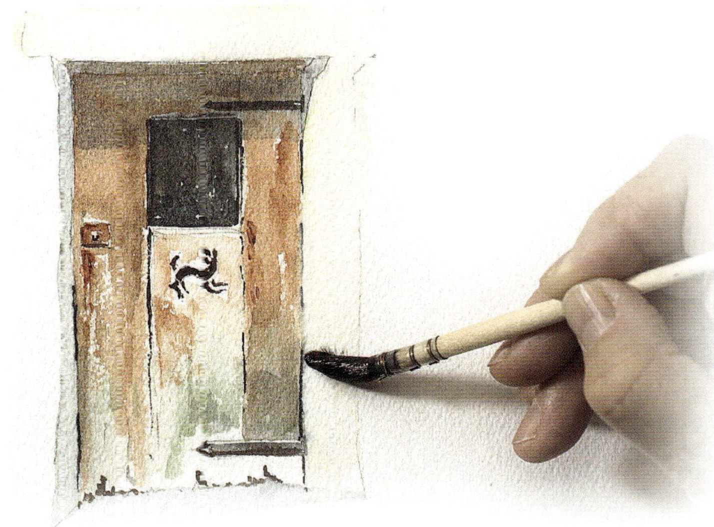

5

5■ Enfin, complétez par l'ombre de l'embrasure avec du bleu de cobalt et achevez le contour extérieur, figuré par le linteau et le mur situé à droite, avec un lavis de terre de Sienne naturelle.

Réalisation

Pour représenter cette porte sculptée, vous devez partir d'un dessin assez précis. En ce qui concerne l'aquarelle, travaillez séparément la pierre et le bois avec une palette réduite à trois couleurs pour assurer l'unité du motif.

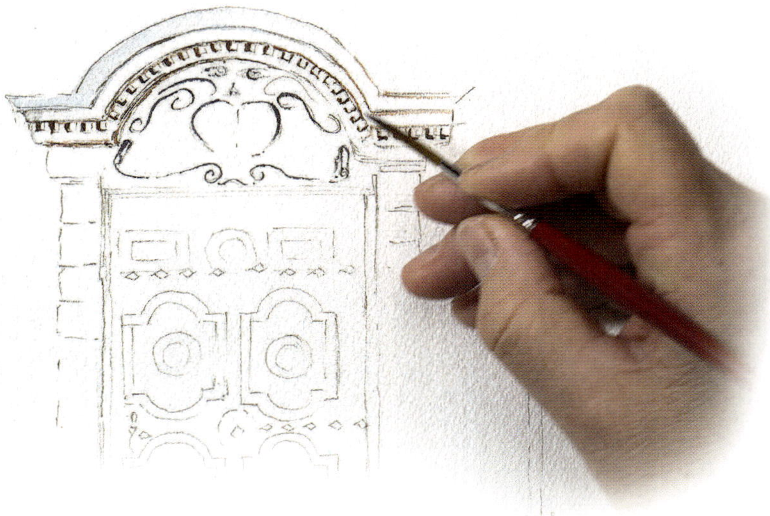

1

1 ■ La finesse de l'exécution demande de commencer par le haut et de gauche à droite, avec un pinceau à lettres. Un tel sujet se traite essentiellement en matérialisant et en soulignant les ombres provoquées par tous les petits reliefs.

2 ■ La pierre est traitée dans ses détails avec deux teintes : un brun Van Dyck et un bleu de cobalt, déposés soit isolément, soit en mélange. Une fois ce travail effectué, passez le pinceau à lavis n°0 chargé d'eau pour diluer les deux tons. Couvrez la boiserie de la porte en brossant le papier avec un pinceau chargé de terre de Sienne diluée de manière à laisser des blancs, en éclats irréguliers obtenus par le grain du papier.

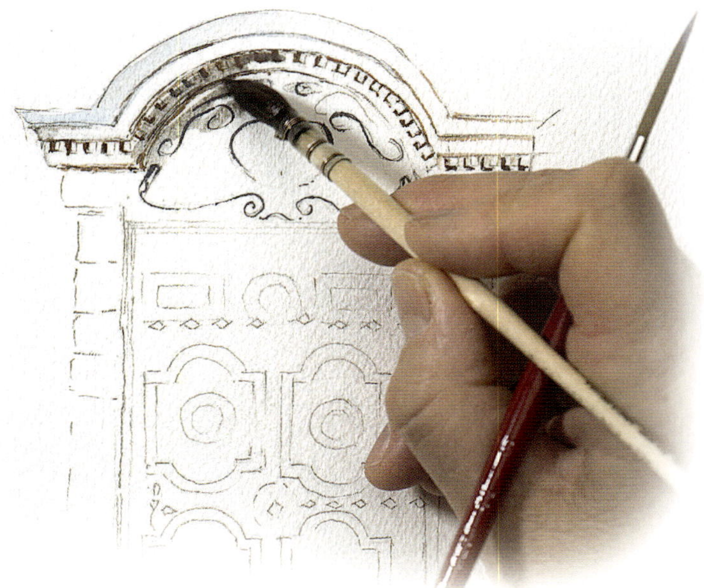

2

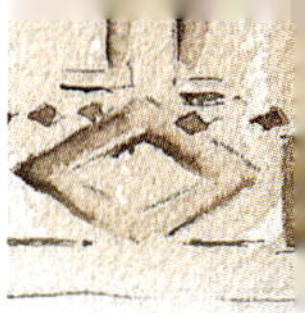

3■ Pour obtenir le relief des moulures, tracez un trait sombre avec du brun Van Dyck puis aussitôt après passez un pinceau mouillé sur le bord du trait. Les traits sombres sont effectués en fonction de la direction de la lumière. Avec le pinceau à lettres, réalisez les petites pièces de marqueterie incrustées de façon irrégulière.

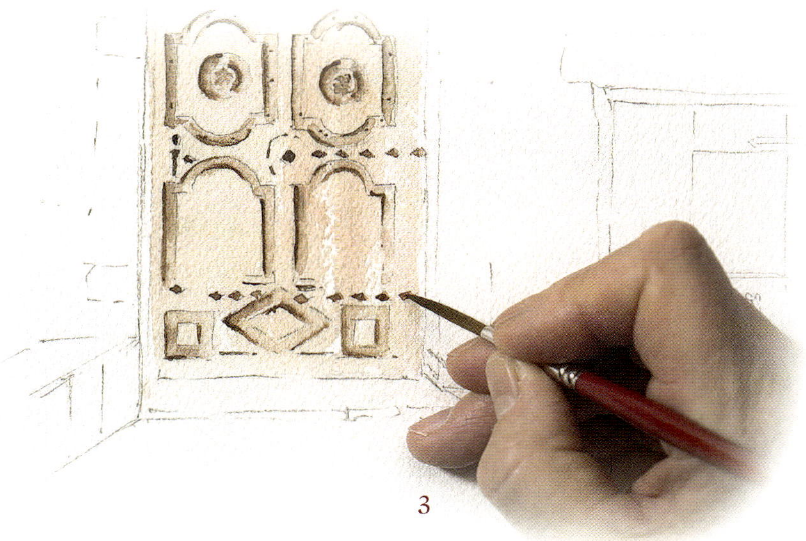

3

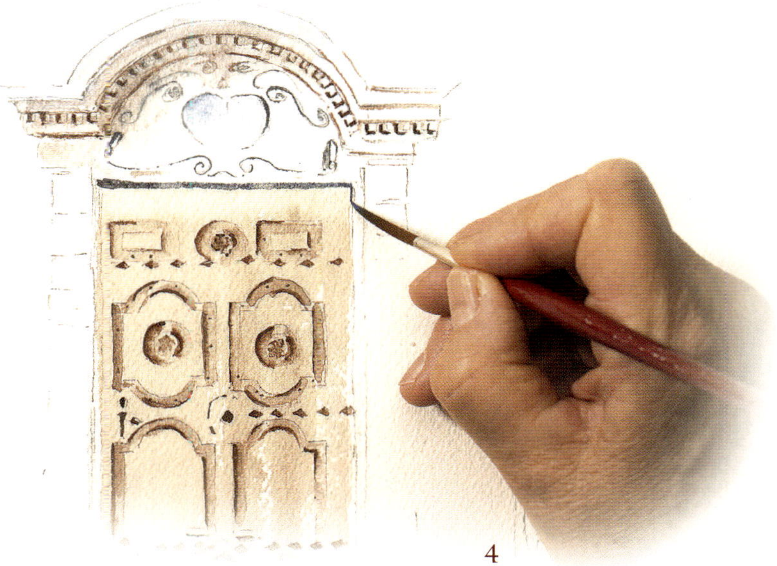

4

4■ Pour renforcer la profondeur de l'embrasure, soulignez d'un trait sombre le haut de la porte, puis, avec un pinceau mouillé, tracez l'ombre en biais et vers le bas.

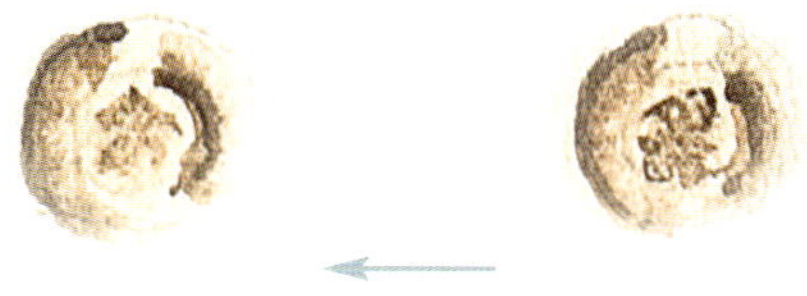

Retour du jardin

Les jardins offrent presque toute l'année des sollicitations pour l'œil, l'aquarelle et accessoirement… la cuisine. Ails, poires, figues, coings, potimarrons, nèfles et quelques fleurs pour orner la table du déjeuner débordent du panier. La forme et la texture des paniers, les volumes et les couleurs des fruits, des légumes et des fleurs constituent autant de sujets d'aquarelle à réaliser au retour du jardin ou du marché.

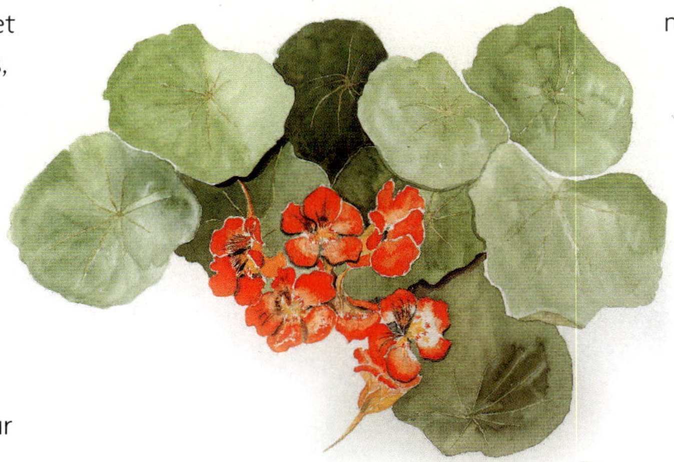

Si vous débutez, un très bon exercice consiste à dessiner et peindre le même fruit ou légume sous plusieurs angles. Pour réaliser cette composition, je n'avais que trois capucines et quatre feuilles. Vous pouvez aussi, en dessinant plusieurs fois le même fruit dans la même position, faire simplement varier la direction de la lumière : le résultat vous étonnera.

Format 61 cm x 46 cm ▸

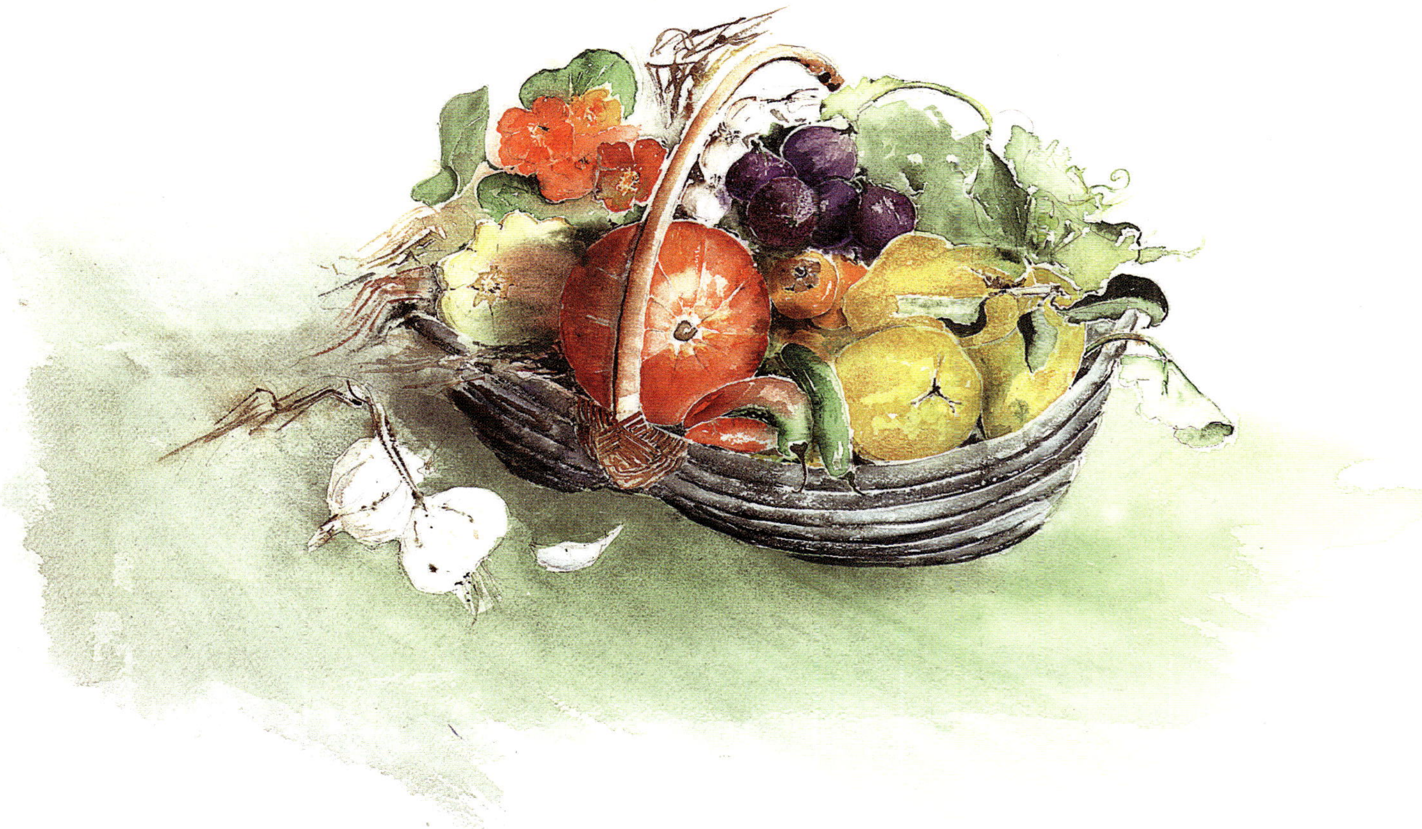

Un champ de cerisiers en fleur près de Cucuron

La floraison des amandiers, à la fin de l'hiver, et celle des cerisiers, qui la suit de près, sont toujours spectaculaires et ne peuvent laisser indifférent l'aquarelliste.
Autour de Lourmarin, de Cucuron, on ne voit plus que des vergers épais et lumineux. L'horizon disparaît derrière la masse des vergers qui s'enfonce dans le lointain.

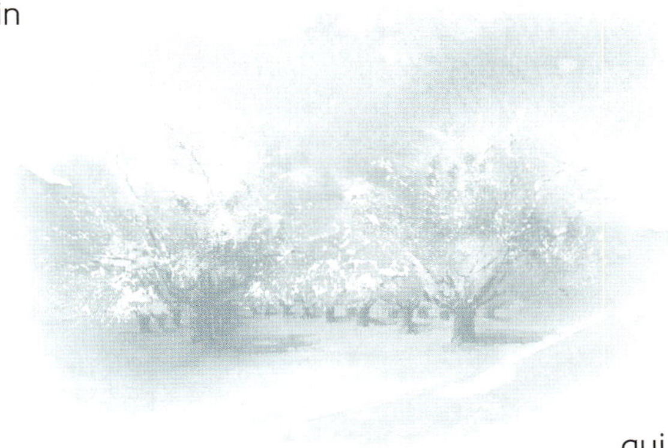

Des blancs floconneux envahissent le paysage : blancs scintillants sous le soleil, blancs denses et profonds sous un ciel voilé.
J'ai longtemps hésité à m'attaquer à ce sujet difficile avec une technique qui n'utilise pas la couleur blanche. L'aquarelliste doit jouer avec le blanc du papier qui prend d'infinies nuances en fonction des couleurs posées à ses côtés.
C'est un travail à la fois spontané et réfléchi, malaisé à exécuter sur le terrain car il demande du temps. Deux aquarelles réalisées au même endroit rendent compte des surprises occasionnées par la fantaisie des projections et l'incertitude de l'eau.

Découverte technique

Utilisation de la gomme à masquer en projection. Cette technique demande du temps. Il faut donc être bien installé à l'abri du vent, avec une petite table et un siège pliants. N'oubliez pas qu'il faudra maîtriser deux techniques aléatoires, l'aquarelle et la projection.

Format 61 cm x 46 cm ▸

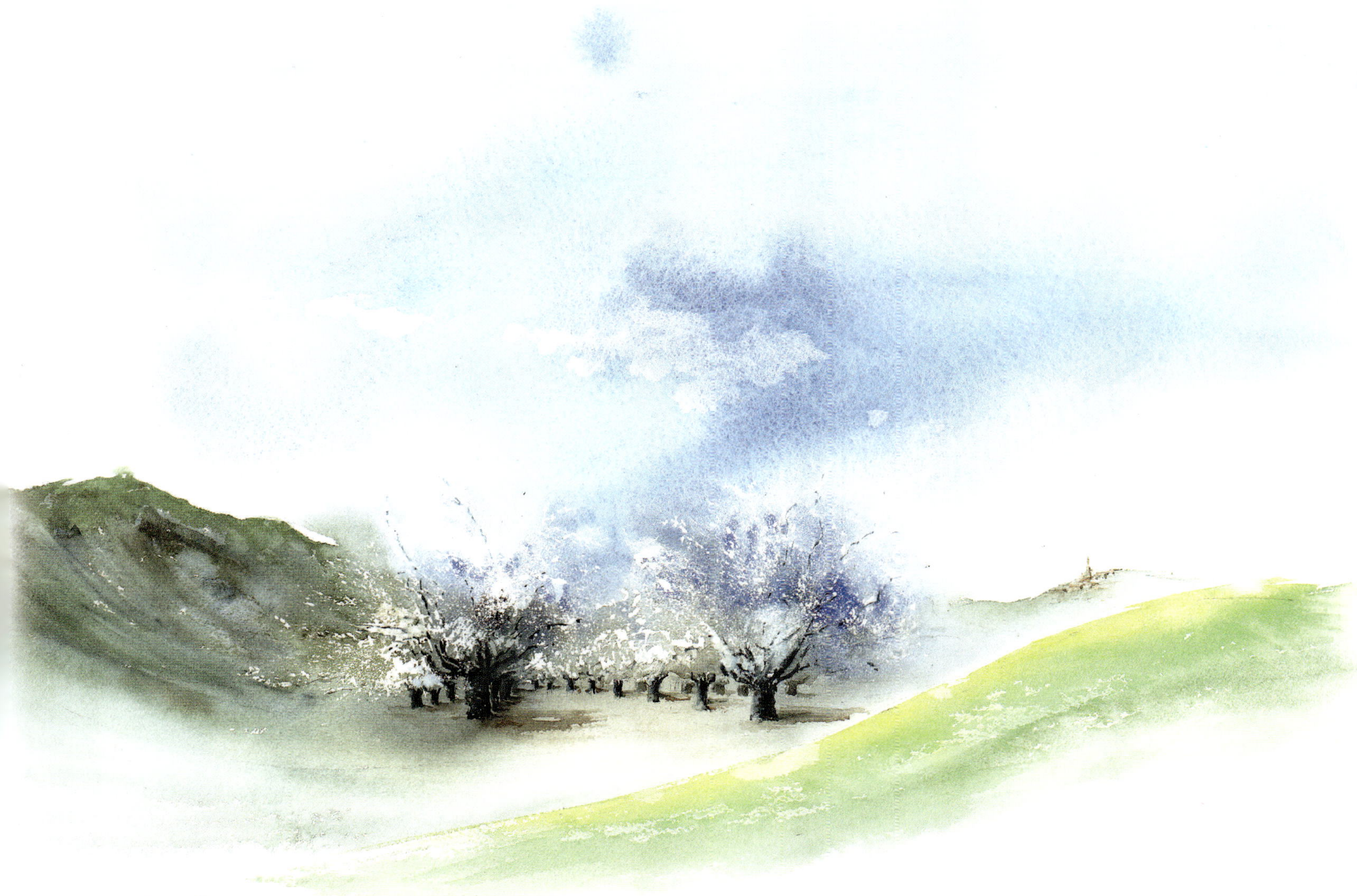

Réalisation

1 ▪ Esquissez les lignes générales du paysage et le volume des cerisiers en tenant compte du rythme des troncs et de la perspective. Matérialisez par une flèche la direction de la lumière qui, dans cette aquarelle, joue un grand rôle. Placez un cache taillé grossièrement pour laisser en clair les cerisiers et protéger le reste de l'aquarelle contre les projections de gomme à masquer effectuées avec une brosse à dents. La dimension des gouttelettes dispersées est aléatoire, mais cela importe peu si vous faites des taches un peu trop grandes car la gomme se retire très facilement après séchage : il vaut mieux avoir trop de blancs que pas assez.

1

2 ▪ La gomme étant sèche, après avoir retiré votre cache, brossez d'un geste ample avec de l'eau claire et le gros pinceau la partie supérieure de la feuille, au-dessus des cerisiers. Sur cette surface mouillée, diluez un bleu d'outremer nuancé de bleu Winsor. Faites attention de ne pas frotter le bord des cerisiers : tapotez au niveau de la gomme à masquer afin de ne pas la retirer.

2

3 ▪ Après avoir couvert la colline sur la gauche avec un peu de vert et des gris dans les fonds, peignez les troncs des cerisiers qui forment des éléments sombres et rythmés jusqu'à l'horizon. Ils sont traités en sépia et brun Van Dyck. Avec le pinceau à lettres, esquissez des amorces de branches et apportez un peu d'eau aux extrémités pour éviter les tracés trop secs.

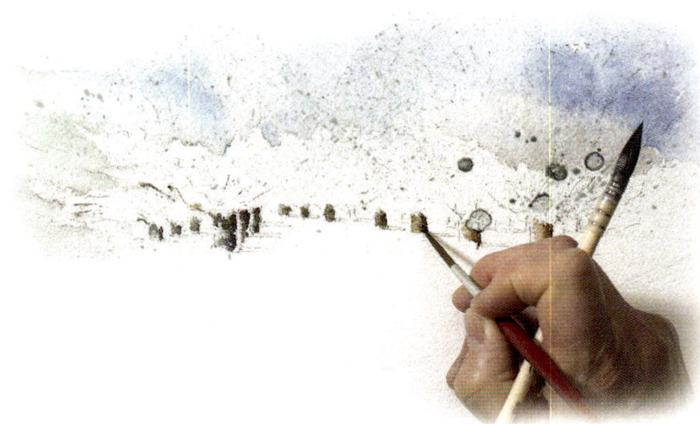

3

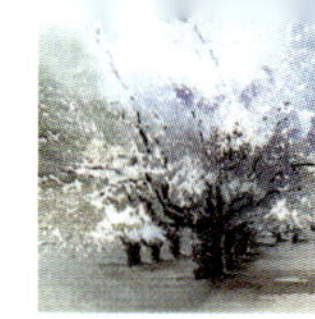

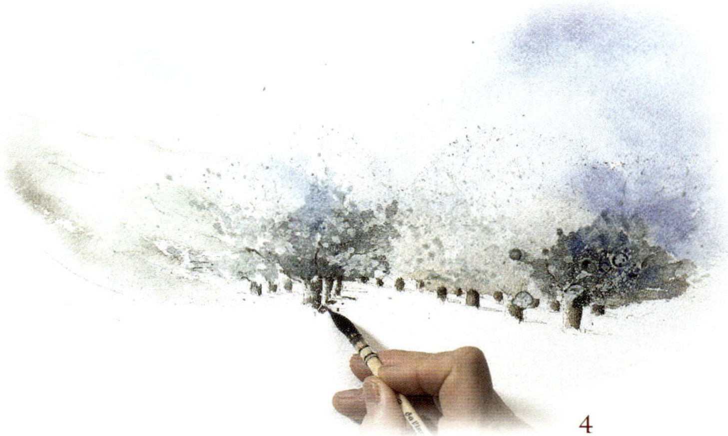

4

4■ Sur les côtés droits des cerisiers qui correspondent aux zones d'ombre, matérialisez la masse des arbres par un gris vert fait de vert de vessie, vert d'oxyde de chrome, bleu cobalt réchauffé avec de la terre de Sienne brûlée.

5■ À l'horizontale, sur le sol, peignez les ombres portées des troncs avec les mêmes couleurs que celles qui ont été employées pour les troncs, mais plus diluées.

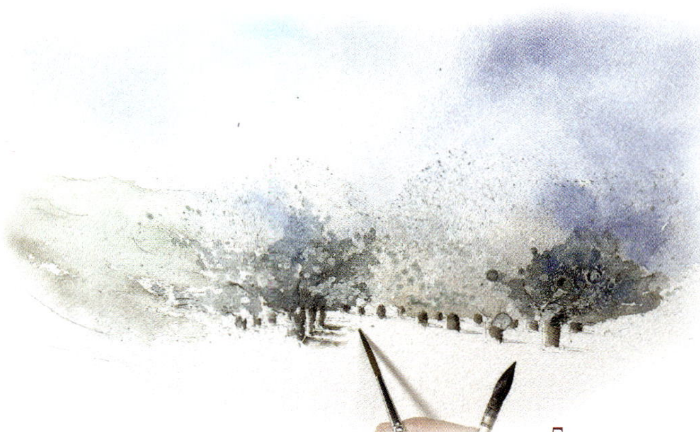

5

6■ Pendant le séchage de ces différentes étapes, couvrez la courbe du terrain, au premier plan, avec de l'auréoline jaune et des verts d'oxyde de chrome et de vessie. Sur la terre du verger, passez une couleur à sec c'est-à-dire avec très peu d'eau dans le pinceau et pas du tout sur le papier, de façon à garder le grain du papier qui traduira le sol un peu caillouteux du champ.

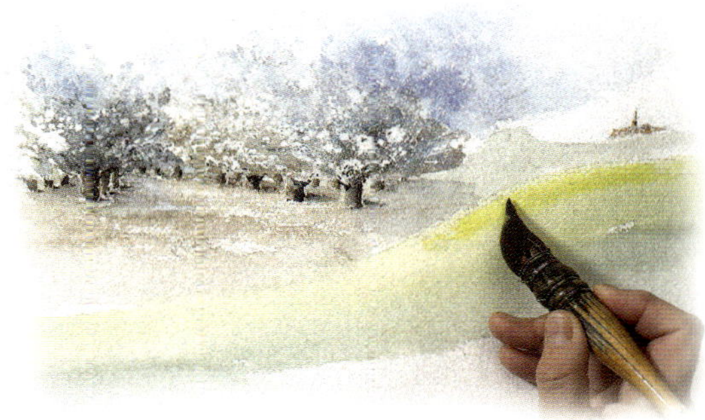

6

7■ Quand l'aquarelle est bien sèche, frottez la gomme à masquer avec le doigt et vous verrez apparaître tous les blancs. Il est alors possible de reprendre certains éléments : retravailler une tache blanche trop volumineuse pour la rendre plus légère, accentuer quelques branches ou rameaux fleuris.

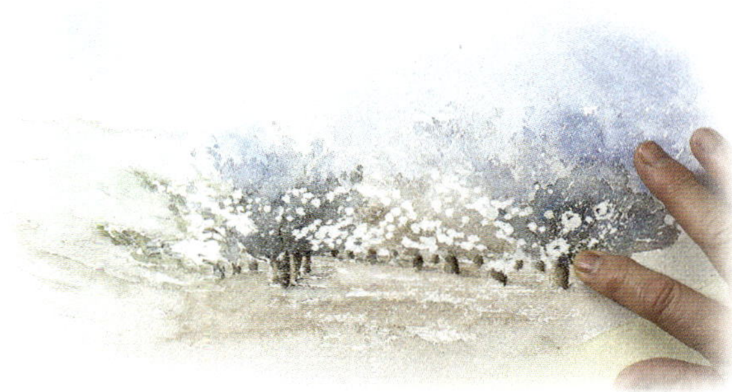

7

Oppedette, un village perché à l'entrée d'un canyon

Un soir de mai, au coucher du soleil, en arrivant de Banon par une toute petite route, la silhouette d'Oppedette se détachait sur un ciel mauve. Dans le dernier virage, la surprise fut totale, accentuée par l'effet de contre-jour qui donnait au village un caractère somptueux. Il semblait sur la défensive en haut de la gorge qu'il surplombe. Le Calavon a creusé son lit dans le calcaire, formant un profond canyon. Les cascades de maisons, granges, terrasses sont illuminées par la lumière dorée du soleil. Une teinte mordorée inonde le site tandis que d'infinies nuances de mauves envahissent le ciel.

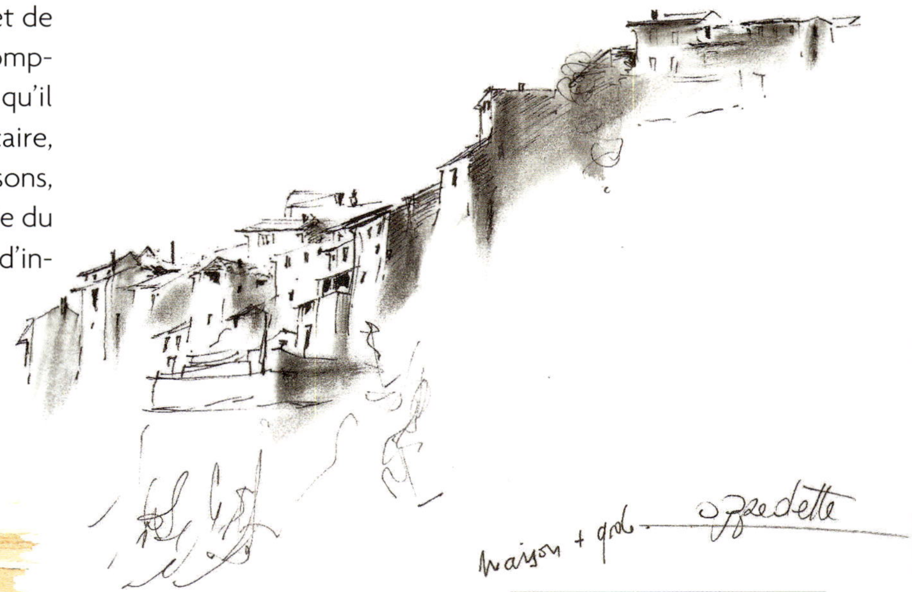

Format 61 cm x 35 cm ▸

Découverte technique

Traduire la lumière du soir.

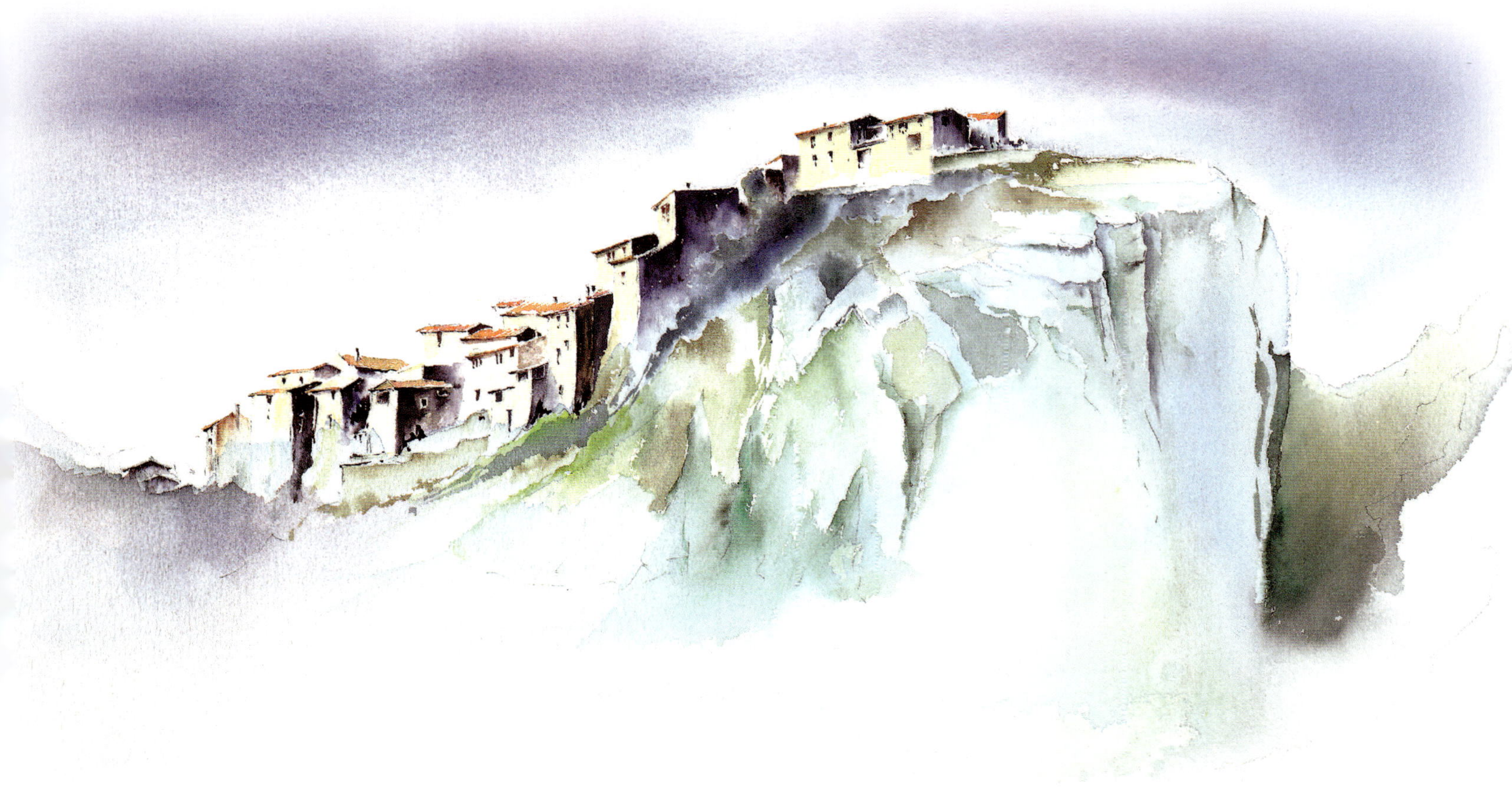

Réalisation

1▪ L'unité de cette aquarelle repose sur la tonalité générale induite par la lumière du ciel. Après avoir réalisé le dessin, mouillez largement la feuille. Sur le pinceau n° 3, prenez simultanément du bleu outremer et du violet Winsor. Passez le pinceau d'un geste large sur le papier humide, les couleurs vont fusionner de façon irrégulière.

1

2▪ Descendez la couleur du ciel à droite, vers l'ouverture du canyon. Laissez beaucoup de blanc dans le ciel à gauche, côté d'où vient le soleil ainsi que derrière les maisons les plus élevées du village : elles vont se détacher avec d'autant plus de force. Avec les mêmes couleurs plus denses, non diluées, peignez les murs situés dans l'ombre. Pensez à mouiller le bas des murs et absorbez l'eau avec un chiffon pour estomper la couleur et pouvoir reprendre ces zones quand il faudra faire le lien avec la végétation.

2

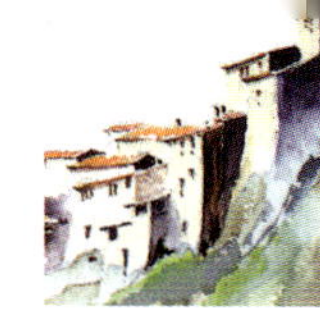

3■ Mouillez ensuite l'abrupt du rocher et épongez pour garder un minimum d'eau : le papier se prêtera mieux à recevoir les teintes légères d'une végétation relativement pauvre et rase. Posez des aplats de gris vert pour peindre la roche, puis modelez ces aplats dans l'humide. Il faudra reprendre cette grande surface au premier plan quand elle sera sèche.

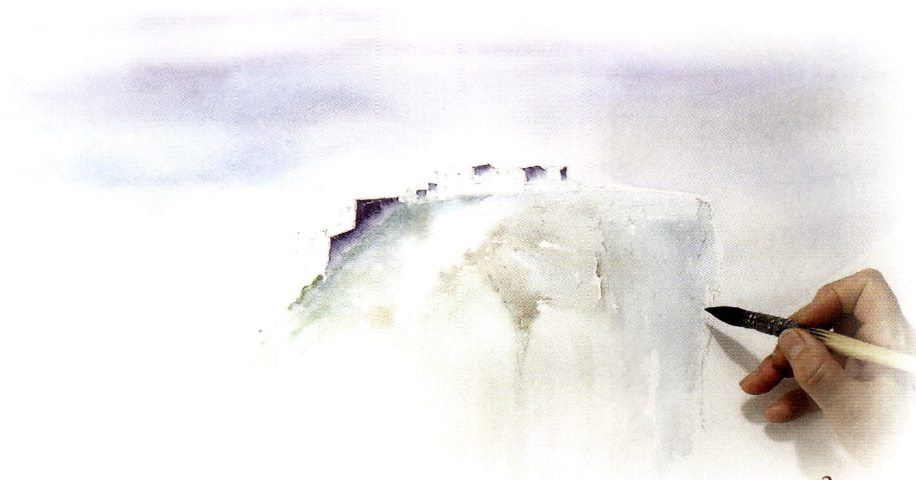

3

4■ En attendant, donnez de la vie aux maisons : un trait de terre de Sienne brûlée sur les bords des toits de tuile, un peu de terre de Sienne naturelle sur les façades au soleil, des petites touches sombres pour matérialiser les ouvertures et sous la génoise, une ombre de bleu de cobalt, Sienne et outremer ou brun Van Dyck pour les accents les plus sombres.

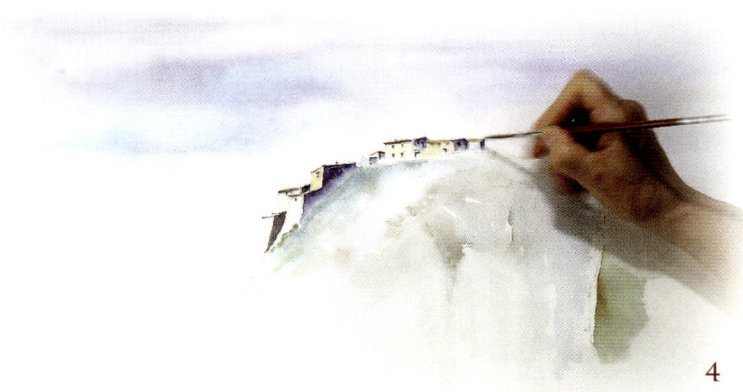

4

5■ Enfin, retravaillez la pente de la roche dont les éléments sont tellement variés qu'il faudra apporter de nombreuses nuances. Un pinceau plat n° 10 servira à brosser certaines couleurs et à leur donner une direction : les couleurs de la pente varient en fonction des dénivelés.

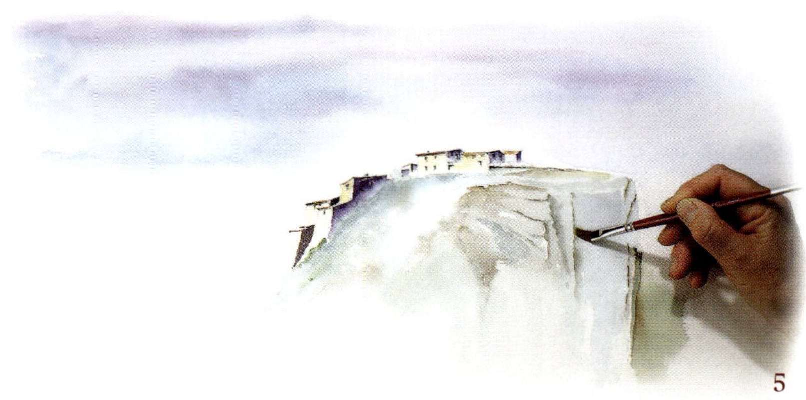

5

A l'ombre de son château, le village de Lacoste

Bonnieux ? Lacoste ? Lequel de ces deux villages allais-je peindre ? Lacoste la vaudoise ou Bonnieux la catholique ? le souvenir des guerres de Religion est toujours là. Les deux villages se regardent et semblent encore se défier. J'hésite longtemps, n'arrivant pas à me décider. Un croquis ici, une esquisse là... Finalement, en cet après-midi de juin, c'est le soleil qui m'aide à choisir : vers seize heures, la lumière bascule derrière le château du marquis de Sade, les ombres s'allongent, les pignons brillent, les murs et les toits se colorent avec éclat. Il n'y a plus une seconde à perdre, je dois très vite saisir cet instant.

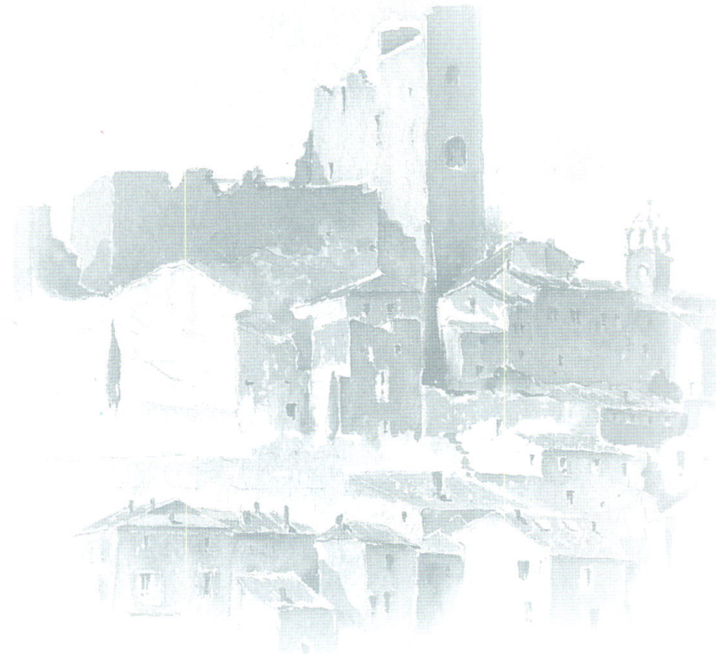

Format 61 cm x 42 cm ▸

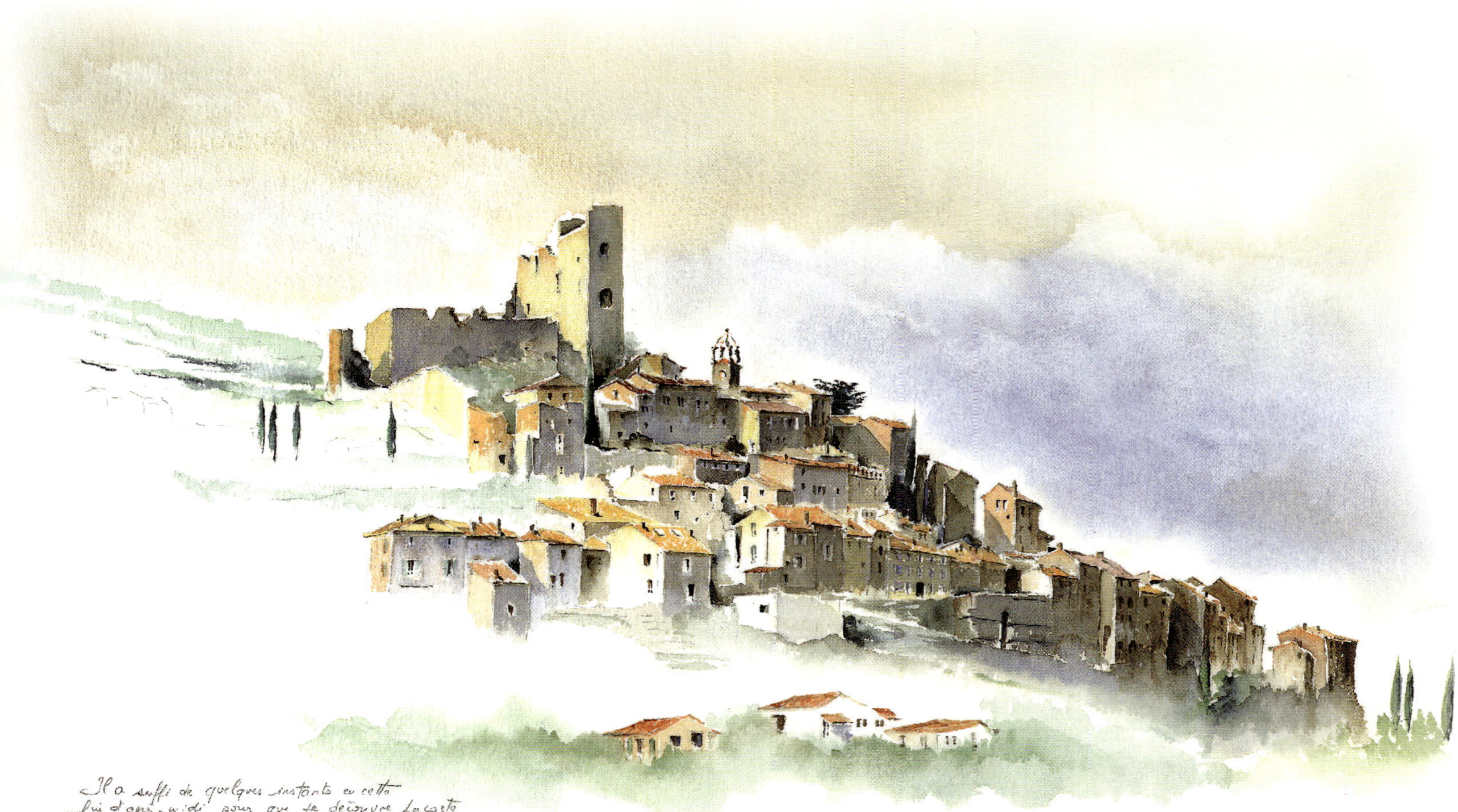

Il a suffi de quelques instants en cette
fin d'après-midi pour que je découvre Lacoste
et perçoive l'ombre du marquis de Sade

Un village aux couleurs de sa terre, Roussillon

Roussillon et Rustrel sont bien connus des peintres pour la richesse de leurs ocres. « Roussillon » vient de rouge, rouge comme la terre, rouge comme les murs des maisons. L'atmosphère y est chaude et minérale.

L'ocre est utilisée depuis la préhistoire. Son exploitation industrielle a vu le jour à la fin du XVIIIe siècle et jusqu'au début du XXe siècle, les ocres ont fait l'objet d'une intense activité. Les sables ocrés s'étendent de Gignac à Roussillon et forment une saignée d'une trentaine de kilomètres riche de surprises colorées.

Dès l'approche de Roussillon, les routes sont pleines de couleurs, les talus rouges, les rigoles ocre après une averse...

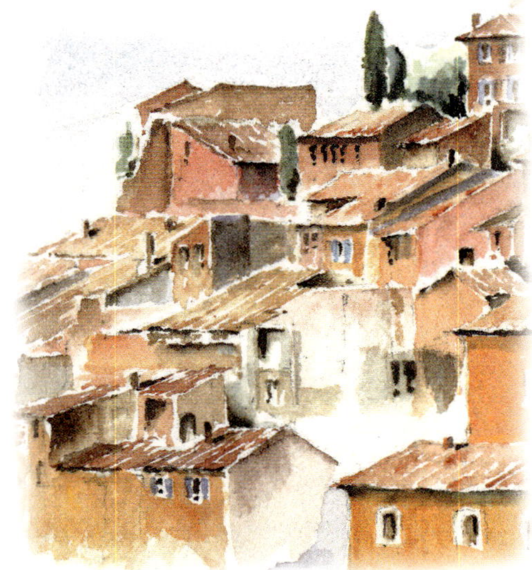

Découverte technique

Aborder un sujet complexe fait d'une cascade de toits, de façades et de murs de maisons enroulées autour d'un campanile.

Installé sur un éperon à l'entrée des carrières, le village fait partie du parc naturel régional du Luberon qui contribue à préserver ce site exceptionnel.

Format 61 cm x 46 cm ▶

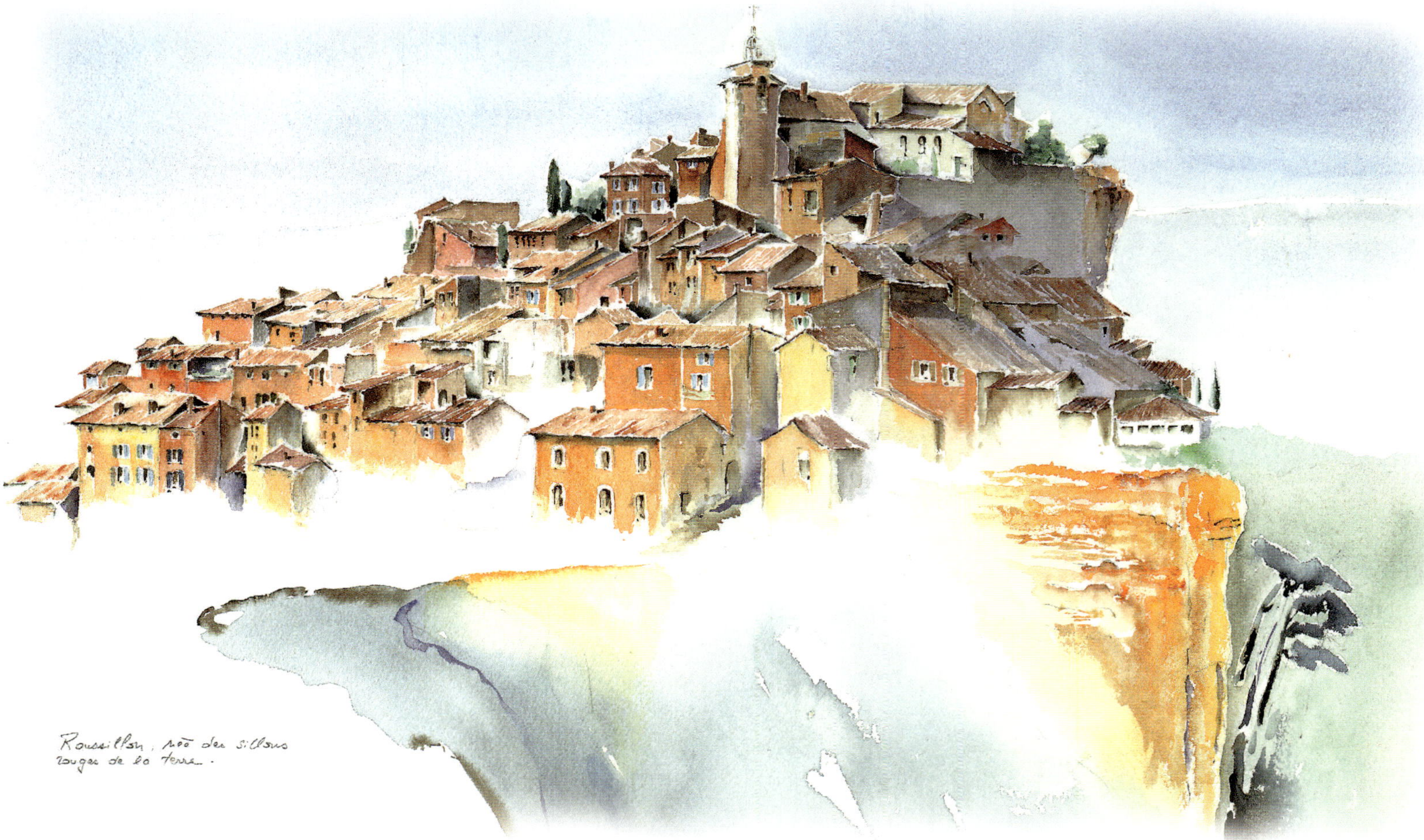

Roussillon, née des sillons
rouges de la terre.

Réalisation

1 ■ La démonstration va se centrer sur le haut du village : toute l'harmonie vient en effet de la façon dont les maisons s'enroulent et se déclinent à partir du campanile qui sert d'axe au dessin. Le sujet est assez compliqué et le mieux sera d'envisager le travail comme un jeu de plans.

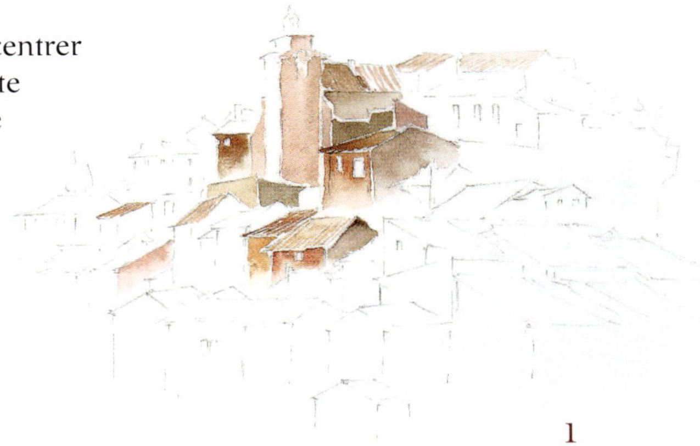

1

3 ■ La couleur se met en place comme dans un grand jeu de cubes, en laissant dans un premier temps de légers fils blancs entre les plans. Aucun toit n'a son pareil, il faut jouer avec les couleurs et l'eau. N'oubliez jamais le sens de la lumière : un aplat sombre, là où normalement il y a du soleil, peut casser la lecture et l'harmonie de l'ensemble.

2 ■ La diversité des accroches de lumière, des pentes des toits, des façades, constitue l'intérêt principal de cette aquarelle. Quatre couleurs sont utilisées : rose indien, terres de Sienne naturelle et brûlée et marron de pérylène. Elles vont tenter de traduire les teintes extraordinaires de cette petite ville haut perchée. La couleur de la tour donne le ton avec l'ombre à sa droite et à sa gauche la lumière du soleil. Une première approche de couleur est effectuée avec un pinceau n° 3.

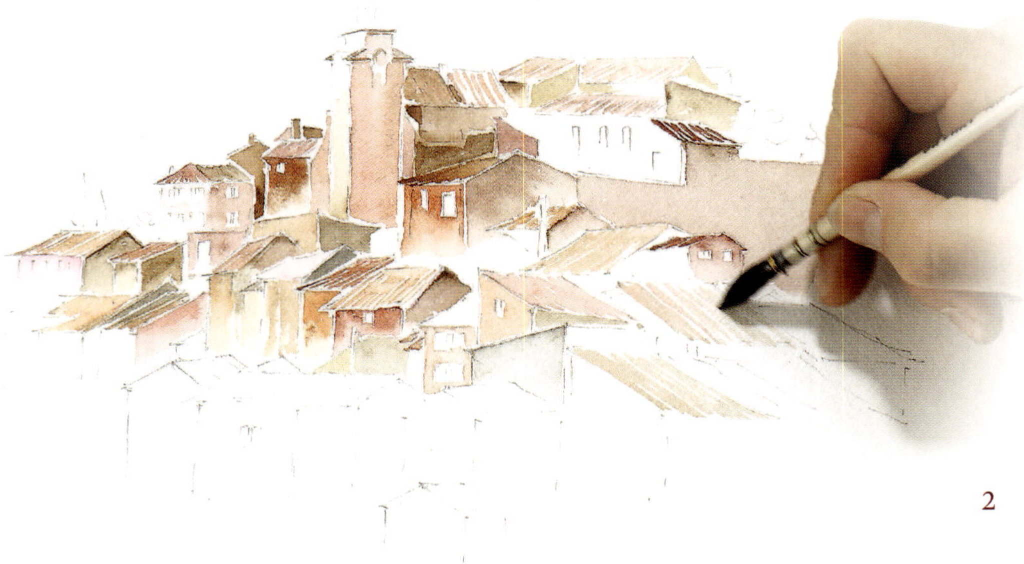

2

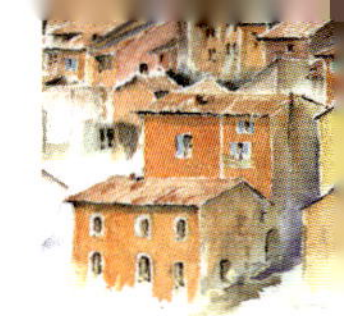

4▪ À chaque rapprochement de plans, en bas des murs, diluez légèrement la première application de couleur pour favoriser la perception d'une distance entre les maisons. Creusez les espaces entre les maisons avec du brun Van Dyck et de l'indigo pour évoquer l'ombre des rues étroites.

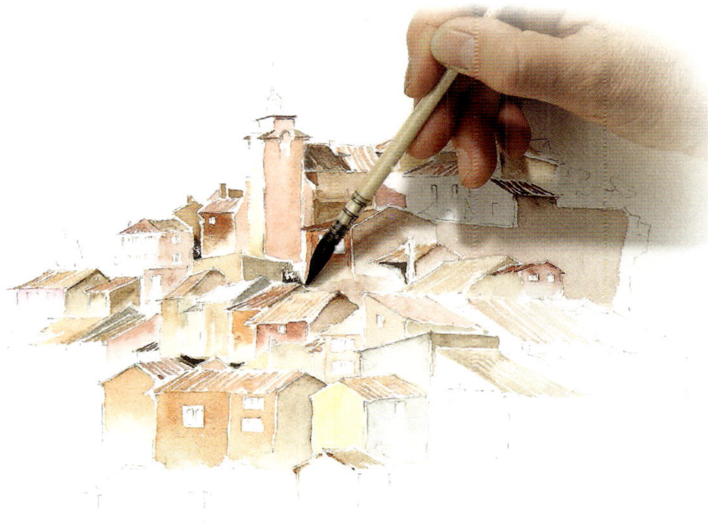

4

5▪ Sous les toitures, tracez un filet d'ombre avec le pinceau à lettres et aussitôt, doublez ce trait par un filet d'eau pour accentuer le décroché par un léger dégradé.

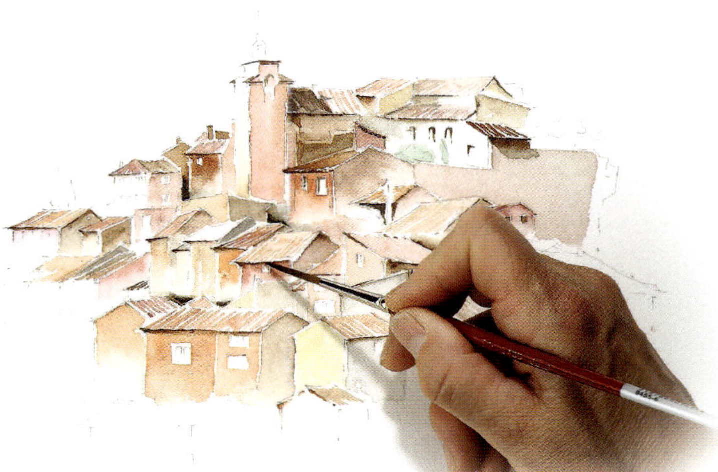

5

6▪ Complétez par les fenêtres, les volets peints de vert tendre, de bleu léger, de brun clair, par les cheminées en laissant en clair l'arête qui est au soleil. Le campanile sera exécuté avec un pinceau à lettres.

Assurez-vous que l'aquarelle soit bien sèche et passez un lavis de bleu de cobalt sur les pignons et les pentes des toits qui sont dans l'ombre.

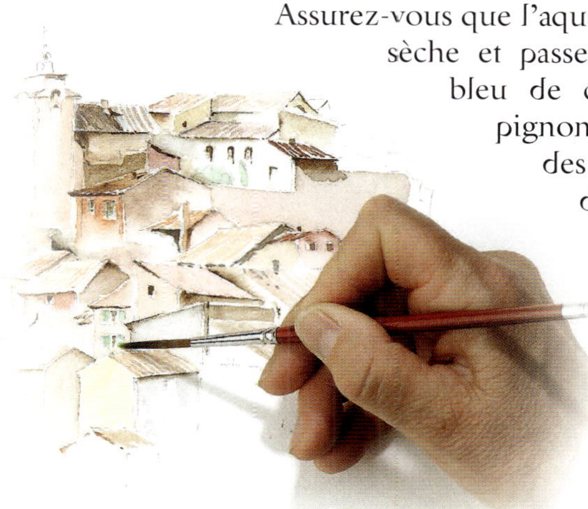

6

Les ocres de Rustrel

Au pied du plateau du Vaucluse, les carrières d'ocre du bassin d'Apt ont dû depuis toujours être des lieux magiques. Les ocres sont des couleurs nées de la terre, qui offrent une infinité de nuances. De l'ocre blanc lumineux et laiteux à l'ocre rouge dense et foncé, ils se déclinent en une profusion d'ocres jaunes.

Lorsque le soleil « mange » les couleurs, il faut se laisser emporter dans cette promenade de chaleur et de poussière, vent de sable et fils d'or dans les yeux, brumes craquantes sous les pieds. Où s'arrêter dans ce dédale surprenant ? Le matin, les couleurs s'enflamment, elles s'atténuent et s'estompent dans le soleil pour finalement vibrer doucement dans la lumière apaisée du soir. Les repères se perdent et il faudra y revenir tôt le matin, les sens en alerte, pour restituer, du bout de son pinceau, les couleurs mobiles et les ombres changeantes.

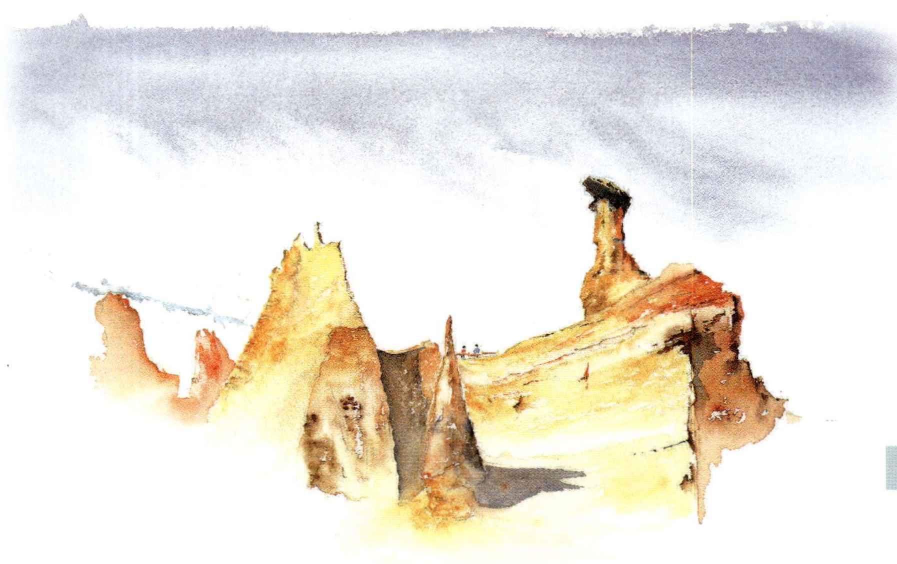

Format 61 cm x 46 cm ▸

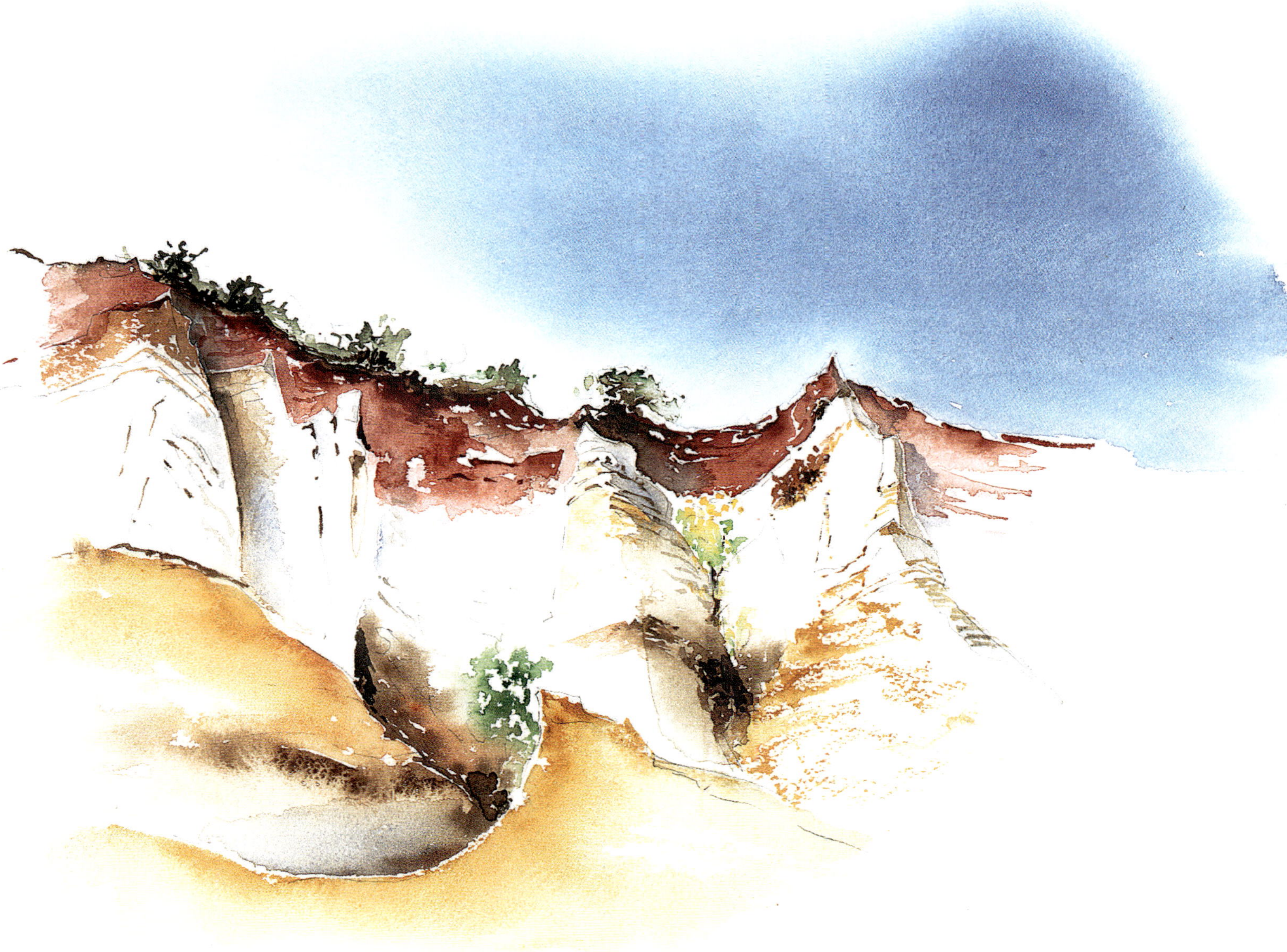

Au bord du plateau du Vaucluse, Gordes

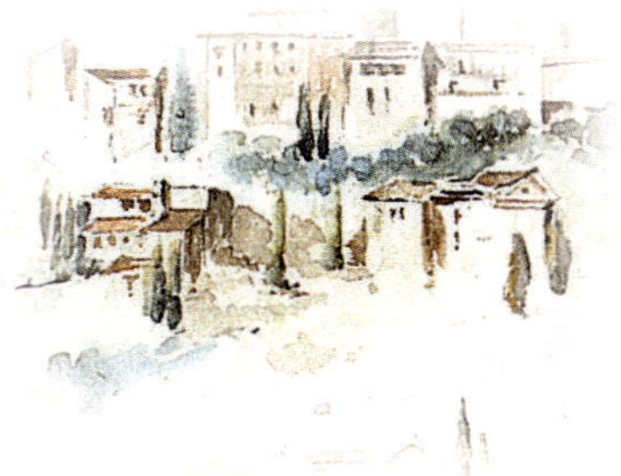

Gordes est sûrement un des villages les plus connus de Provence. Trop peut-être. Il faut choisir son heure pour se promener en paix dans ses ruelles, parcourir ses calades et ses escaliers, découvrir ses passages voûtés.

Mais il n'est pas nécessaire de l'approcher de trop près : Gordes se laisse voir depuis les routes de Roussillon, de Saint-Pantaléon ou de Cabrières-d'Avignon, vision toute minérale et somptueuse.

À l'embranchement de la jolie route qui mène à Sénanque, une murette située en surplomb offre un point de vue idéal pour dessiner et peindre. Une ruelle émergeant du pied de l'éperon rocheux sur lequel est bâtie la ville monte en s'enroulant vers le village. Elle crée un contraste intéressant avec la ligne horizontale formée par le château et l'église.

L'opposition très marquée entre l'ombre, au creux de la ruelle, et les façades ensoleillées souligne la courbe de la calade. La cascade des toits se prête bien à une étude de couleurs : chacun capte la lumière en fonction de son inclinaison.

Pour « apprivoiser » mon sujet, j'ai regardé, contemplé, analysé ce paysage plusieurs soirs de suite – moment où la lumière m'a paru la plus belle.

Découverte technique

Peindre une ruelle en surplomb et rendre vivante une architecture par la couleur.

Format 61 cm x 46 cm ▶

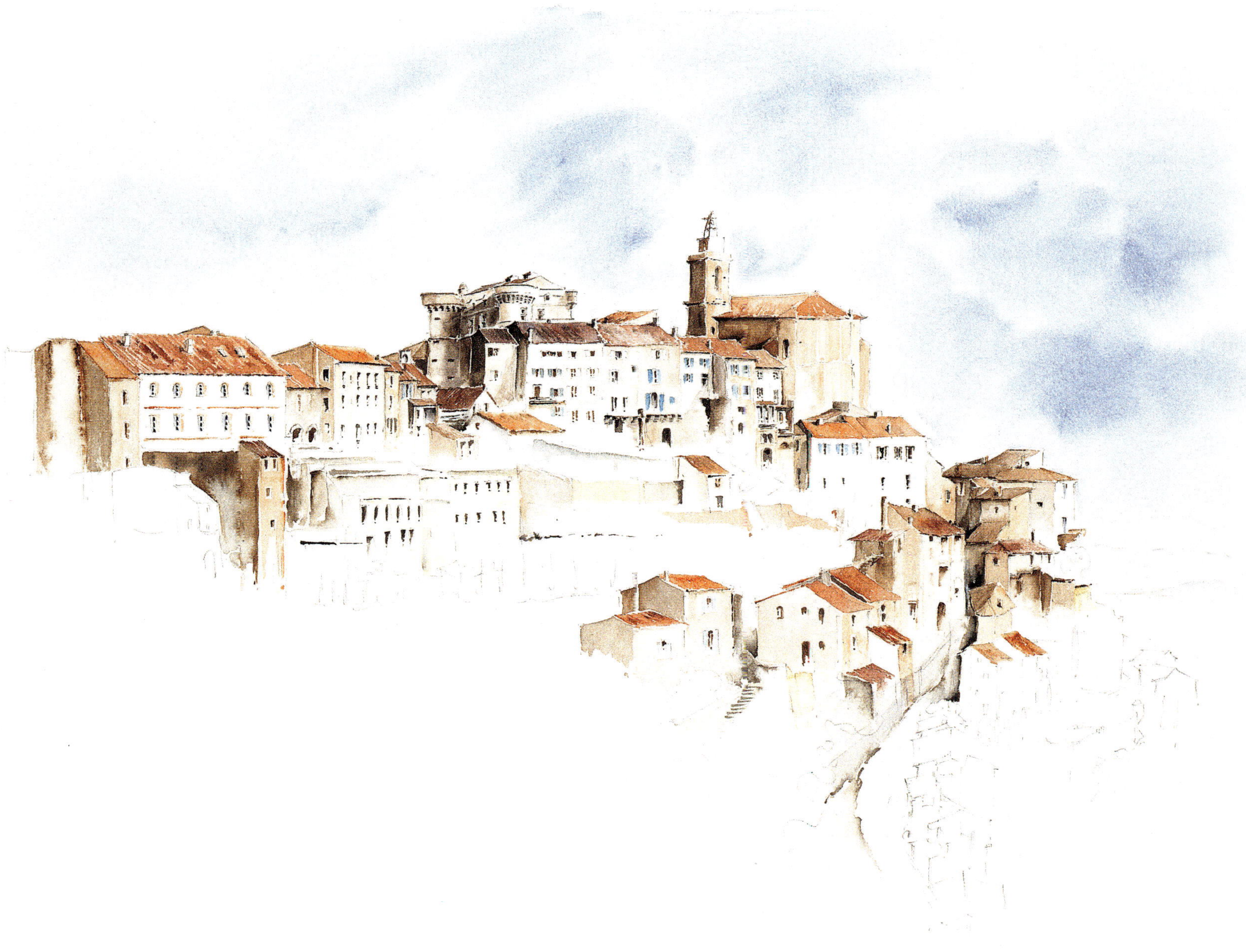

Réalisation

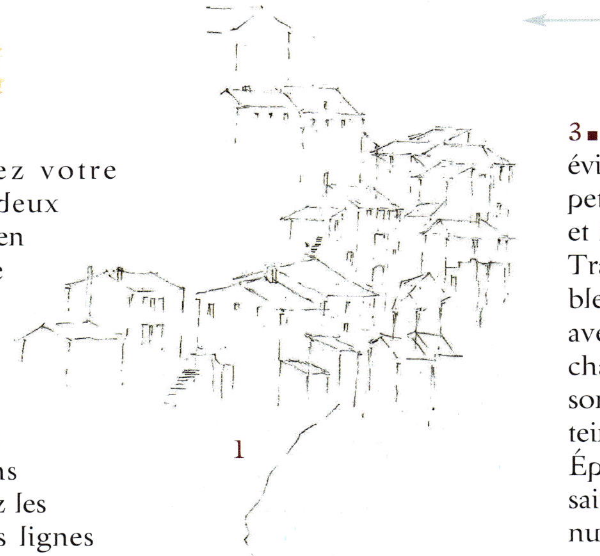

1

1▪ Commencez votre dessin par les deux maisons situées en haut et à gauche car elles apportent la stabilité nécessaire pour poursuivre l'esquisse. Déclinez ensuite les plans des toits et tracez les façades dont les lignes doivent tomber verticalement. Marquez légèrement l'emplacement des fenêtres et des portes en veillant à leur verticalité. Tracez une petite flèche en haut et à droite pour ne pas oublier la direction du soleil.

2▪ Dans cette aquarelle, j'ai fait abstraction des éléments végétaux qui émergent çà et là préférant centrer mon attention sur l'architecture. Brun Van Dyck et terres de Sienne naturelle et brûlée vont composer la palette. Commencez par poser les couleurs presque pures sur le papier avec un petit gris n° 0, car les surfaces sont petites : le brun Van Dyck pour les toits situés à l'ombre et la terre de Sienne brûlée pour les toits dans le soleil.
Afin de nuancer ces deux teintes, ajoutez une petite pointe de terre de Sienne naturelle sur les parties ensoleillées et un peu de Sienne brûlée pour réchauffer le brun Van Dyck.

2

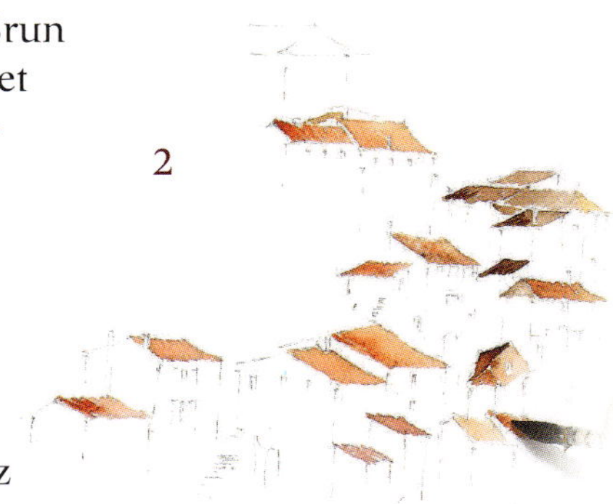

3▪ Peignez toujours les toits dans le sens de la pente et évitez de former des aplats uniformes en travaillant par petites touches qui traduiront les vibrations de la lumière et les arrondis des tuiles.
Traitez les murs des maisons en mettant une pointe de bleu de cobalt dans la terre de Sienne brûlée. Travaillez avec deux pinceaux, l'un chargé de pigment, l'autre chargé d'eau : posez le pigment sur la partie la plus sombre et à l'aide du pinceau plein d'eau claire, tirez la teinte vers le soleil qui « mange » la couleur.
Épongez l'excédent de pigment aussi souvent que nécessaire avec un tissu doux et absorbant et apportez des nuances en variant les dosages.

3

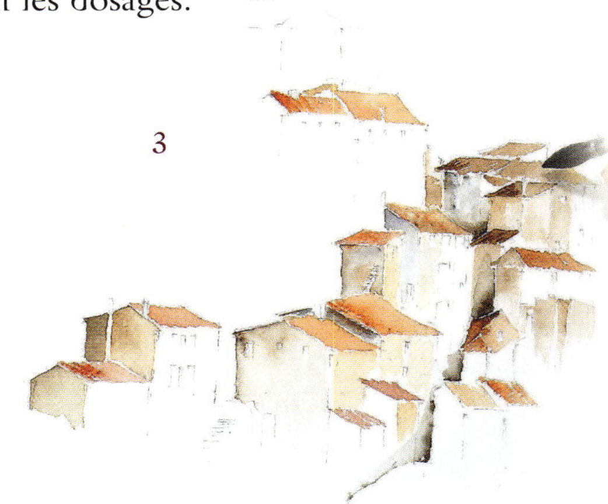

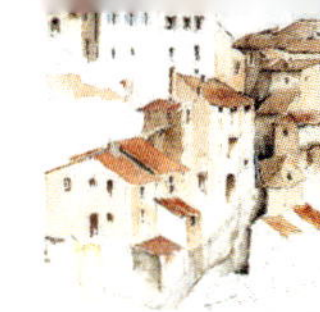

4▪ La partie la plus difficile concerne la ruelle : avec un brun Van Dyck additionné d'indigo, posez une touche très dense dans la partie la plus basse et surtout à droite, c'est-à-dire à l'ombre. Puis, avec un autre pinceau, rajoutez de l'eau pour diluer le pigment et remonter la couleur vers le haut. Ce passage est un point délicat, mais vous pouvez vous exercer avant sur un autre papier.

4

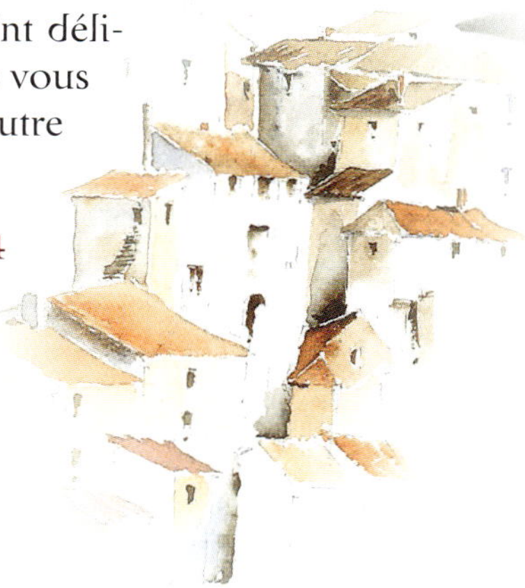

5▪ Pour le ciel, utilisez un pinceau moyen et mouillez le papier à l'eau claire. Répandez librement du bleu outremer sur la surface humide en gardant un peu plus d'intensité au fond du ciel. L'outremer associé aux terres crée une belle harmonie.

5

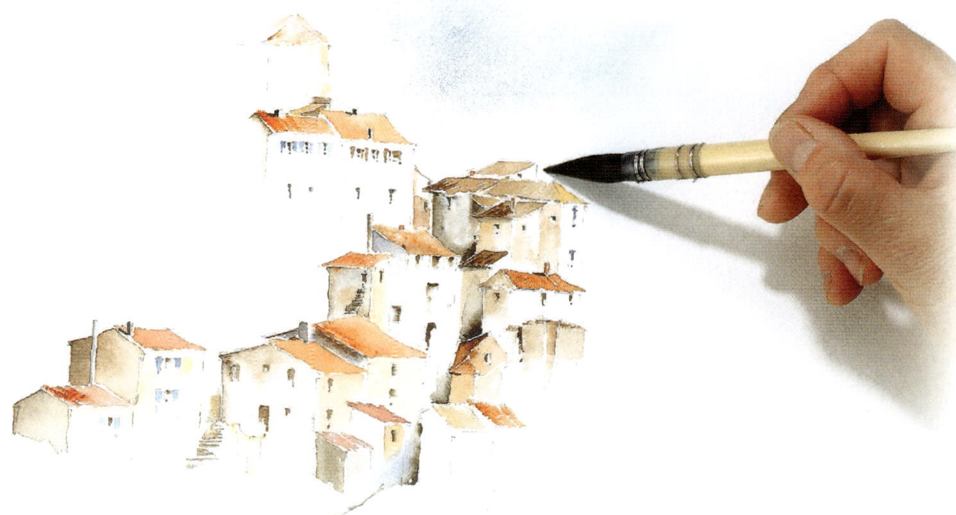

6▪ Avec un pinceau à lettres, posez les détails qui animent les façades des maisons : fenêtres, cheminées, escaliers, décrochements, en ne traitant que les parties dans l'ombre et les ombres portées. Il est préférable de travailler par petites touches de couleurs qui évoquent plus qu'elles ne dessinent les ouvertures et les recoins. Ajoutez un peu d'ombre sous les génoises en passant un trait de couleur, puis un trait d'eau : à cette distance, il ne me semble pas opportun de détailler les génoises.

L'abbaye romane de Sénanque

On peut arriver à l'abbaye de Sénanque par la route de corniche qui la surplombe ou encore par le vallon de la Sénancole. À chaque fois, il est étonnant de découvrir la profondeur du silence de ce lieu très fréquenté. Dépouillement, rigueur et gravité expriment les caractéristiques des abbayes cisterciennes. Et pourtant, il s'agit toujours d'une austérité réjouissante.
Au petit matin, la lumière est la plus belle avant que le soleil n'envahisse la vallée. La simplicité de l'architecture et des lignes du paysage, la densité bleutée de la lumière et la présence dominante de trois couleurs complémentaires constituaient, ce matin-là, une belle harmonie.

Découverte technique

Ocre, mauve et vert, un travail à partir de couleurs complémentaires.

Format 61 cm x 46 cm ▶

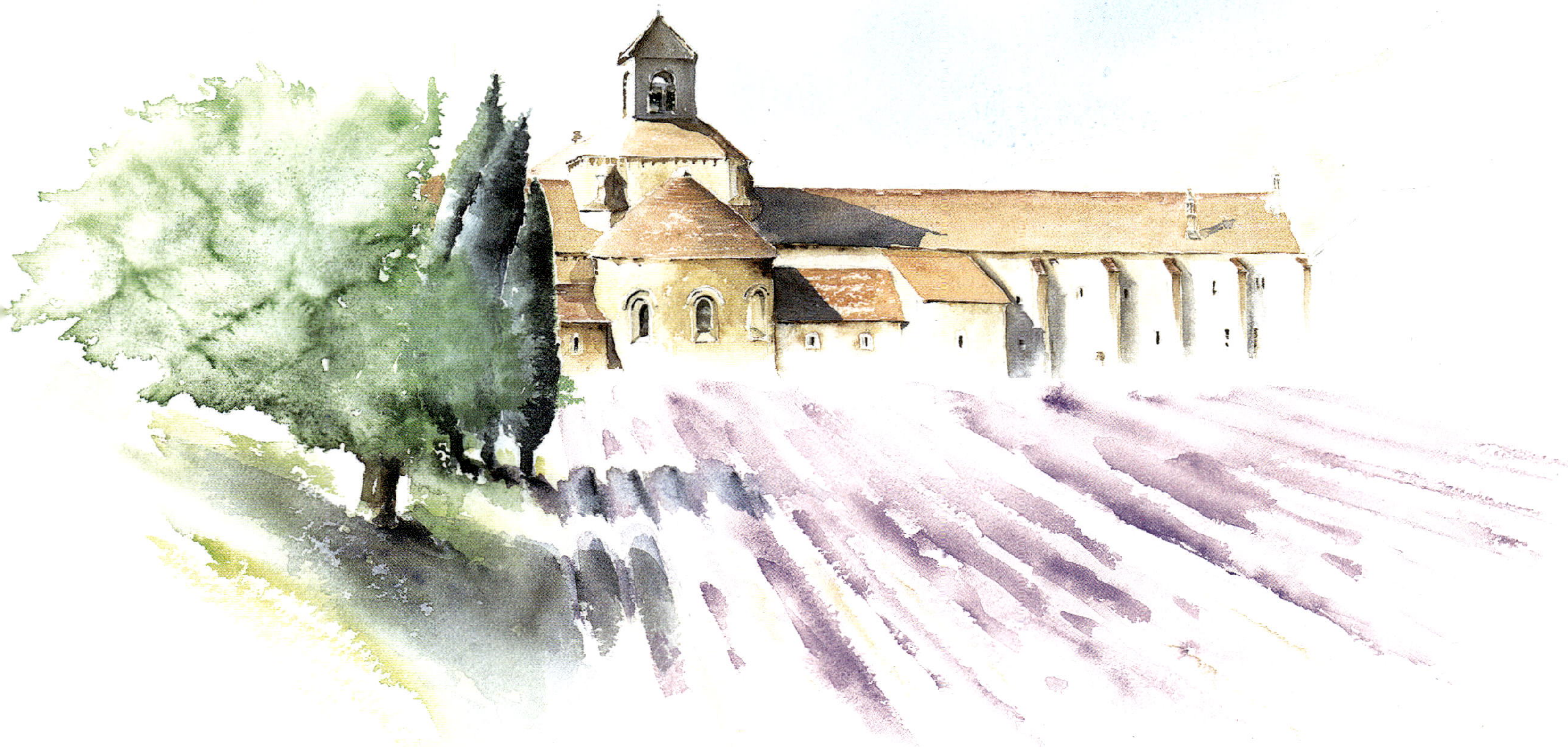

Réalisation

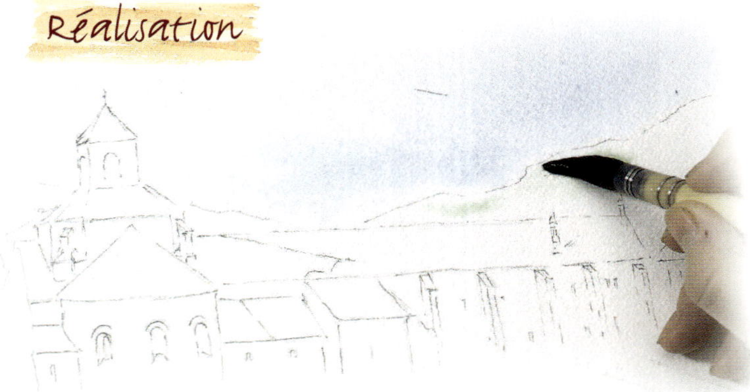

1

2■ Poursuivez par les plans obliques des toits avec du rouge anglais et du rouge indien. Les toits ne sont pas en tuile mais en pierres grises. Toutefois, la lumière répand partout une ambiance chaude plus proche du rose que du gris. Le rouge indien plus opaque est réservé aux volumes situés à l'ombre et le rouge anglais plus clair convient à la lumière. Gardez des zones de blanc sur les arêtes et les surfaces exposées au soleil. Posez ensuite un lavis de terre de Sienne naturelle sur les murs. L'architecture de l'abbaye est ainsi bien campée.

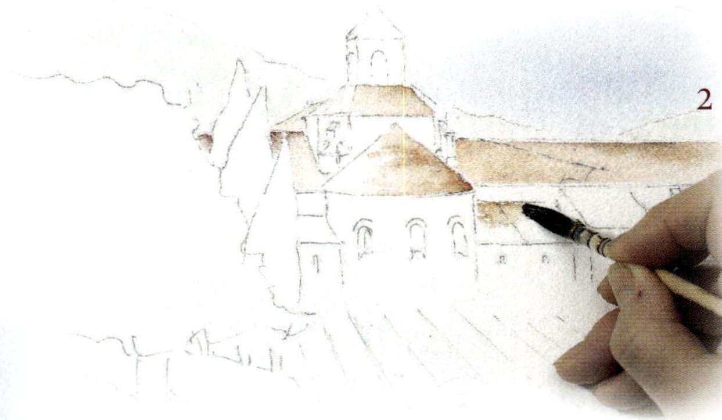

2

1■ Avant tout, exécutez soigneusement le dessin de l'abbaye. Pour le paysage, deux lignes à l'arrière-plan évoquent le vallon, au premier plan, quelques traits en éventail positionnent les rangs de lavande. En juin, le matin est bleu, très doux, légèrement brumeux : mouillez le papier à l'eau claire et passez un bleu de cobalt très dilué pour traduire la lumière du matin, en laissant la partie de gauche plus claire, c'est de là que vient le soleil.
Mouillez ensuite les coteaux et passez un vert d'oxyde de chrome très dilué. Pour donner de la profondeur à l'aquarelle, laissez un liseré entre ce vert et le bleu du ciel.

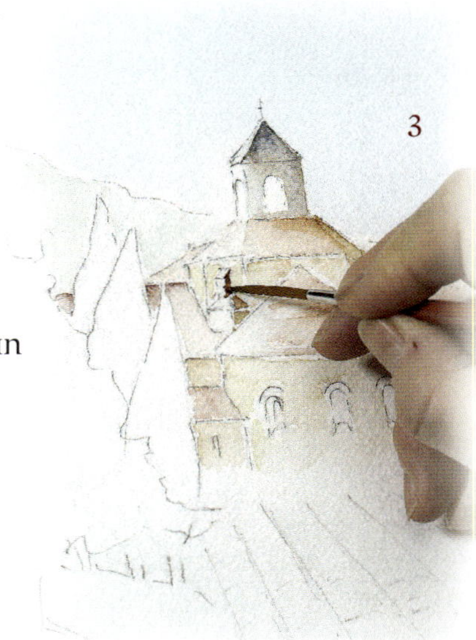

3

3■ Travaillez les petits volumes des contreforts plus minutieusement et nettement : chaque plan, chaque arête doit être traité séparément, en dégradé suivant l'exposition au soleil. Pour bien restituer l'arrondi de l'abside, les trois petites fenêtres seront traitées différemment.

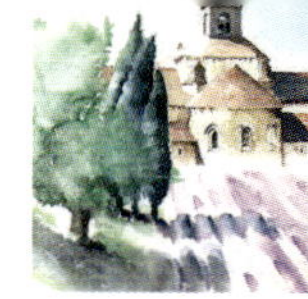

4■ Avec un brun Van Dyck, un vert oxyde de chrome et une pointe d'indigo, peignez les cyprès : posez le mélange sur la partie ombrée de haut en bas et ensuite, ajoutez de l'eau claire. La couleur s'estompe ainsi vers la gauche et exprime l'arrondi de l'arbre.
Travaillez les deux cyprès des extrémités dans un premier temps, puis celui du milieu après séchage.
Pour le feuillu, posez l'eau puis le vert de vessie en ajoutant un peu de vert d'oxyde de chrome dans la partie inférieure de l'arbre la plus dense et la plus sombre. Avec un petit pinceau à lettres, travaillez tout le pourtour du vert pour créer l'irrégularité du feuillage. Vous pouvez faire tomber quelques gouttes d'eau sur votre masse verte encore mouillée pour provoquer des irisations ou utiliser du sel fin (voir explication page 142).

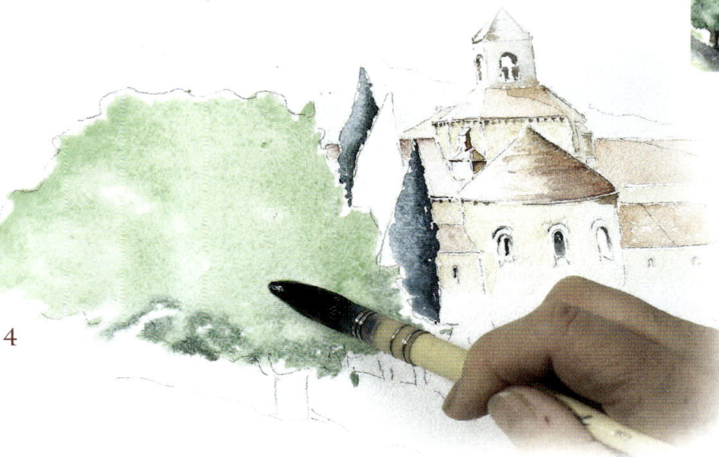

4

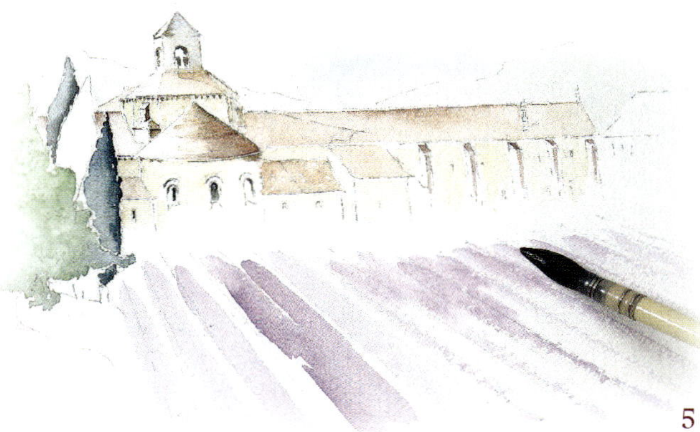

5

5■ Pour le champ de lavande, mouillez très légèrement toute la surface du papier et avec le pinceau n° 3 peignez le champ de lavande en traînant le pinceau chargé de violet Winsor : soulevez le pinceau de temps à autre pour créer des irrégularités. N'hésitez pas à laisser des blancs en pointillé et des touches de violet plus dense en appuyant plus ou moins sur votre pinceau.

6■ L'aquarelle est presque réalisée. Il suffit d'en parfaire l'exécution en la faisant vibrer avec des ombres et des détails : ombre portée du clocher sur le toit avec un mélange de terre de Sienne brûlée et de bleu d'outremer, de Sienne brûlée et de brun Van Dyck très dilué posé à sec sur les murs. Le bleuté des ombres sur les toits se rapproche de la couleur des pierres du toit.
Remarquez que, entre le champ de lavande et le mur de l'abbaye, une bande irrégulière de papier en réserve renforce l'effet de luminosité.
Pour l'ombre des cyprès sur les lavandes utilisez du mauve et de l'indigo en respectant l'arrondi des touffes de lavande et le creux du sillon.

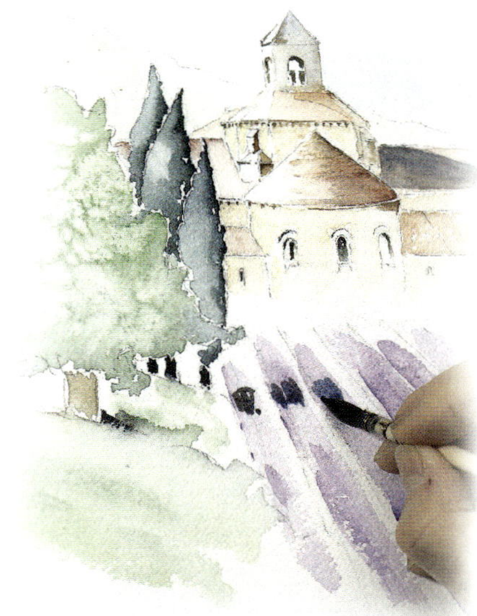

6

Dans un jardin de Manosque, des poteries

Les faïences de Moustiers, d'Apt et de Marseille ont connu dans le passé une grande renommée que certaines ont conservée aujourd'hui. À côté de cette production de faïences fines très recherchées, objets de collection, s'est développée, comme dans toutes les campagnes où l'on trouve de l'argile, une poterie artisanale nécessaire à la vie quotidienne. Vieux ou neufs, vernissés ou naturels, ces pots ont pu servir à conserver le miel, les olives, les saumures, et l'on trouve toujours des gargoulettes luisantes d'eau fraîche. Devenus décoratifs dans les cuisines où ils ont perdu leur usage premier, ces pots ont toujours leur place dans les jardins.

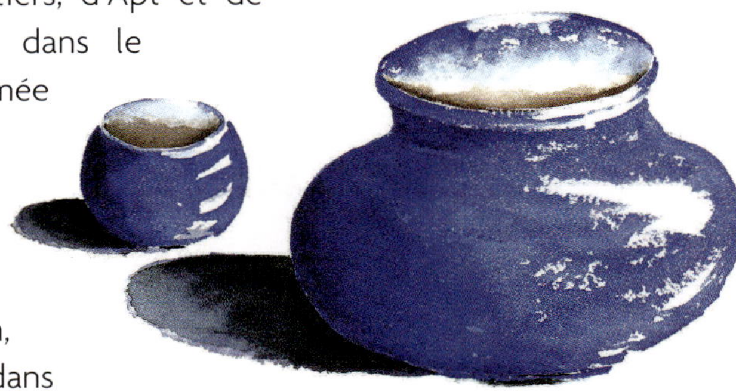

Découverte technique

Réaliser des objets ronds, rendre une surface mate ou brillante.

Format 61 cm x 46 cm ▸

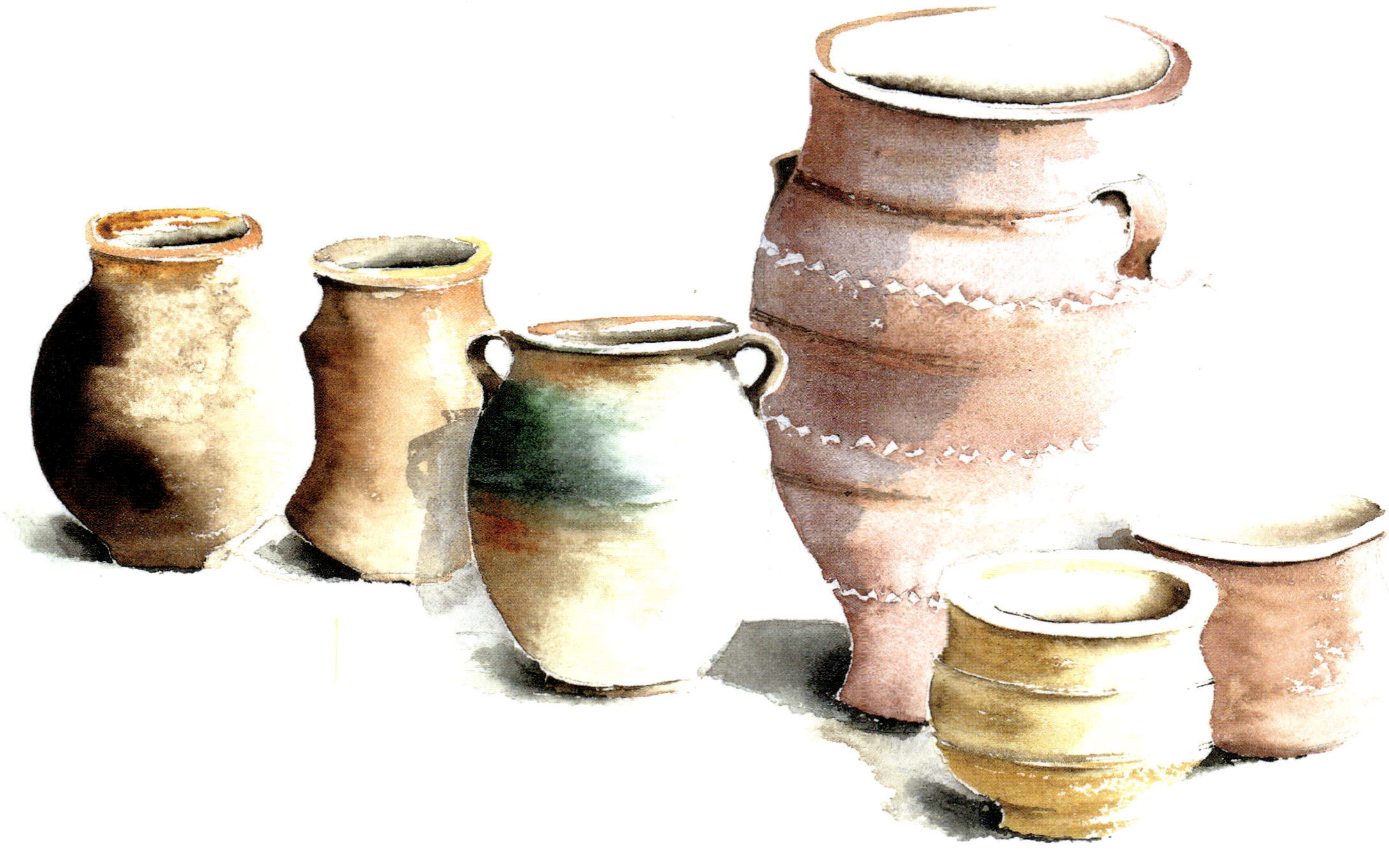

Réalisation

1 ■ D'un trait rapide, tracez le volume des poteries en terre en veillant à la symétrie des arrondis. Avec un petit gris n° 3, saturez le pinceau avec la couleur dominante du pot dans sa partie ombrée puis tirez la couleur vers la lumière dans le sens de l'arrondi de la poterie avec un second pinceau plein d'eau. Laissez des blancs et des zones inachevées sur la partie la plus lumineuse. Les pots se détachent les uns par rapport aux autres, leur volume est amorcé.

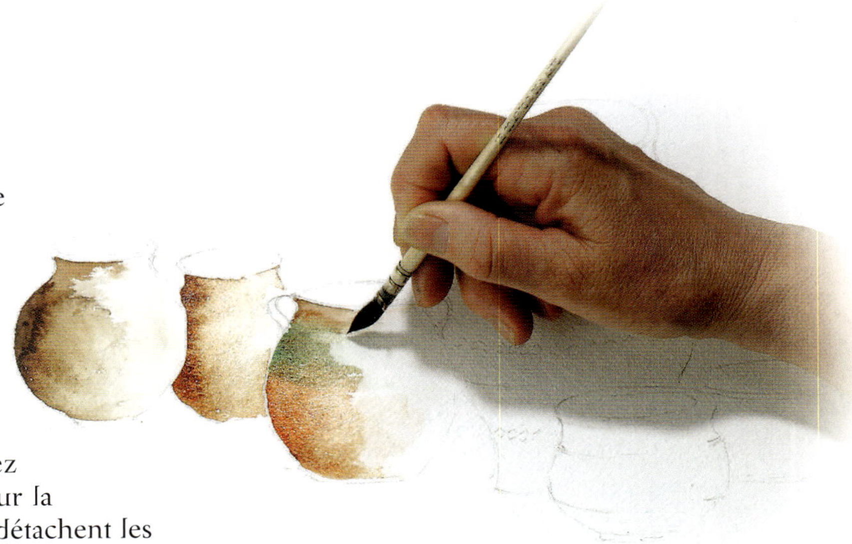

1

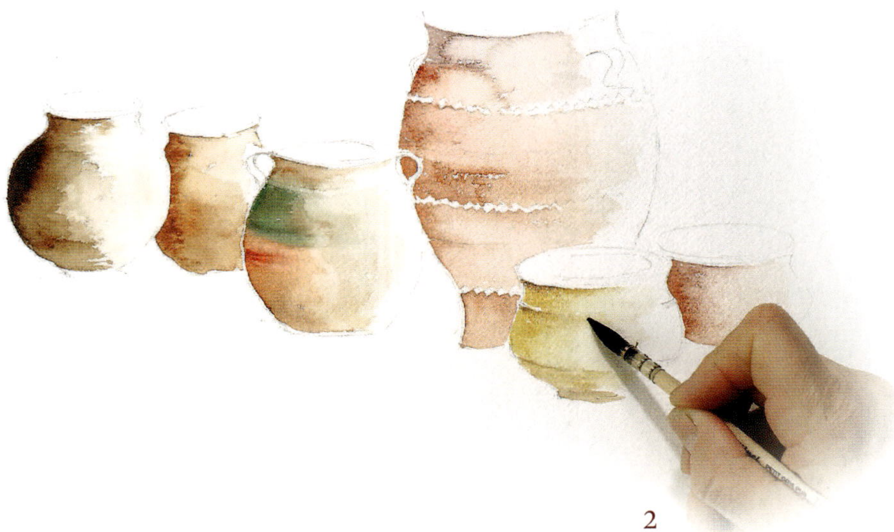

2

2 ■ Reprenez les volumes pour les préciser avec du rose indien pour le plus grand pot orné de dessins géométriques ; pour les autres poteries, utilisez de la terre de Sienne naturelle et brûlée, du brun Van Dyck pour le pot de gauche et du vert de vessie pour le pot qui est partiellement vernissé.

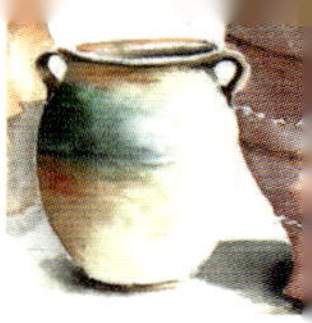

3▪ Avec un pinceau fin, travaillez chaque poterie pour parfaire le dégradé du volume. Notez la façon dont sont peintes les anses : brun Van Dyck à l'intérieur, le plus sombre vers le haut et respectez l'arrondi de la base des pots.

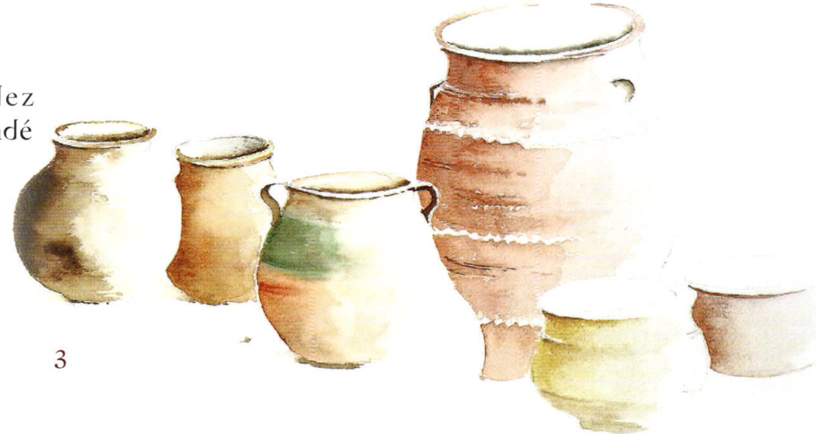

3

4▪ Observez le jeu d'ombre et de lumière avant de commencer les ouvertures : le col est éclairé par la lumière venant de la droite. Chaque pot porte donc une ombre plus large à droite qu'à gauche. La partie circulaire exposée au soleil est très légèrement colorée, voire blanche.

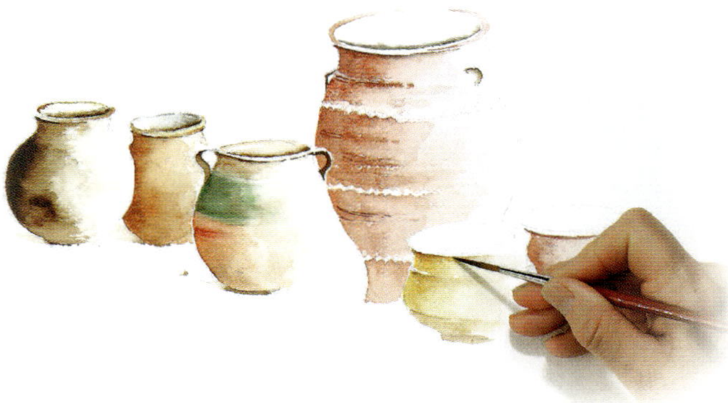

4

5▪ Finissez par les ombres. L'ombre au sol sera traduite par un mélange de terre de Sienne brûlée et de bleu de cobalt posé sur papier sec. La teinte est ensuite tirée vers la lumière et se fond sur le papier. Un léger trait de brun Van Dyck peut renforcer et souligner le contact du pot et du sol.
Quand l'aquarelle est sèche posez du bleu de cobalt pour traduire l'ombre portée par le pot vernissé sur celui qui se trouve derrière lui.

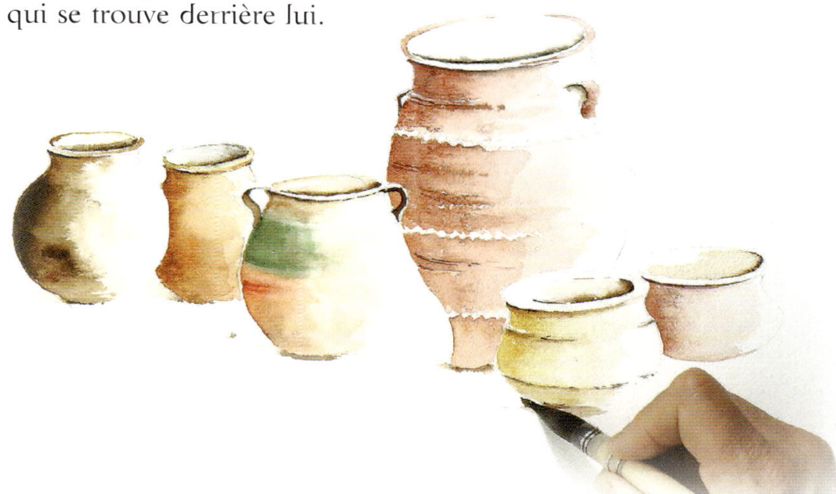

5

Dans le parc naturel régional du Luberon, Grambois

A mi-chemin entre Aix et Manosque, Grambois, dominant la vallée de l'Eze, se tient accroché à un coteau depuis le Moyen Age. Il fut, dit-on, une étape sur l'une des routes de pèlerinage vers Saint-Jacques-de-Compostelle. On y trouve un Passage des Templiers, une Maison des Hospitaliers qui porte la marque de l'ordre de Malte. On dit aussi que Madame de Sévigné vint y rencontrer son ami Pierre de Roquesante. Mais sans doute est-ce le souvenir du film *Le Château de ma mère* qui m'a donné cette impression familière lorsque j'ai découvert Grambois pour la première fois : le village de la Treille ressemblait fort à Grambois. Aimant les lieux habités d'histoires, au terme d'une longue flânerie, j'essayai, dans une première aquarelle, de traduire la fraîcheur de la fin de l'hiver... Quelques mois plus tard, l'aquarelle s'enrichit des toiles bleues du marché.

Format 61 cm x 46 cm ▸

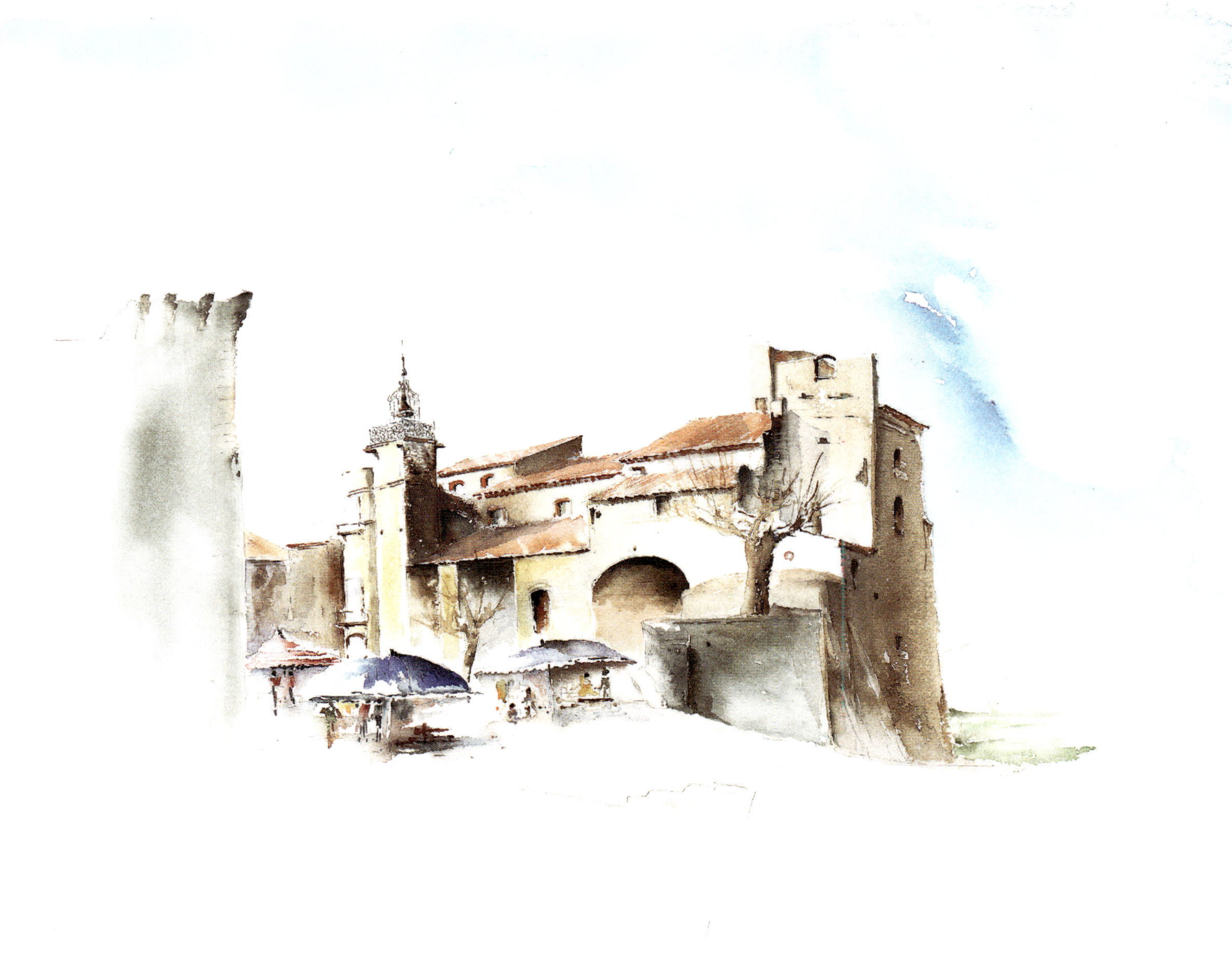

Le Thoronet, la plus ancienne abbaye cistercienne de Provence

L'accès à l'abbaye du Thoronet, à travers la forêt de chênes verts qui l'enserre et la cache, offre une transition nécessaire pour apprécier ce lieu consacré au silence.

Découvrant l'abbaye pour la première fois, je décide de me laisser guider et me mêle à un petit groupe près de l'entrée. Pris en main par notre guide,

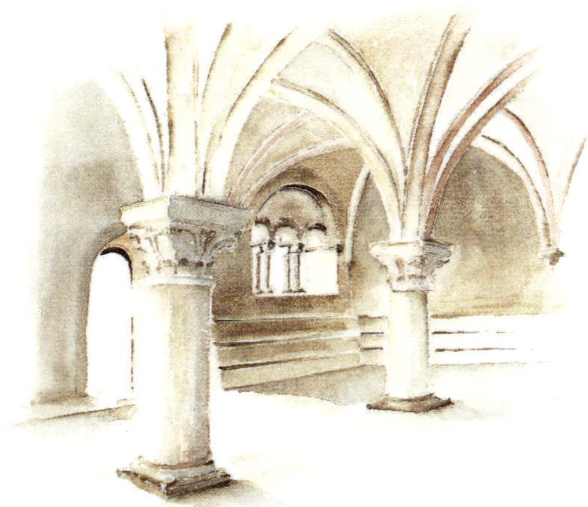

Héloïse, nous plongeons sans transition dans la règle de Cîteaux, comparons avec hardiesse démons et forces de l'inconscient. Nous ne cacherons pas notre plaisir quand, du bout des lèvres, Héloïse nous convainc de l'exceptionnelle résonance de l'église et de la beauté du chant tonal qu'est le grégorien. Le moindre souffle y prend une ampleur étonnante. J'y reste tout l'après-midi pour dessiner et peindre.

Découverte technique

Jeu d'ombres et de lumières sur un arc en plein cintre du cloître.

Format 20 cm x 30 cm ▸

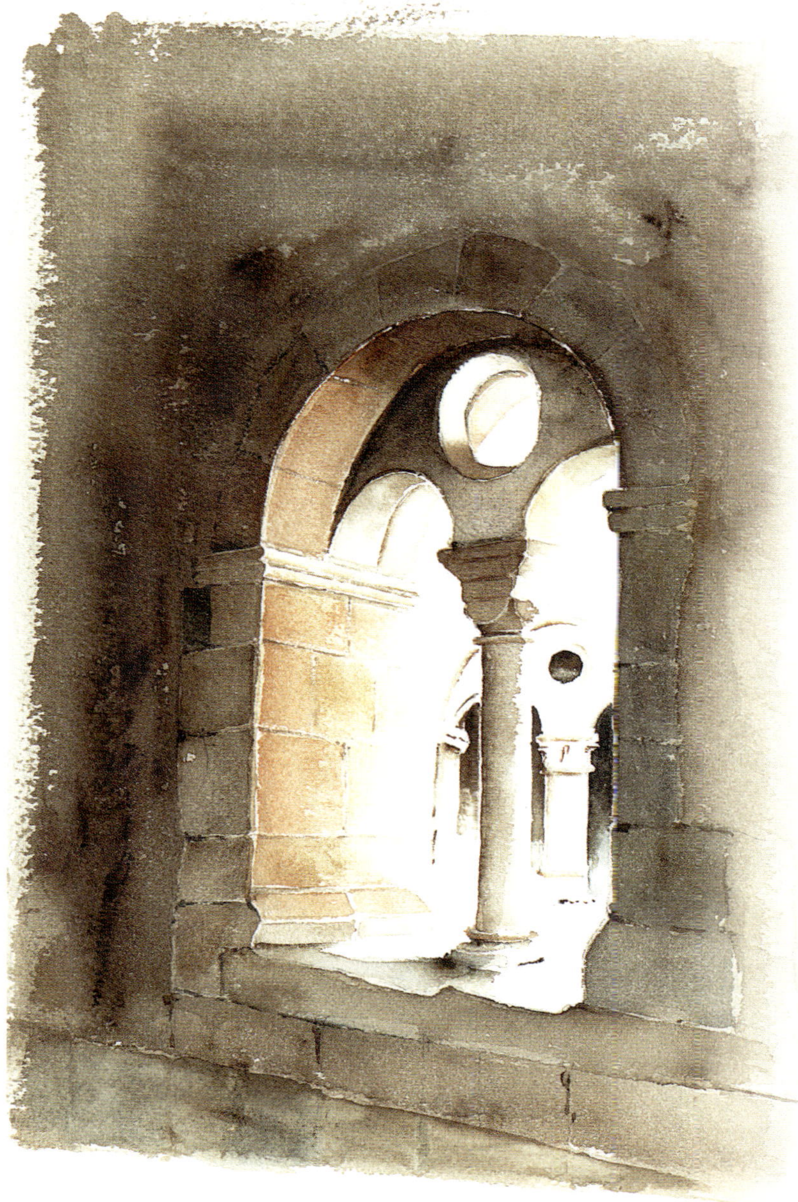

Réalisation

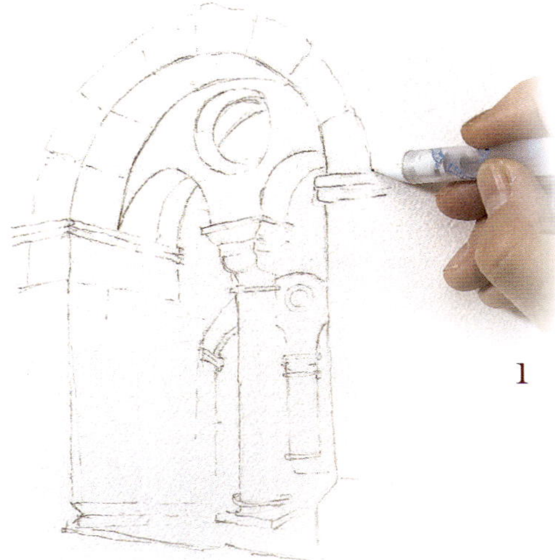

1

1▪ L'architecture du cloître est rude et en même temps très harmonieuse. Après avoir travaillé dans la salle capitulaire, j'ai choisi un élément du cloître : un arc en plein cintre divisé en deux baies par une colonne, avec de part et d'autre deux arcs, et en haut un oculus. L'extérieur du cloître est extrêmement lumineux et l'intérieur très sombre en raison de la masse de l'appareillage des murs.

3▪ Posez sur le pilier central de l'ouverture un trait de brun Van Dyck et de terre de Sienne pris ensemble sur le pinceau pour donner des nuances à la pierre. Avec cette même couleur passez un aplat sur la partie tournée vers l'intérieur du cloître. Les éléments de l'arc en plein cintre sont exécutés en cloisonné dans cette première étape, ainsi que la base de la colonne, le chapiteau et le tour de l'oculus.

2▪ C'est la couleur de la partie ensoleillée qui va servir de base pour le choix des couleurs : une terre de Sienne brûlée plus ou moins dense, proche de la couleur des pierres imprégnées de bauxite. Commencez par couvrir l'arc ensoleillé avec cette couleur très diluée. Le mur bahut étant très épais, il faudra une légère touche de brun Van Dyck pur pour nuancer la teinte initiale d'une valeur plus sombre vers l'intérieur et en haut de l'arc.

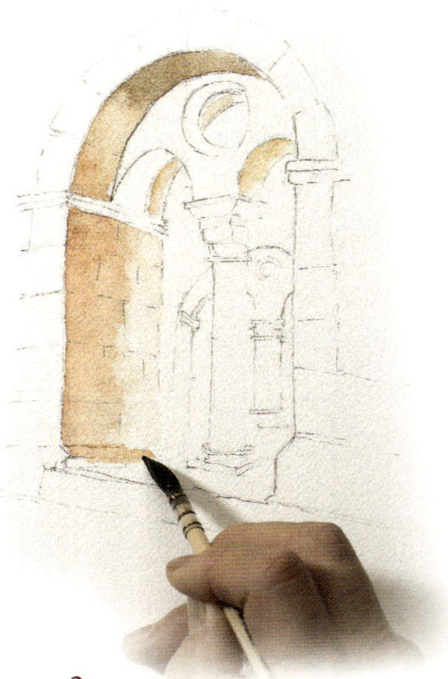

2

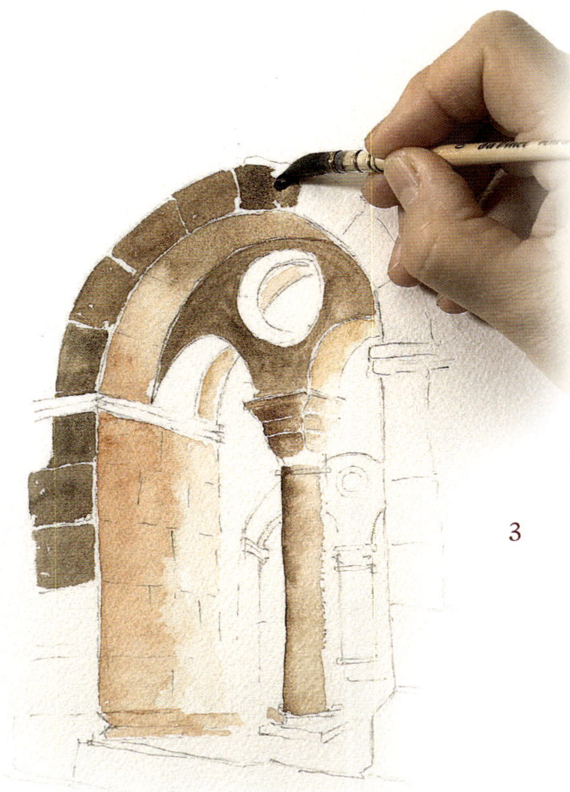

3

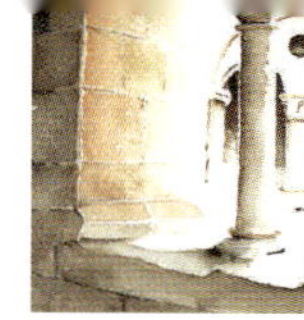

4 ▪ Toujours avec le même pinceau à lavis, commencez le mur intérieur du cloître en veillant à garder des réserves de blanc entre les pierres. Attendez que ce soit presque sec pour poursuivre. Couvrez le mur intérieur avec un brun Van Dyck assez dilué pour homogénéiser l'ensemble : les interstices blancs prennent la couleur différemment, évitant ainsi de faire un aplat trop lisse.

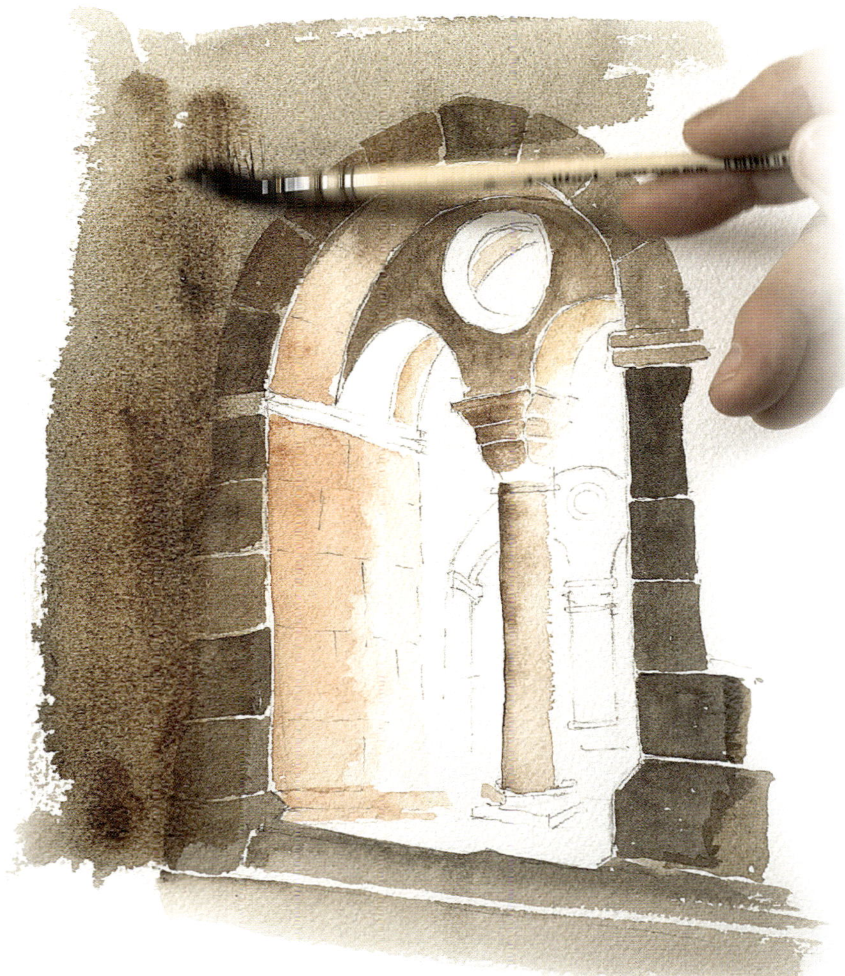

4

5 ▪ Passez à l'exécution de l'architecture située en vis-à-vis en amorçant d'un trait fin la représentation de l'arc avec une teinte foncée que vous faites mourir vers le sol. L'arc en plein cintre, à peine souligné, se dessine en négatif. Il suffit de deux ou trois touches du même ton pour achever l'évocation de l'arrière-plan.

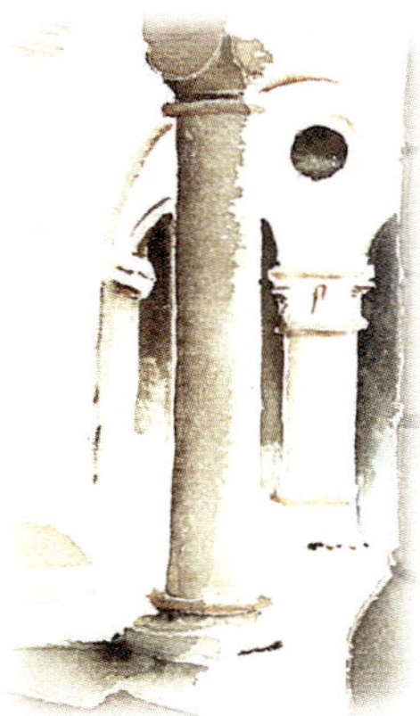

5

L'olivier

Toutes les nuances de gris sont présentes dans les troncs torturés, les feuilles argentées et les ombres portées de l'olivier. Le vent, le soleil et les tailles ont marqué son tronc. Les collines ont apprêté leurs flancs pour leur offrir des restanques, des banquettes caillouteuses. L'olivier est partout et depuis toujours. L'olive y prend des noms savoureux : la broutignan, la tanche, la grossanne, la salonenque, l'aglandeau, la picholine... Une série de dessins de troncs tordus et noueux est une bonne approche avant de réaliser l'aquarelle d'un olivier.

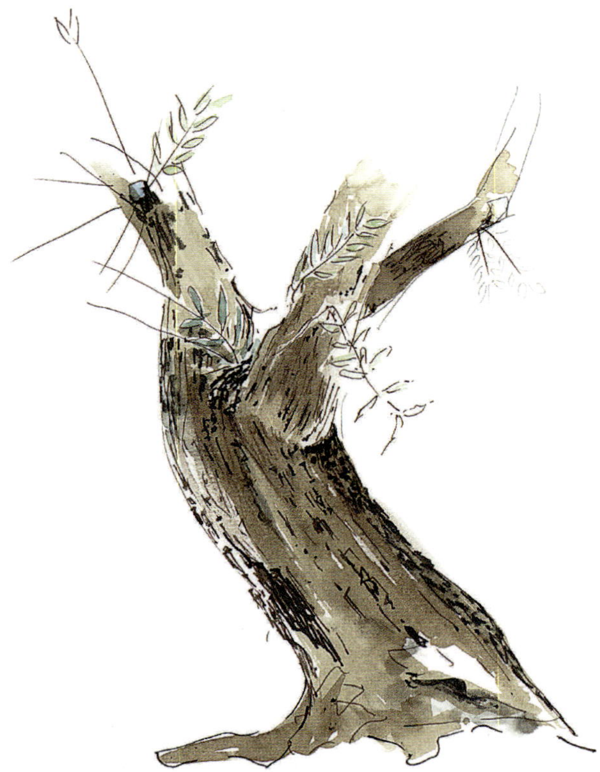

Découverte technique

Essayer de rendre le contraste entre un tronc sombre, trapu et un feuillage léger et argenté.

Format 61 cm x 46 cm ▸

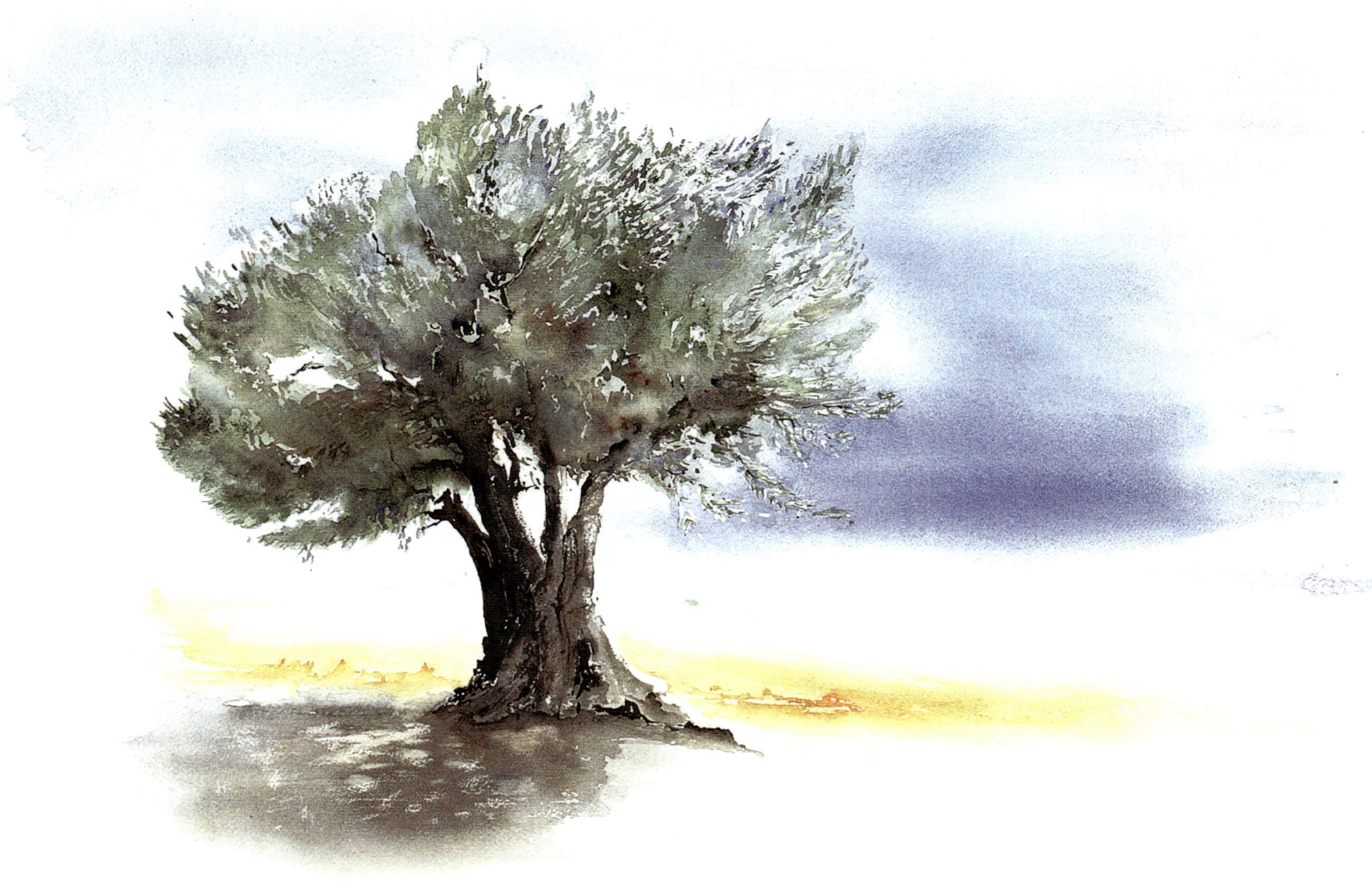

Réalisation

1■ Dessinez grossièrement la masse du feuillage, le tronc et au loin la ligne des collines. Le soleil vient de la droite, aussi, pour garder des éclats argentés dans le feuillage ensoleillé, posez, avec un pinceau fin réservé à cet effet, des petites touches de gomme à masquer dans le sens des feuilles. Puis mouillez la totalité de votre papier et peignez le ciel avec le bleu outremer.

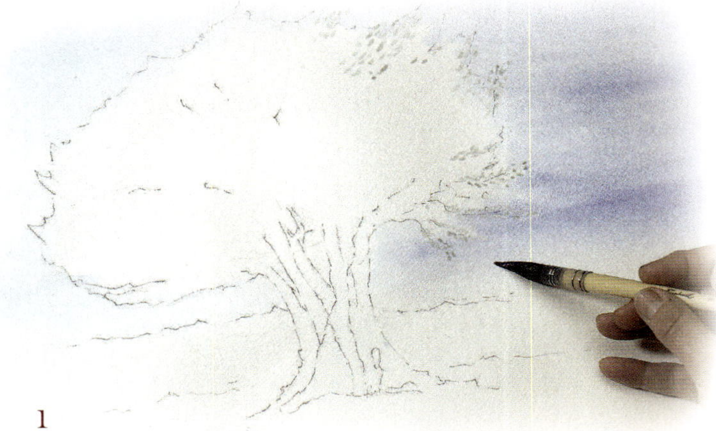
1

2■ Commencez ensuite à travailler le feuillage par petites touches rapides qui se diluent plus ou moins sur votre papier en train de sécher : un mélange de bleu de cobalt et de vert Winsor donne une première teinte gris argenté. Puis, utilisez un peu de vert oxyde de chrome en rajoutant ici et là quelques points de terre de Sienne, de brun... Si votre papier sèche trop vite, mettez de l'eau claire à côté de vos touches de couleur. Il ne s'agit pas de « faire des feuilles » mais de suggérer la masse du feuillage.

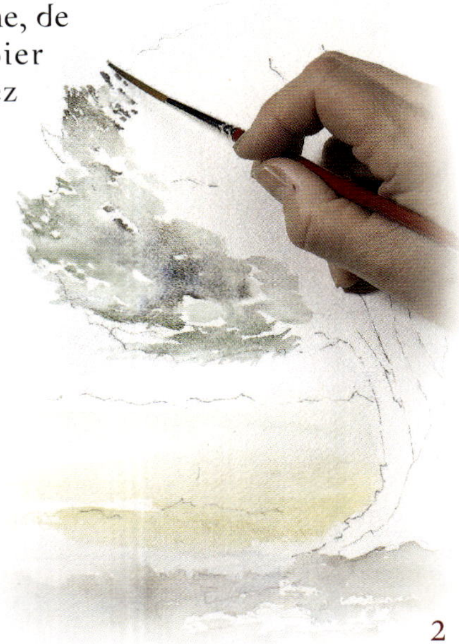
2

3■ Au fur et à mesure que l'on avance vers la partie ensoleillée, les couleurs doivent être plus diluées et plus transparentes, optez pour du vert de vessie plutôt que pour du vert d'oxyde de chrome par exemple.

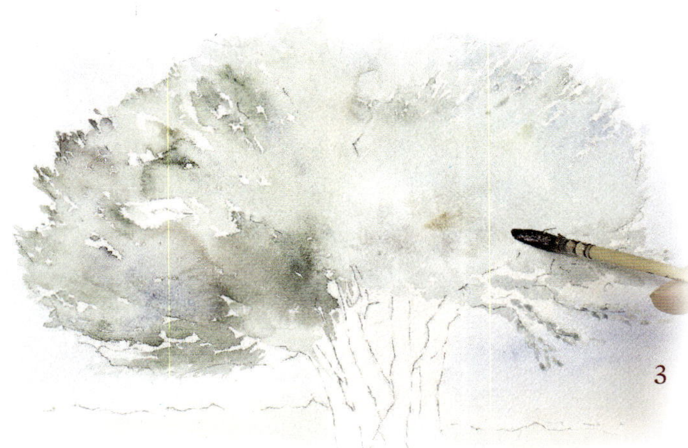
3

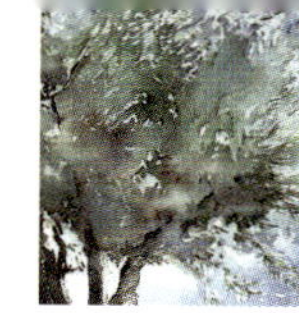

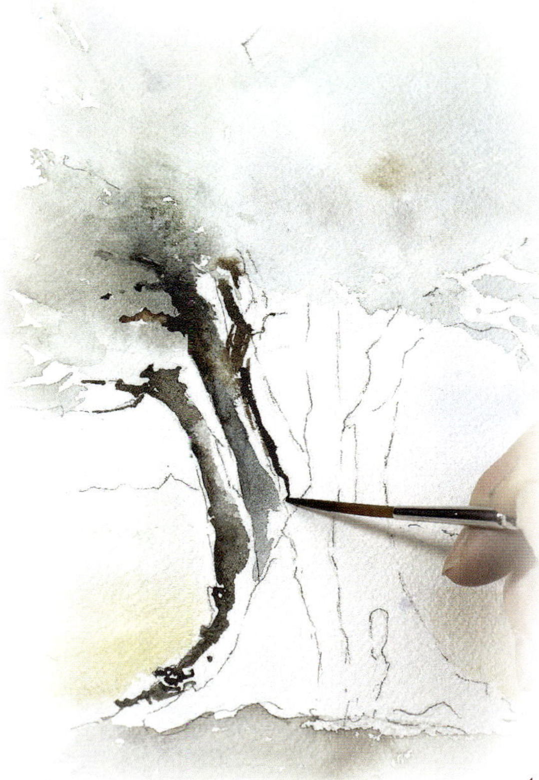

4

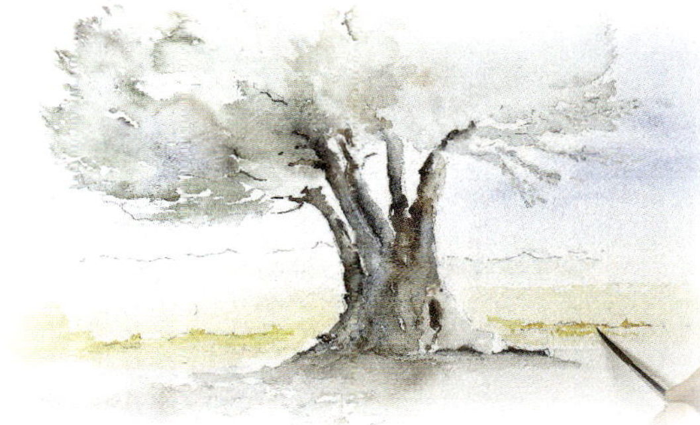

5

5■ Laissez sécher. En attendant, utilisez de la terre de Sienne naturelle pour peindre le champ de chaumes et un vert très dilué pour la ligne des collines à l'horizon. Pour l'ombre au premier plan, à gauche, veillez à garder des éclats de lumière, qui sont en fait des réserves irrégulières du blanc du papier.

4■ Laissez sécher et commencez le tronc avec du brun Van Dyck et de l'indigo. N'utilisez jamais un lavis uniforme si vous souhaitez mettre en évidence les aspérités et l'arrondi des différentes parties du tronc. Posez le pigment très dense et faites fuser dans l'eau, les côtés du tronc exposés au soleil ne sont pratiquement pas colorés. Au contact du tronc et des grosses branches feuillues, rajoutez de l'eau claire : la fusion dans le vert donnera des zones d'ombre.

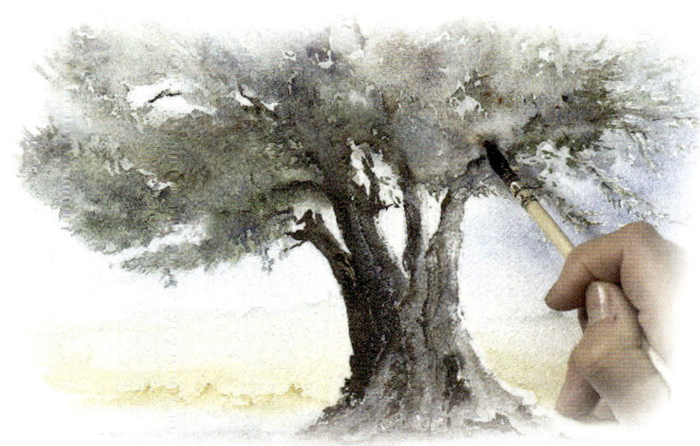

6

6■ Après avoir enlevé la gomme à masquer, retravaillez tranquillement les feuilles et les branches, reprenez les aspérités, les nœuds et les creux du tronc. Si vous n'avez pas gardé assez d'éclats de lumière dans la zone d'ombre au sol, grattez ici et là avec une lame de rasoir.

Une chapelle de Provence, Notre-Dame de Pépiole

La Provence est jalonnée de chapelles anciennes, comme Saint-Sixte à Eygalières ou encore Saint-Pancrace, plus récente, au pied de la Sainte-Victoire. À quelques kilomètres seulement du littoral très fréquenté de Sanary et de Six-Fours, Notre-Dame de Pépiole se distingue par son aspect rustique : l'appareillage des pierres des trois absides laisse penser qu'il s'agit de l'une des plus vieilles chapelles de Provence. Un cyprès sentinelle, un bougainvillier cramoisi atténuent la vibration de l'air.

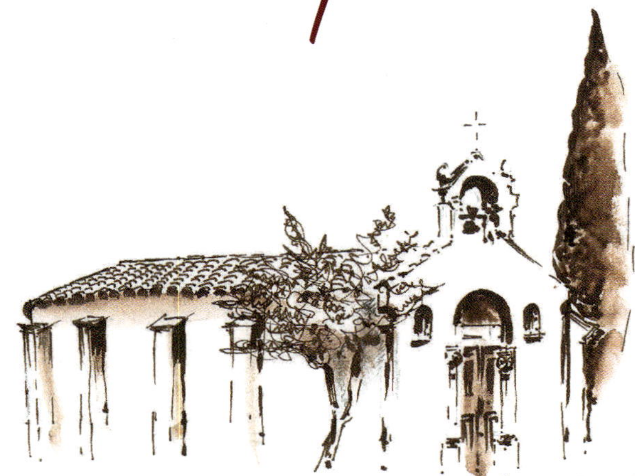

Chapelle Saint Pancrace

Découverte technique

Réalisation de murs de pierre sans aller trop loin dans le réalisme.

Format 46 cm x 40 cm ▸

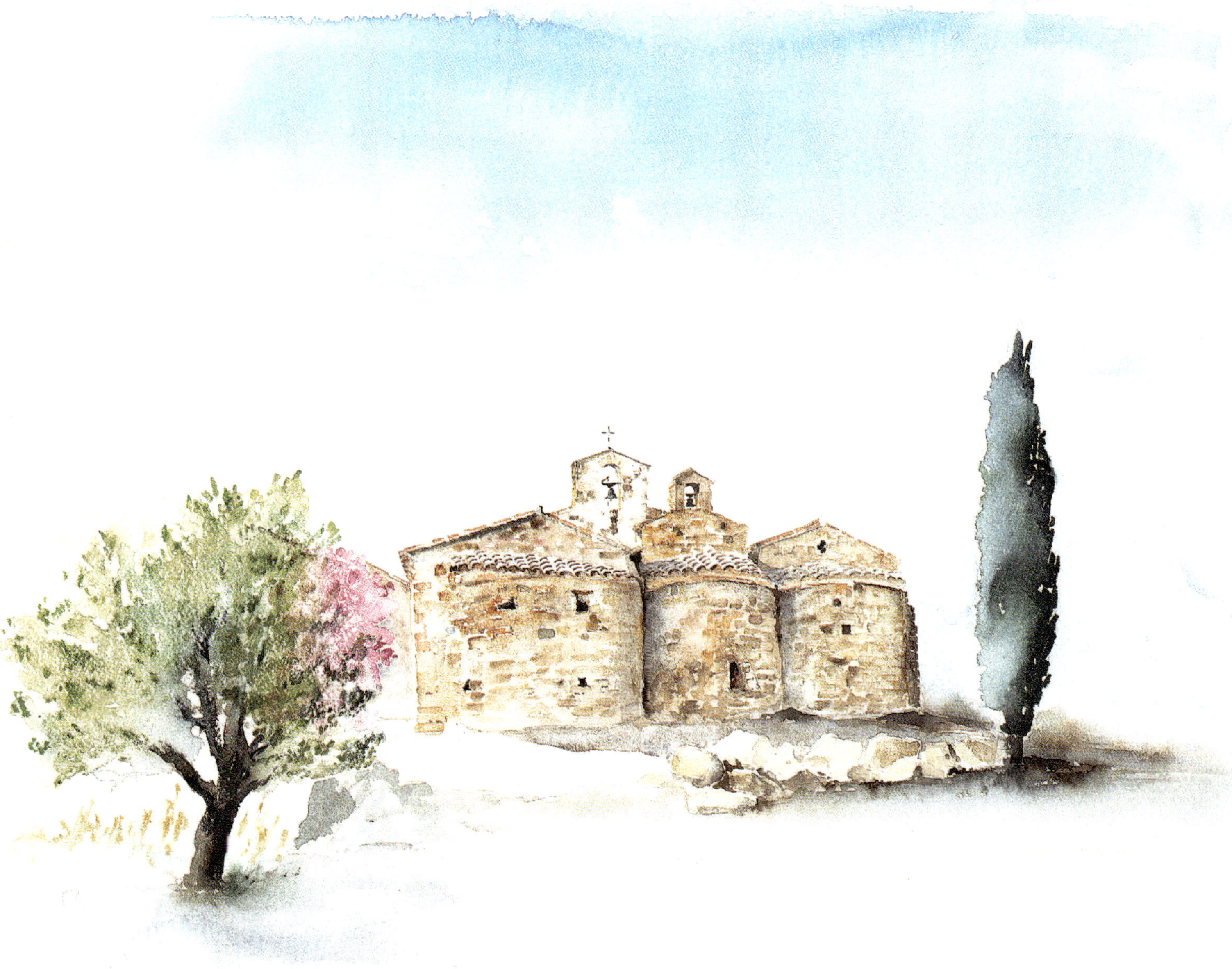

chapelle de Pépiole

Réalisation

En réalisant l'esquisse de la chapelle, il vous faudra soigner le dessin des trois absides avec les arrondis et les toits qui rythment l'aquarelle.

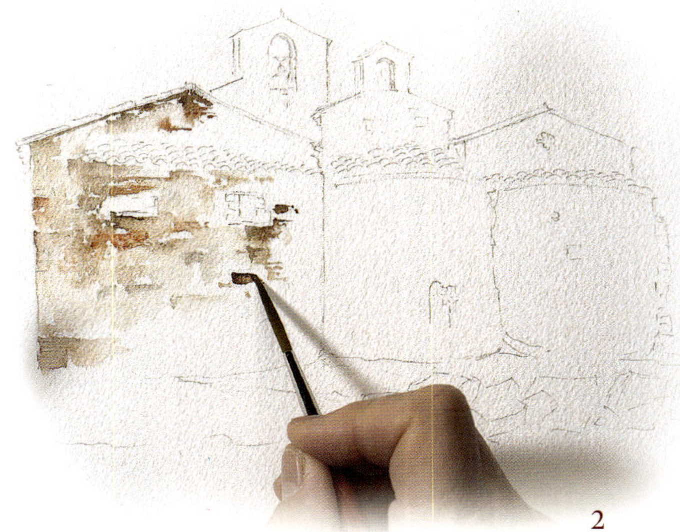

2

1 ▪ Mouillez la zone du ciel avec un gros pinceau à réserve d'eau, le n° 6, et faites tomber de grosses gouttes de bleu Winsor tendance rouge en haut de la feuille. Bougez votre papier pour guider la diffusion de la couleur en gardant une zone blanche derrière la chapelle.
Avant que la couleur ne soit sèche, tamponnez avec un chiffon doux et absorbant pour créer la traînée de petits nuages blancs.

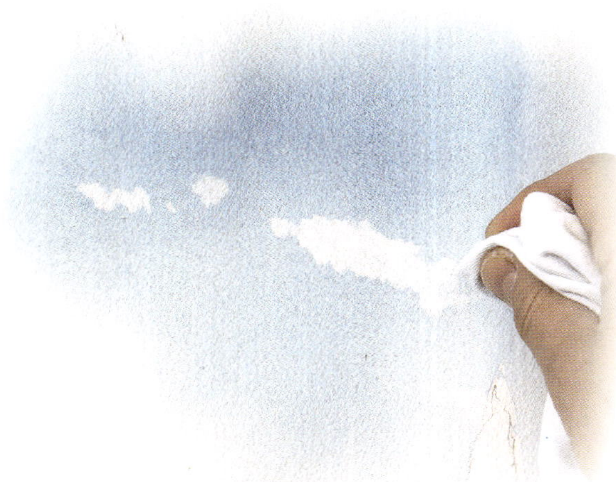

1

2 ▪ Pour les murs de la chapelle, travaillez simultanément les touches de couleur et leur dilution : avec un pinceau à lettres, prélever différentes nuances de peinture : terres de Sienne naturelle et brûlée, brun Van Dyck, terre d'ombre… Déposez ces différentes couleurs plus ou moins diluées sur les murs qui auront été mouillés par endroits d'eau claire. Tous ces paramètres contribuent à créer une infinité de nuances propres à exprimer la diversité des pierres.

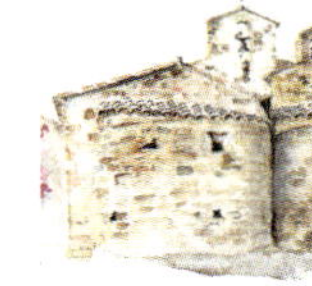

3■ Tenez compte de l'arrondi des absides : les mouvements du pinceau doivent suivre la courbe de l'appareillage des pierres et laissez des blancs du papier. Il faut garder l'aspect rustique et ancien des murs.
Les toits sont blancs de lumière, les tuiles seront donc seulement soulignées par des petits accents de brun avec le pinceau à lettres. Les ombres portées sur l'abside centrale et l'abside de droite seront réalisées après séchage avec du bleu de cobalt. Un peu de Sienne brûlée servira à relier mur et tuiles.

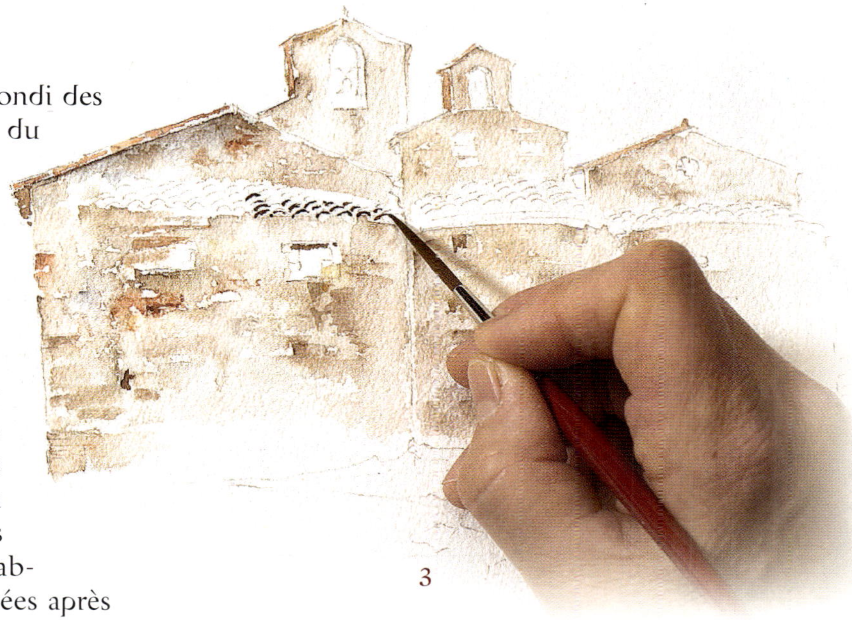

3

4■ Les ombres entre les absides sont réalisées avec du bleu de cobalt nuancé de Sienne brûlée qui donne un joli gris chaud, à condition de ne les mélanger que sur le papier. Ces différentes étapes sont réalisées avec un petit gris n° 0.

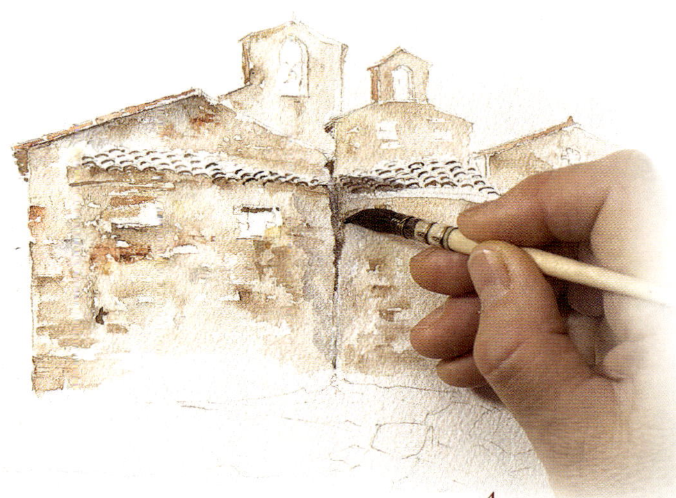

4

Réalisation

5▪ Exécutez ensuite les petits détails avec du brun : les encoches sombres des fenêtres, les clochers et leurs cloches… afin de suggérer, plutôt que préciser : déposez le pigment et provoquez sa dilution en apportant de l'eau claire pour obtenir un dégradé.

6▪ À d'autres endroits, reprenez avec de l'aquarelle sèche pour renforcer l'appareillage des pierres. Dès que les contrastes vous semblent trop forts, humectez pour descendre la tonalité. Modulez la tonalité générale avec un peu de terre de Sienne naturelle quand votre papier sera sec.

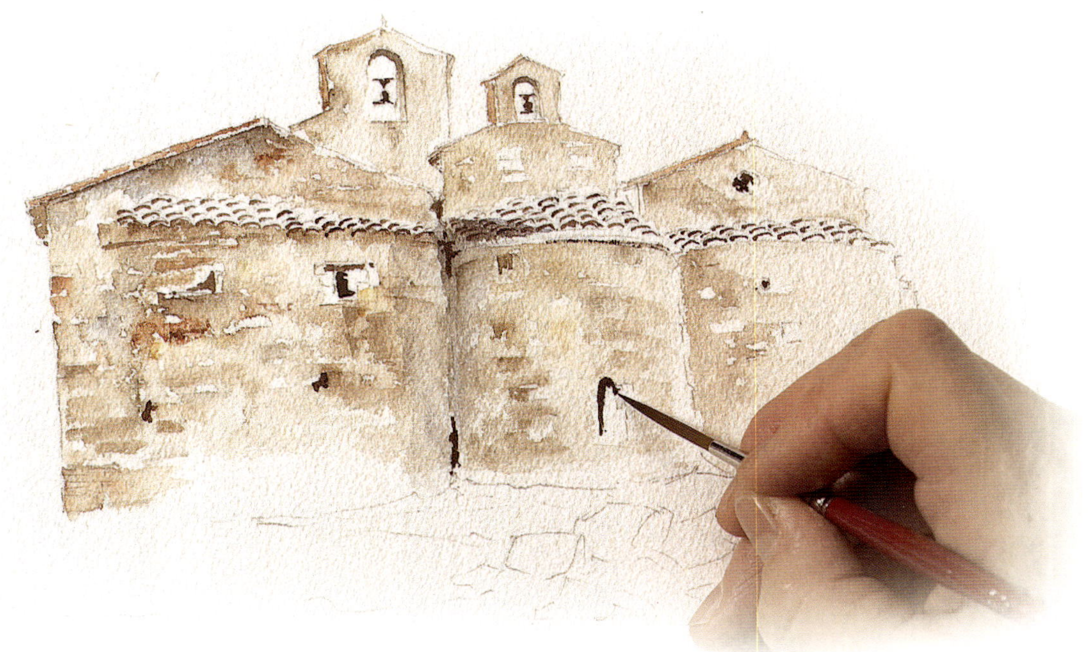

5

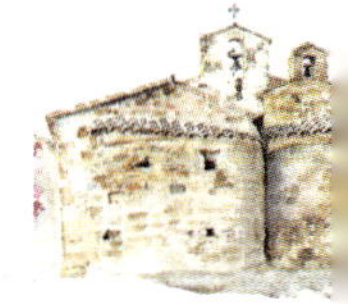

7■ La réalisation du cyprès se fait avec du vert de vessie et de l'indigo. Posez ces deux teintes avec le petit pinceau n° 0 sur la partie droite de l'arbre, c'est-à-dire sur son côté situé dans l'ombre.

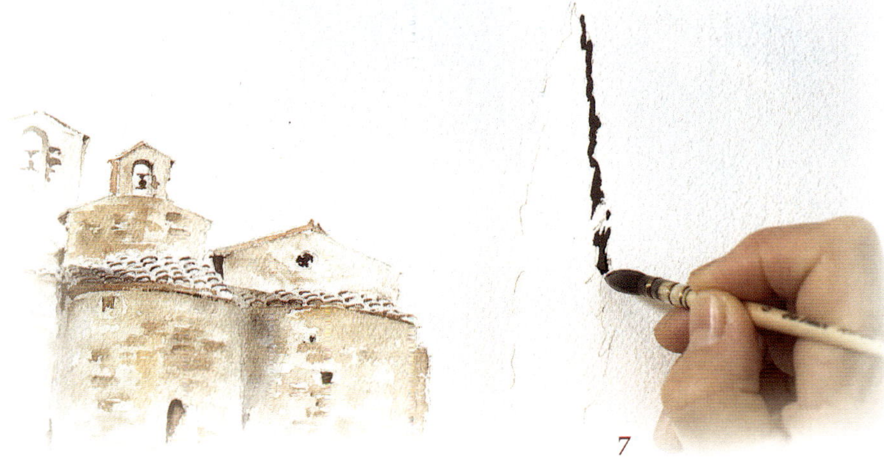

7

8■ Puis appliquez un pinceau mouillé tout près du pigment pour entraîner la diffusion. Souvent, il est préférable de laisser l'eau faire son travail.

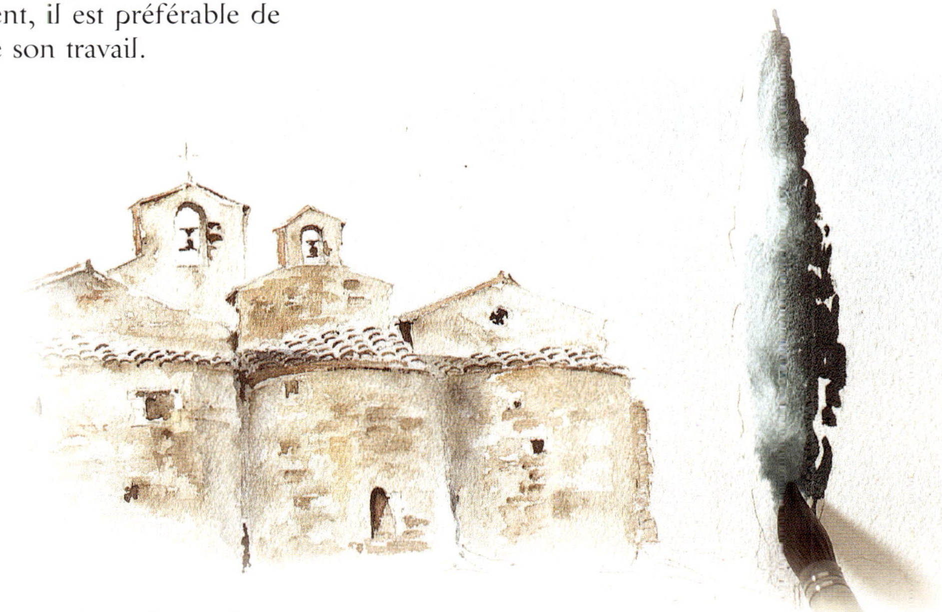

8

Il ne reste plus qu'à placer les ombres portées au sol avec un lavis clair de toutes les teintes utilisées.

Barques à Six-Fours dans la baie de Sanary

À l'abri du port de la Coudoulière, mon regard est attiré par l'alignement de barques sur l'eau : les pointus aux formes rondes et joufflues, à l'avant et l'arrière effilés, avec leur pont large et, en prolongement de l'étrave, le « capian », en forme de bulbe, constitué de deux ovales colorés. Le rythme créé par l'alignement des pointus et leurs reflets dans la mer est réjouissant pour l'œil. Les couleurs se dédoublent dans l'eau limpide. En ce jour de printemps un peu voilé, l'arrière-plan des collines et des pointes littorales est à peine marqué.

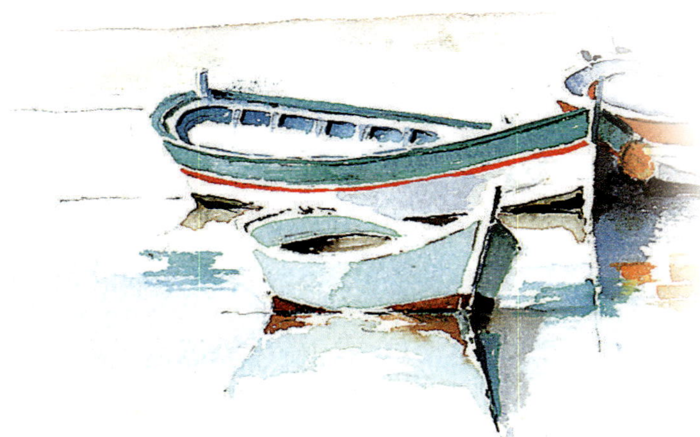

Découverte technique

Alignement de bateaux, leurs ombres et reflets dans l'eau.

Format 61 cm x 46 cm ▶

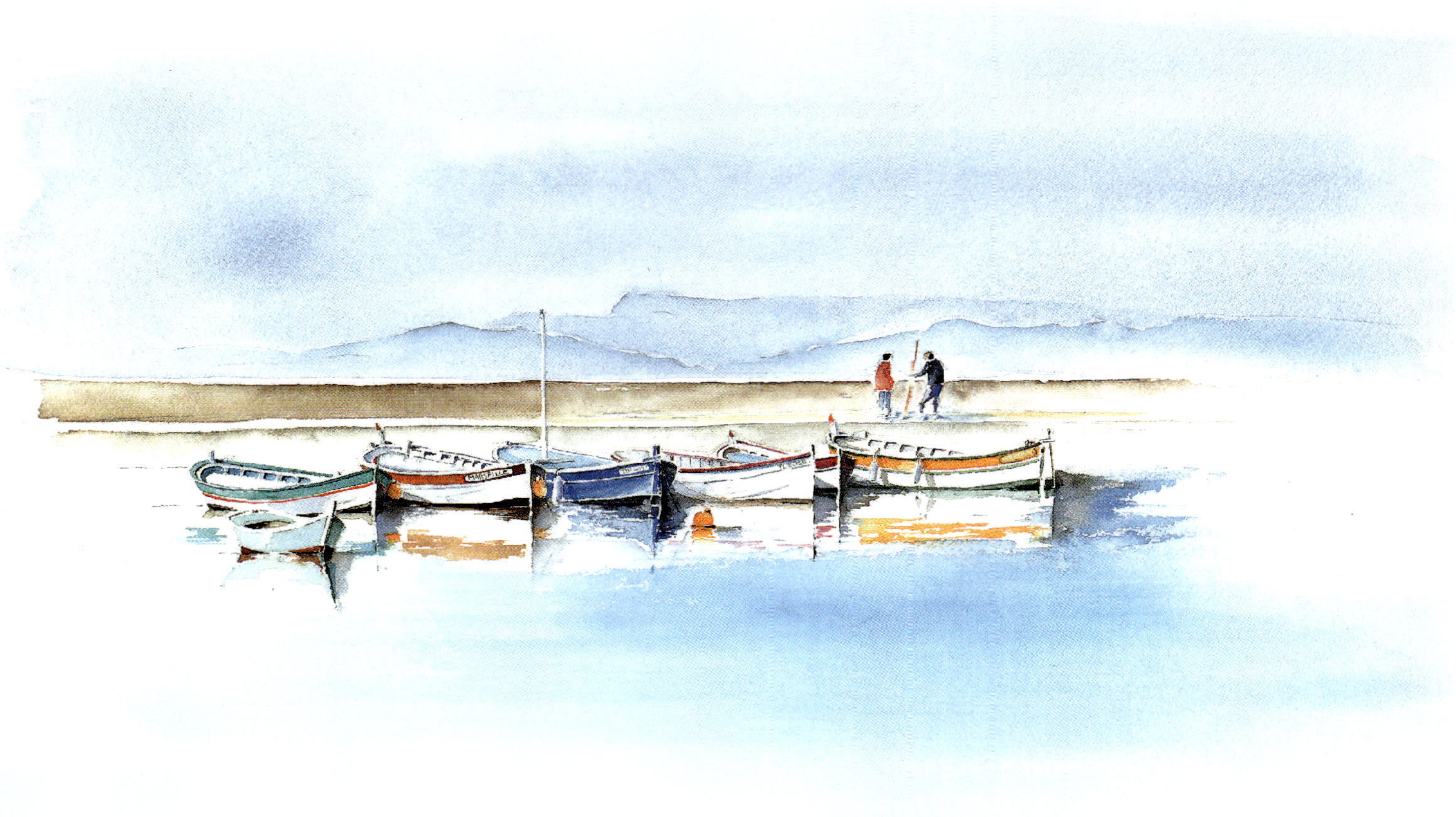

Réalisation

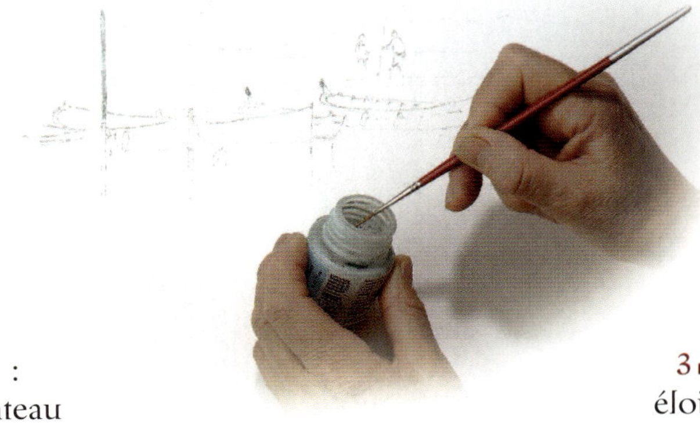

1▪ Commencez par esquisser le paysage, puis construisez les barques avec soin : une structure de bateau doit être précise comme une architecture. Marquez très nettement les lignes des étraves et des safrans et leurs reflets dans l'eau. Aussitôt après, passez la gomme à masquer sur le mât qui doit rester blanc ainsi que sur les deux « capians » des pointus qui recevront ultérieurement une couleur vive.

2▪ Mouillez tout le ciel à l'eau claire. Le ciel est gris bleuté assez uniforme : passez avec le pinceau n° 9 un lavis de bleu outremer. En attendant que le papier sèche, balayez le quai avec un gros pinceau de brun Van Dyck. Prenez soin de laisser un blanc sur le dessus du quai éclairé par le soleil, afin de bien détacher les plans.

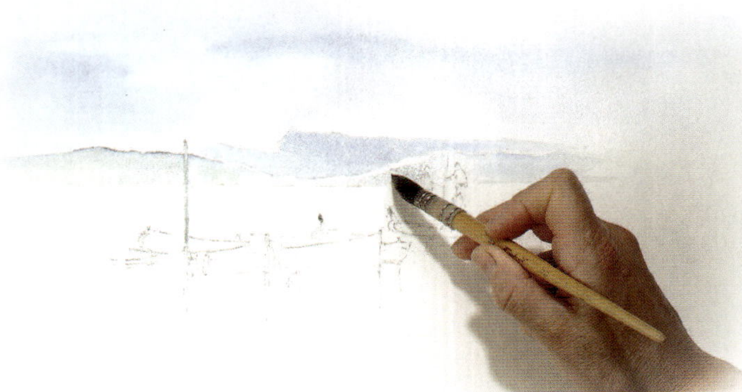

2

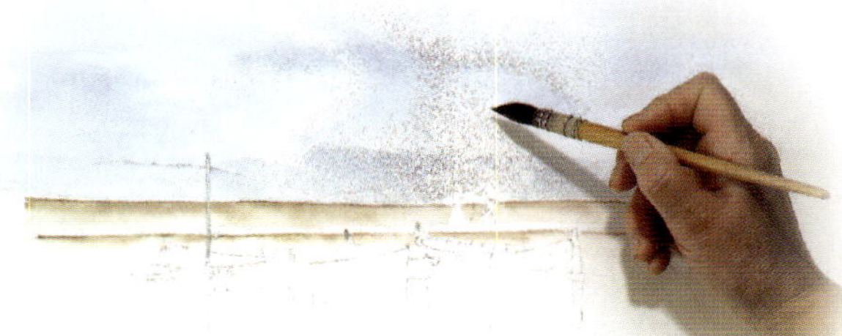

3

3▪ Avec du bleu de cobalt, couvrez le relief le plus éloigné. Puis, ajoutez une pointe extrêmement légère de vert oxyde de chrome et de terre de Sienne brûlée pour exécuter la première rangée de collines. Laissez un léger liseré blanc pour différencier les plans.
Quand le papier est presque sec, posez sans vous appesantir un lavis de bleu de cobalt sur l'ensemble pour unifier le tout et accentuer l'effet de profondeur.

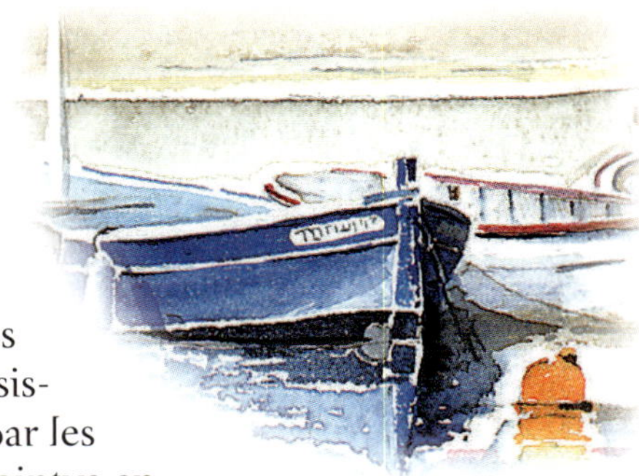

4

4▪ Repérez bien d'où vient la lumière : le soleil est à gauche, ce qui induit un positionnement précis des ombres portées et des reflets. Choisissez de commencer par les couleurs vives des pointus en posant aussitôt leur reflet dans l'eau avec un pinceau plein d'eau créant ainsi des traînées colorées sur papier sec. Lavez votre pinceau chaque fois que vous changez de couleur : celle-ci doit être propre et pure. Pour le bateau bleu, traitez différemment les deux côtés de la coque : bleu indigo à l'ombre prolongée dans l'eau le long de l'étrave de façon irrégulière.

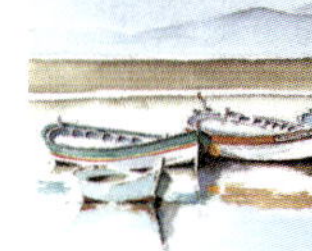

5 ▪ N'oubliez pas d'utiliser le chiffon pour éponger la couleur dans les zones exposées au soleil. Une fois les barques peintes, passez à la traduction des ombres portées en préparant un mélange de bleu outremer et de Sienne brûlée qui donne un gris chaud et coloré. Tout ce travail est effectué avec le petit gris n° 3 et le pinceau à lettres pour les détails et les traits précis. Les ombres portées concernent les ombres sur les barques et les ombres des bouées sur la coque.
Pour traiter la mer du premier plan, balayez avec un gros pinceau un lavis de bleu Winsor dans le sens horizontal.

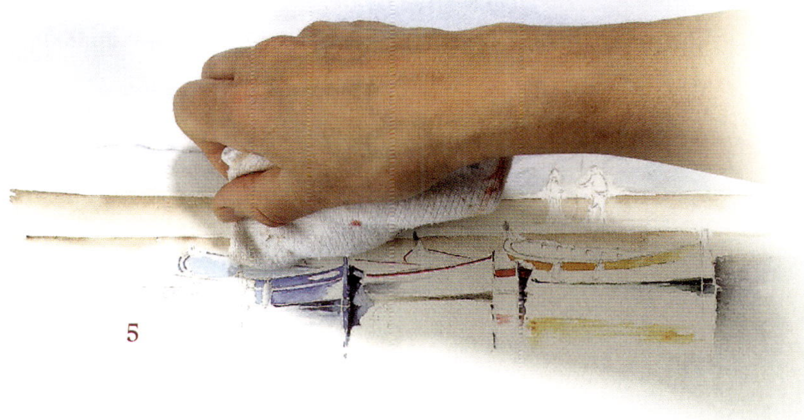

5

6 ▪ Traitez l'intérieur des coques en marquant les membrures à l'aide du pinceau à lettres et en suivant bien la direction de la lumière, puis passez aux silhouettes des deux personnages qui sont sur le quai.

7 ▪ Une fois que tout est sec, enlevez la gomme à masquer en frottant avec le doigt, posez les couleurs vives des capians et si le mât blanc se révèle trop lourd ou irrégulier, tracez un léger trait à droite pour l'affiner.

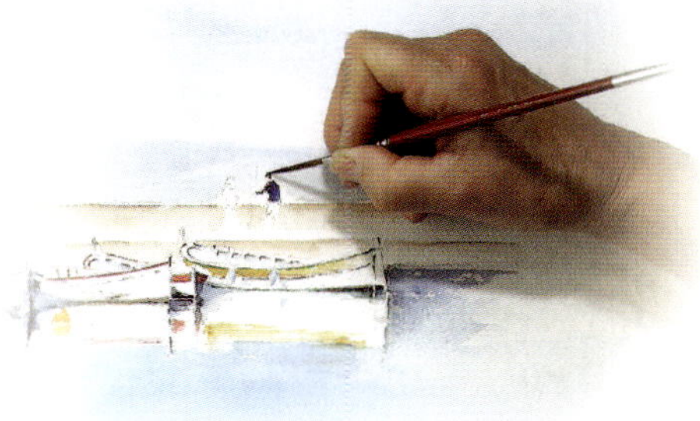

6

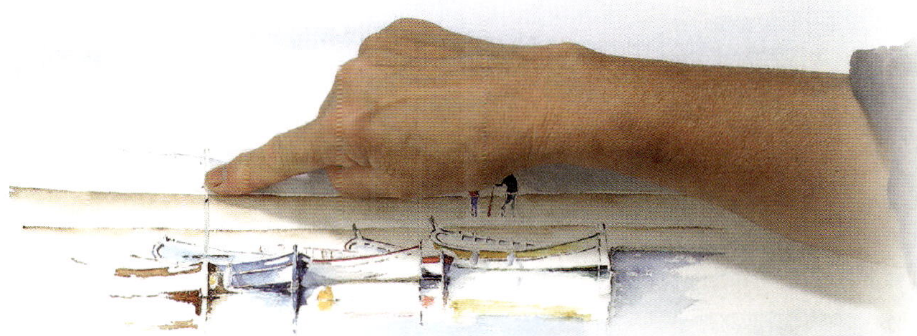

7

Porquerolles, ses bateaux et ses palmiers

Prendre la mer et mettre le cap sur les îles, c'est voyager autrement, s'évader, rêver d'ailleurs et d'aventures. Il est tôt. Quand le bateau ralentit en arrivant sur Porquerolles, la mer est belle, le vent frais. Le fort Sainte-Agathe domine l'île. Le port s'ouvre et s'étend à ses pieds. Au fond du bassin, des bateaux colorés se détachent sur un fond de palmiers. Après un petit tour à la plage d'Argent dont j'hésite à fouler le sable si blanc, j'irai crayonner le fort du Langoustier avant de revenir sur le port en fin d'après-midi. Sur les quais et les pontons on s'affaire : retour ou départ pour la pêche à la girelle qu'aimait tant Paul Morand ? Je ne sais. Sur un ponton un peu plus tranquille à cette heure, je me régale par avance des jaunes, des rouges, des bleus et des verts qui animent le port.

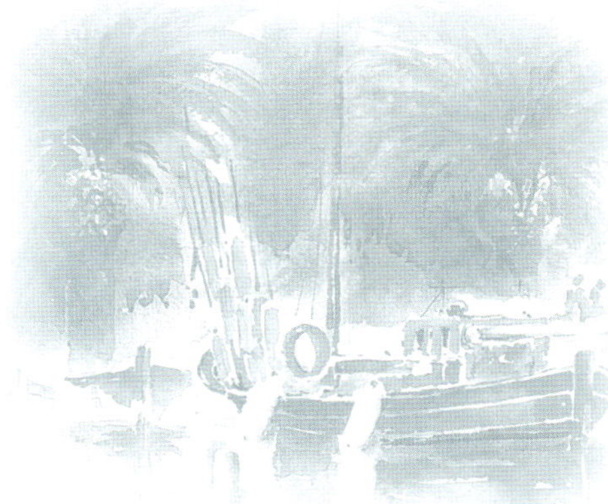

Découverte technique

simplifier un sujet complexe et en cerner le motif principal : bateaux, bouées, flotteurs et leurs reflets sur un fond vert rythmé par trois palmiers, le long d'un ponton.

Format 61 cm x 46 cm ▸

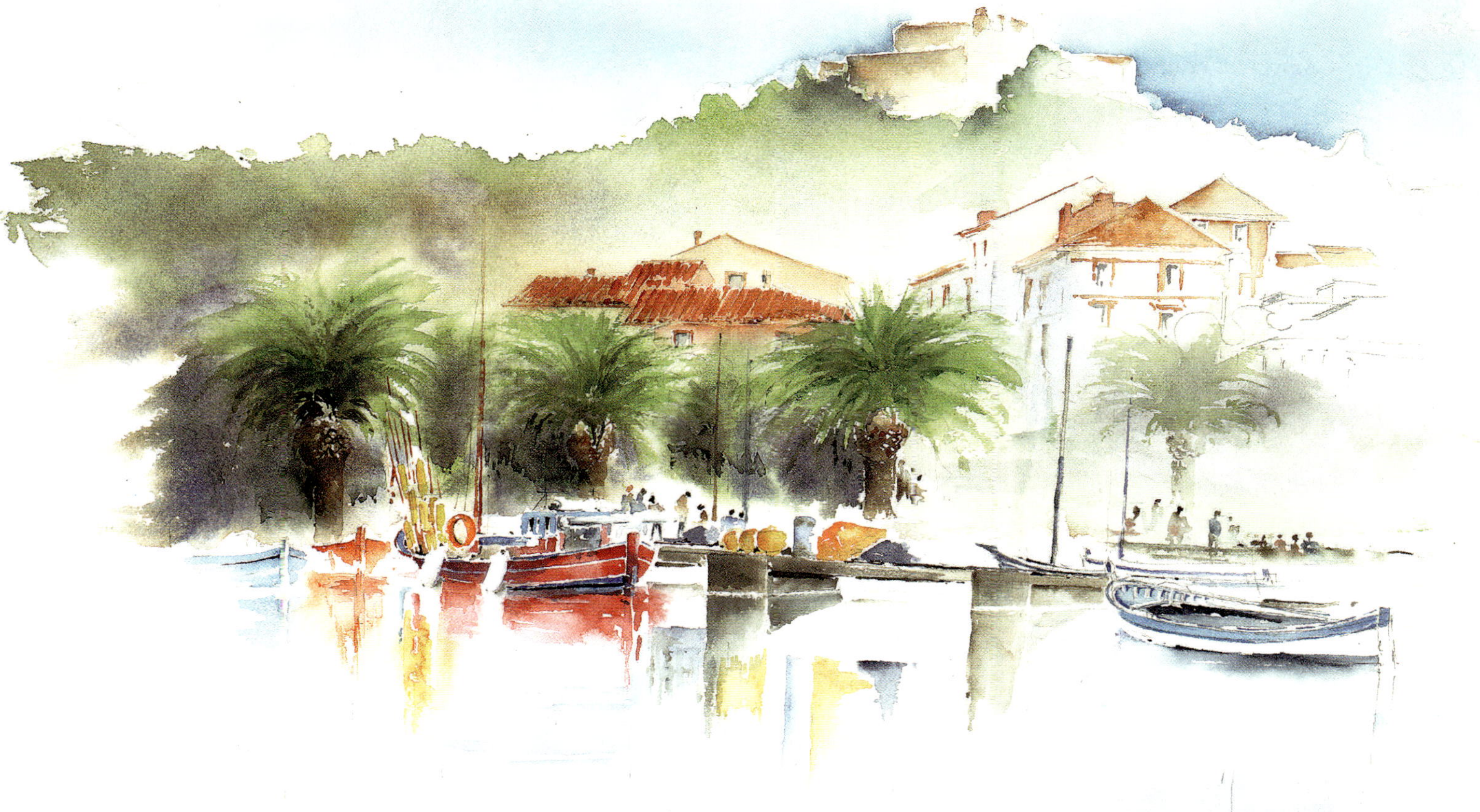

Réalisation

Le fort et une partie du port

1 ▪ Sur papier mouillé, commencez par le haut : le ciel est traité en bleu Winsor appliqué juste à la limite de la colline et du fort et dilué vers le haut.

1

2 ▪ Poursuivez par la colline couverte de maisons noyées dans la végétation : en évitant soigneusement les troncs des palmiers, traitez le fond par un premier aplat de mauve, vert de vessie, terre de Sienne brûlée. Sur papier toujours humide, couvrez les toits et murs des maisons avec de la terre de Sienne brûlée. La technique humide est tout indiquée pour intégrer les toits dans la verdure. Il est important que tout cet arrière-plan soit dilué pour donner plus de relief aux palmiers et aux bateaux.

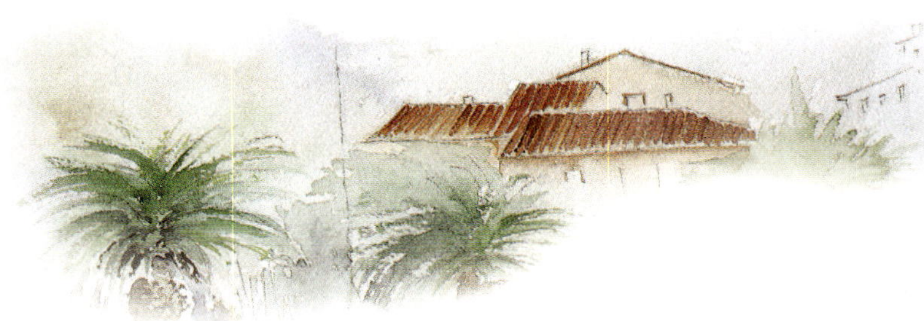

2

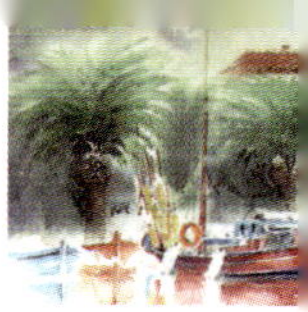

3▪ Pour peindre les palmiers, tenez compte du rayonnement des palmes à partir du centre de l'arbre : la couleur plus dense s'atténue et s'éclaircit vers les extrémités. Le pinceau suit le dessin et épouse la forme des palmes. Rendez bien la partie bombée du tronc avec des petits éclats blancs en réserve qui correspondent aux cicatrices des coupes. La lumière vient de la droite, il faut donc poser la couleur sur la partie gauche du tronc et laisser fuser dans l'eau claire.
Ajoutez une petite touche sombre de brun Van Dyck sous la partie bombée du tronc pour accentuer le creux et à l'inverse quelques touches de Sienne brûlée dans le soleil.

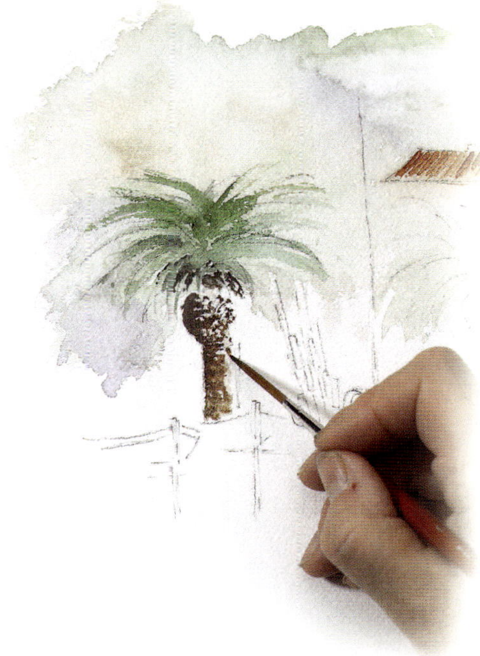

3

4▪ Tout au fond du quai, appliquez des mauves, verts et bruns de façon irrégulière sans les mélanger au préalable, pour créer une ambiance d'ombre derrière et au-dessous des palmiers.

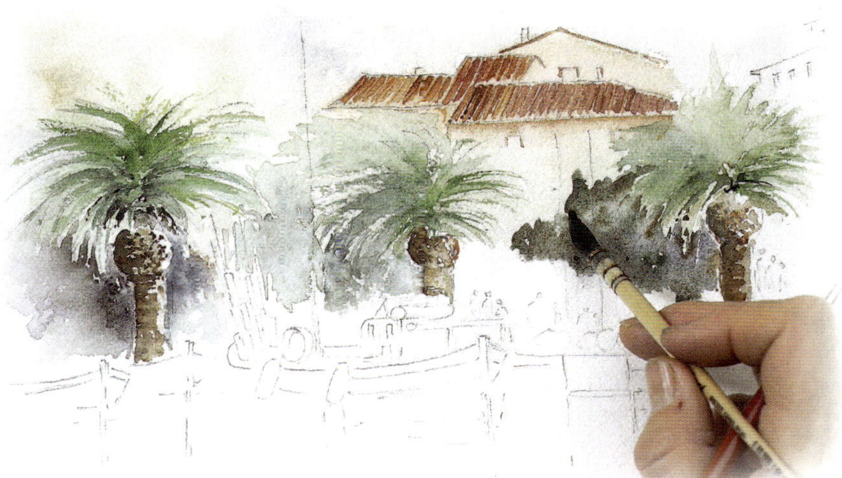

4

Réalisation

Les bateaux et leurs reflets

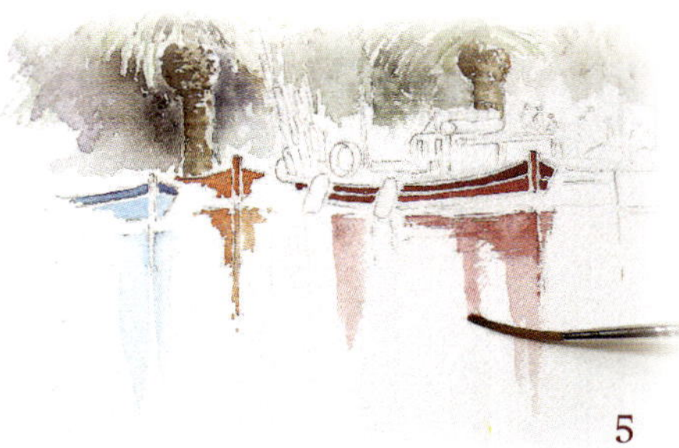

5

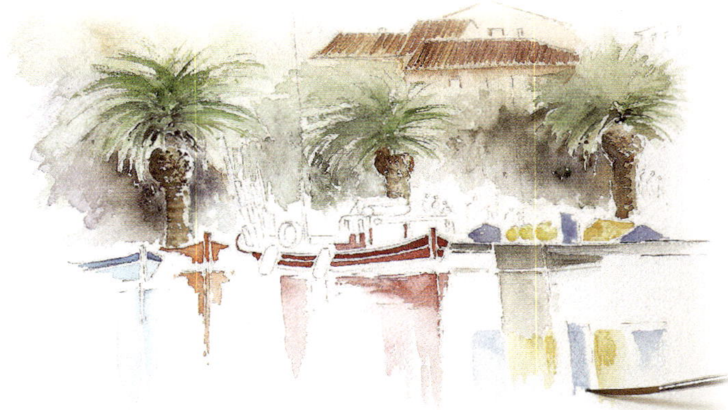

6

5 ■ Avec des couleurs pures, amorcez les couleurs des bateaux en commençant pour des raisons pratiques par la gauche. Dès que la couleur d'un bateau est posée, passez aussitôt à son reflet dans l'eau avec la même teinte tirée à la verticale sur le papier mouillé. Pour les bateaux, utilisez le bleu Winsor, le rouge permanent et le cramoisi d'alizarine. Lorsqu'il y a des bandes de couleur, vous pouvez laisser un petit filet blanc en réserve afin d'éviter les mélanges.

6 ■ Pour les reflets des bateaux, posez le pinceau sous la coque et descendez le pinceau à plat. Continuez par le ponton avec un gris coloré composé de brun Van Dyck et d'indigo. Le cramoisi d'alizarine du bateau de pêche doit être sec pour pouvoir y apposer un bleu Winsor.

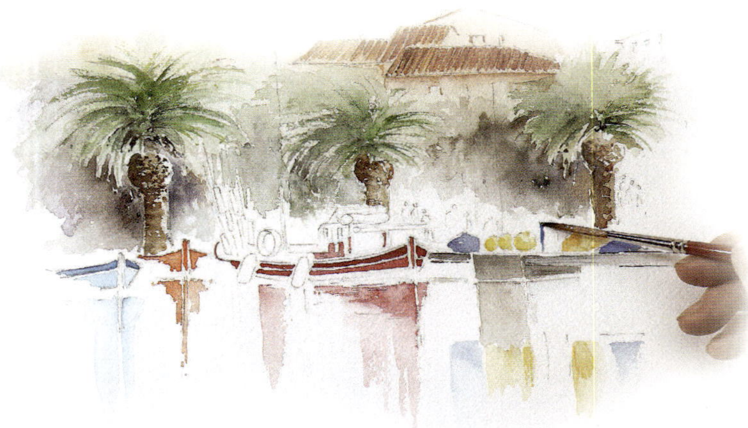

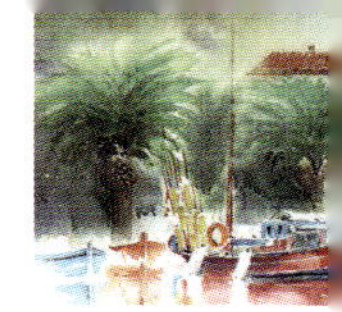

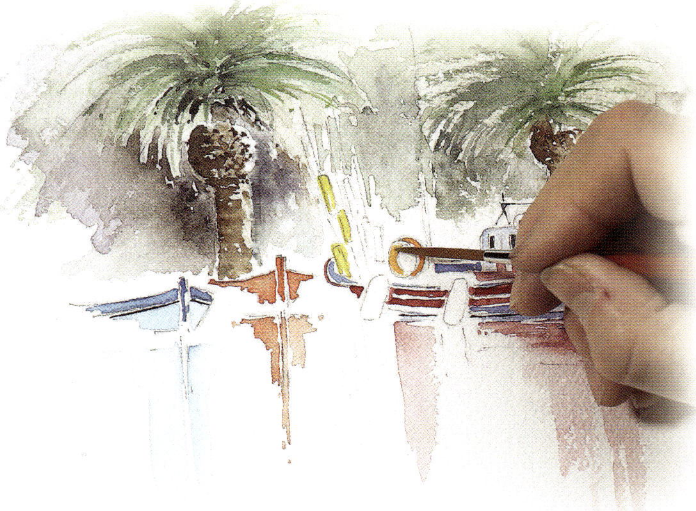

7▪ Passez aux détails du bateau de pêche : bouées, pare-battages, perches et flotteurs. Pour la bouée de sauvetage, posez un orange saturé en demi-cercle sur l'extérieur et légèrement descendu à l'intérieur en évitant que les deux parties se rejoignent. Les flotteurs sont peints avec un jaune Winsor et les ombres portées des pare-battages blancs sont mises en relief par une ombre bleu cobalt.
Une fois les reflets secs, traînez un bleu plein d'eau, donc transparent, pour relier tous les reflets entre eux en évitant de repasser sur les jaunes.

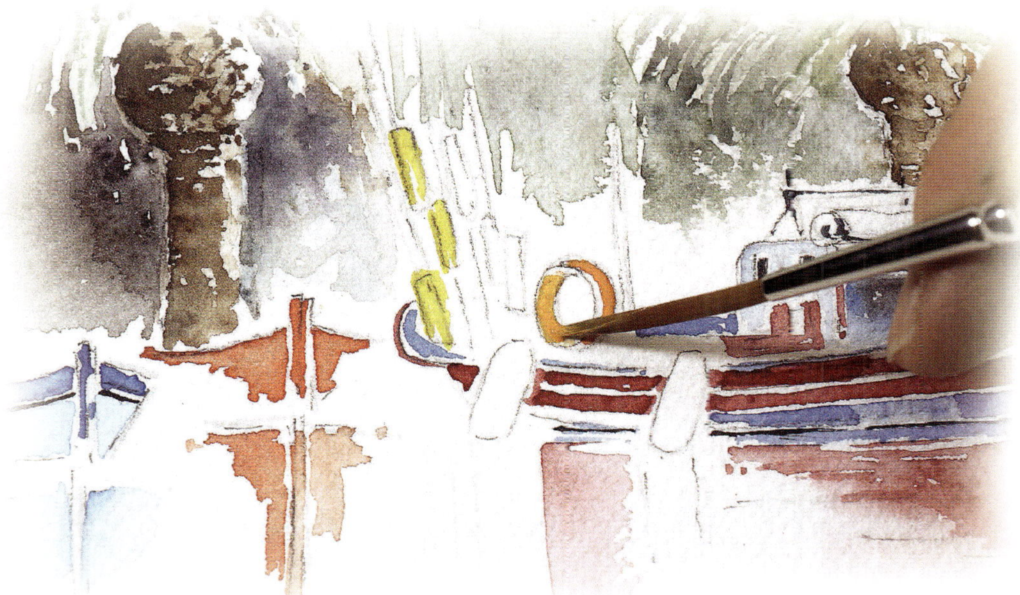

Réalisation

Le bateau bleu et quelques silhouettes

Suggérez l'animation du quai en peignant quelques silhouettes de pêcheurs et de promeneurs en arrière-plan du bateau.

8▪ Le sujet principal de la partie droite de l'aquarelle étant le bateau bleu, le fond doit donc être neutre : traitez l'arrière-plan avec un gris très léger à base de terre de Sienne brûlée et de bleu outremer. Le bleu de cobalt apportera l'ombre sur les façades des maisons à gauche et le palmier sera tout juste suggéré avec du vert de vessie et du bleu cobalt très dilué.

9

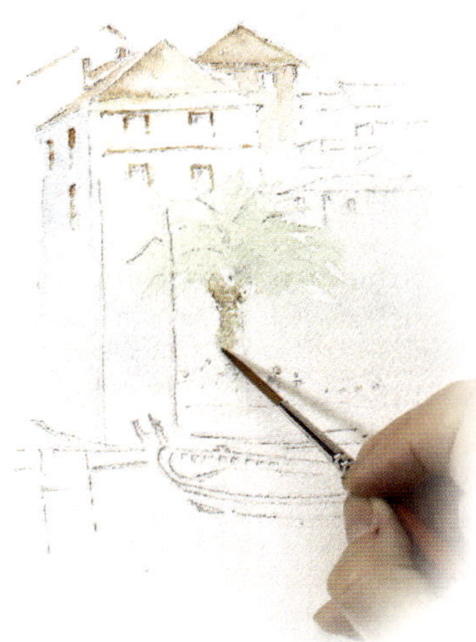

8

9▪ Comment réaliser des petits personnages ? Un point de brun Van Dyck pour la tête puis une touche d'eau teintée que l'on laisse filer. Variez la couleur des têtes : le brun et la terre de Sienne, selon leur dilution et leur mélange, donnent une grande quantité de nuances.

Avec le pinceau à lettres et du bleu Winsor, peignez la coque du bateau bleu.

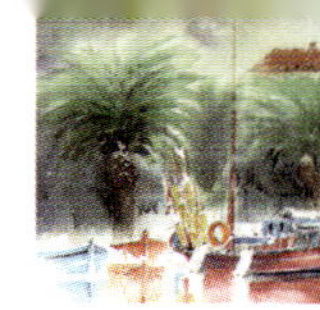

10 ■ Le bleu d'indanthrène servira pour souligner d'un trait foncé l'intérieur de la coque et le dessous du banc. N'oubliez jamais d'où vient la lumière : ici, elle vient de la droite, les zones d'ombre sont donc devant nous. Sous la coque, au contact de l'eau utilisez ce même bleu pour faire une ligne sombre que vous « cassez » en approchant de l'eau claire de façon irrégulière. Pour donner plus de réalité au pointu, soulignez les membrures avec un bleu plus dense : les pièces de bois à l'intérieur de la coque se dégagent beaucoup mieux.

11 ■ En réalisant le reflet du bateau dans la mer, évitez toute eau ou toute couleur sur le reflet formé par le gouvernail blanc.

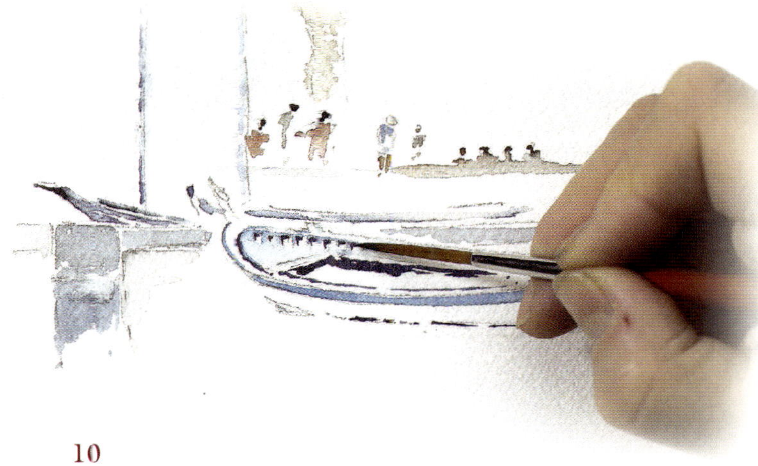

10

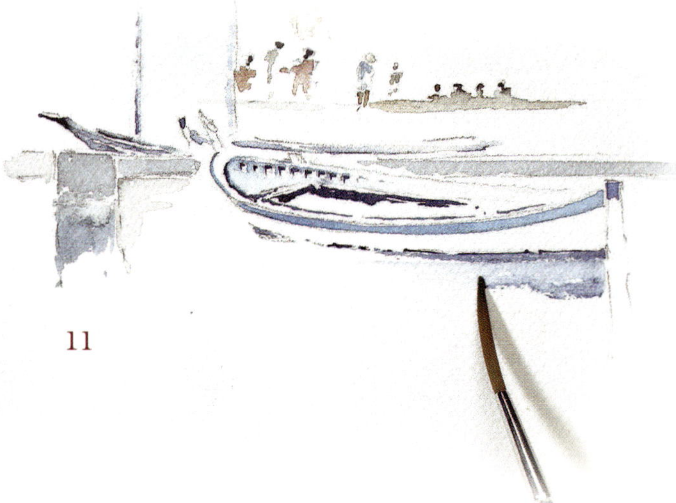

11

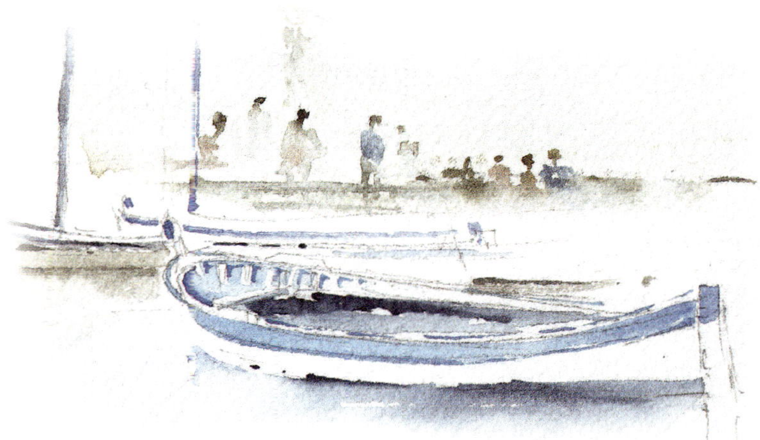

Port-Cros

Une grande masse verte apparaît petit à petit sur la mer : c'est Port-Cros. Pins d'Alep, chênes verts, arbousiers, bruyères, lentisques, genévriers et bien sûr thym, ciste et myrte sont un régal d'odeurs, de formes et de couleurs. De cette forêt méditerranéenne émergent des forts qui regardent les collines cristallines du massif des Maures et la mer partout présente. Sur un tout petit carnet facile à utiliser, quelques croquis permettront de réaliser peu après une première aquarelle sur un bloc de voyage. Dans une seconde aquarelle peinte à l'atelier, j'utiliserai plusieurs aplats de couleur et un brossage final pour obtenir des effets lumineux.

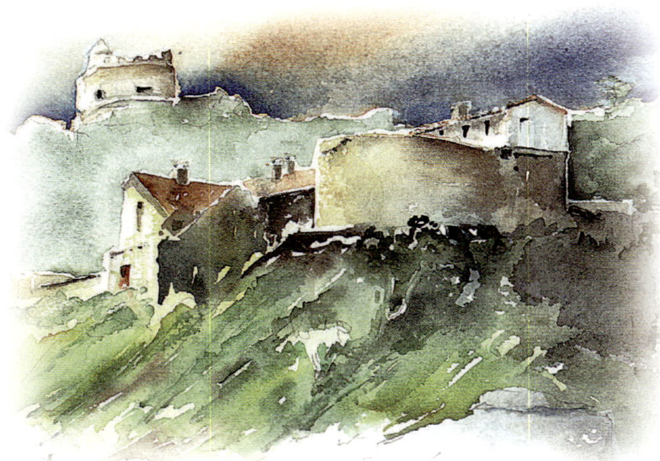

Format 61 cm x 46 cm ▸

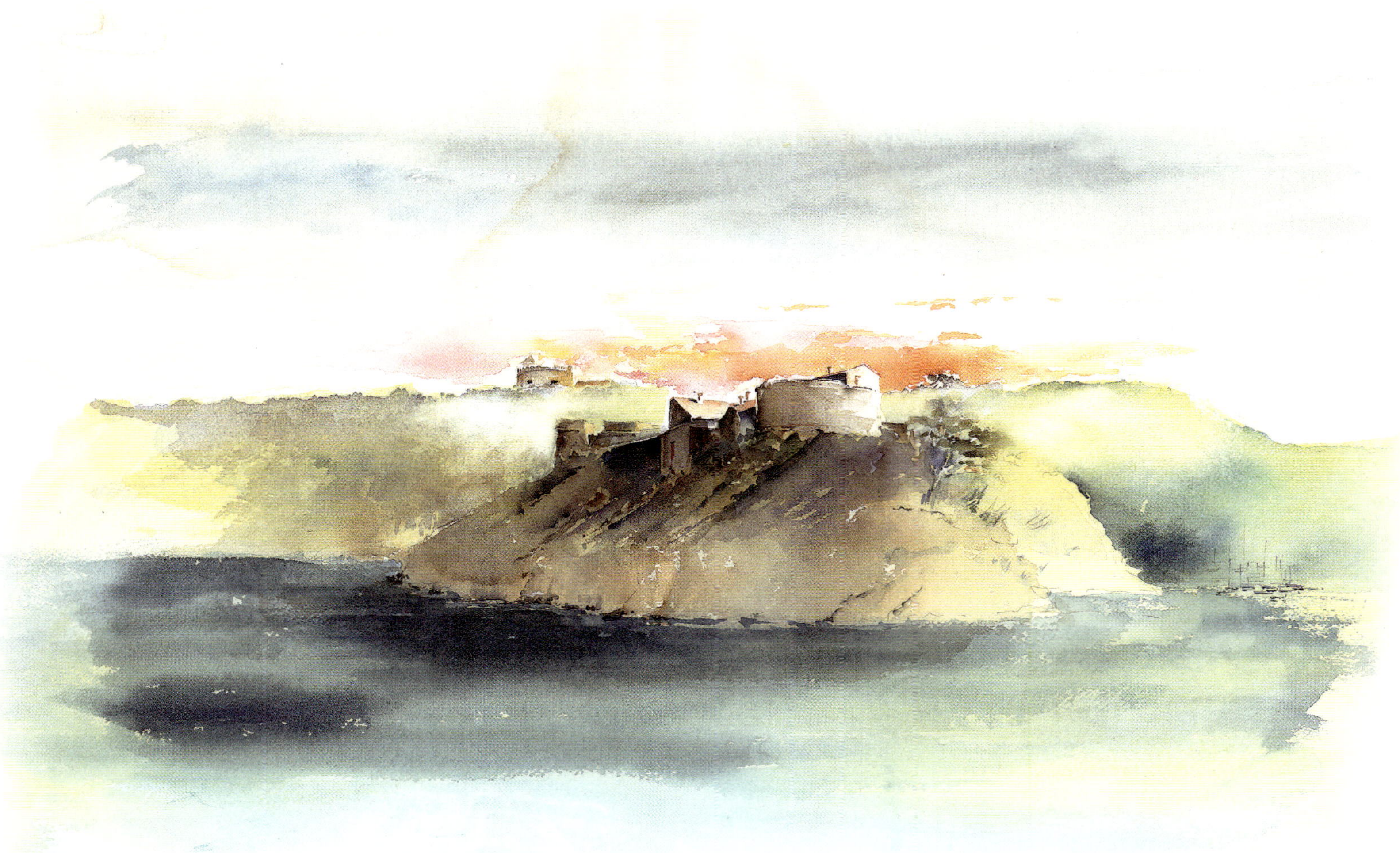

Les Baux-de-Provence

Blanc, tout est blanc, aveuglant. Le ciel est saturé de lumière. L'éperon rocailleux est dénudé. Forteresse née de la roche ? Roche érigée en forteresse ? Comment s'y retrouver dans cette confusion minérale, ce démantèlement vertigineux ? On dit que c'est ici que Dante imagina son enfer. Il faudra se poser et regarder longtemps pour comprendre. Surtout ne pas courir pour aller voir de près. Qu'importe la réalité de cette saillie craquelée et aveuglante ? Attendez simplement que la lumière change et que le ciel commence son spectacle.
Vignobles et oliveraies s'étendent au pied de cet éperon rocheux détaché des Alpilles. En arrivant de Glanum où vous aurez vécu une autre vie, prenez soin de vous installer à l'ombre reposante d'un olivier.

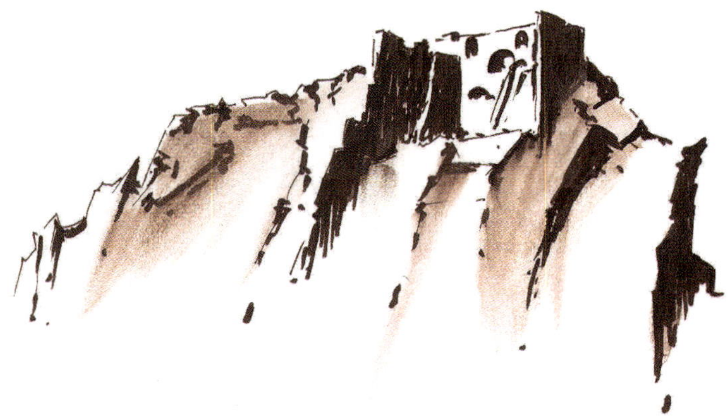

Format 61 cm x 46 cm ▸

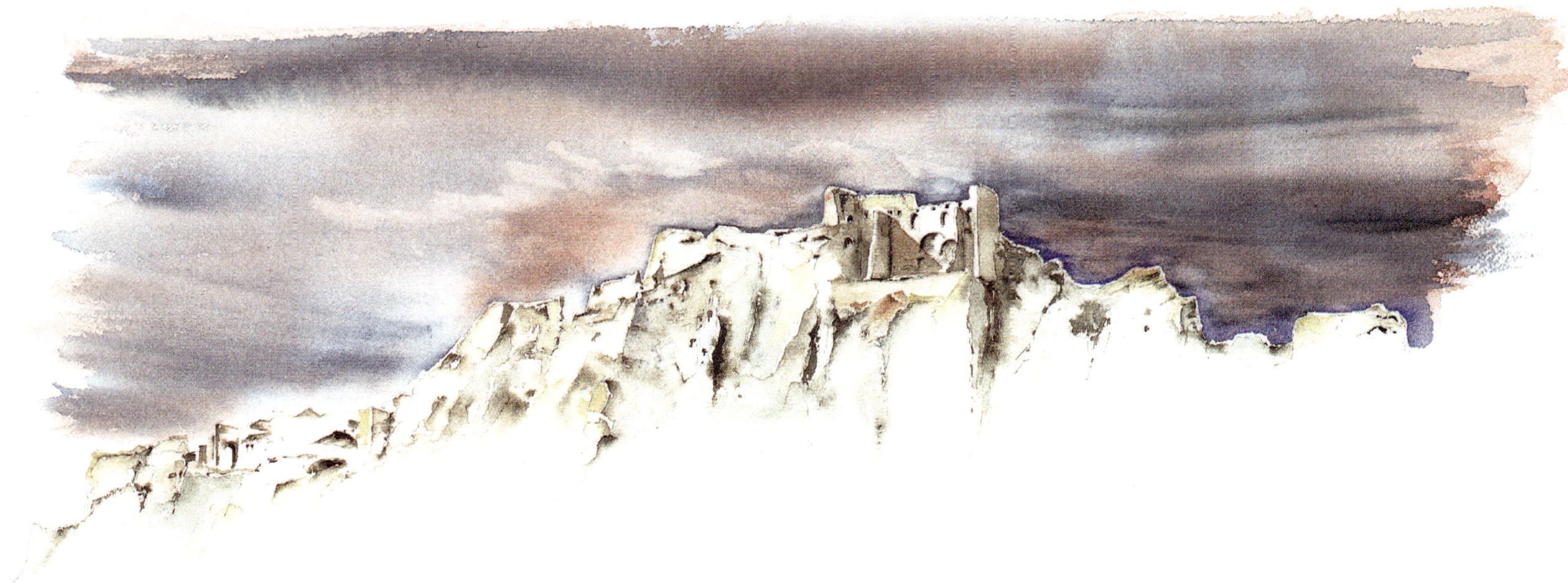

Aix-en-Provence, la place d'Albertas

Aix a été la capitale de la Provence et le siège de son parlement. Cela se voit à la richesse de son architecture, à ses nombreux hôtels, fontaines et places. La place d'Albertas est sans doute la plus connue. Le marquis d'Albertas, président de la Cour des comptes de Provence, aménagea au milieu du XVIIIe siècle la place sur laquelle donnait son hôtel particulier en démolissant les maisons qui faisaient face à son hôtel. Il fit construire, assortie à sa demeure, une place qui s'enrichit un siècle plus tard d'une fontaine. Sous le porche de cet hôtel, j'ai trouvé refuge à l'abri d'un soleil intense qui séchait trop vite mon pinceau...

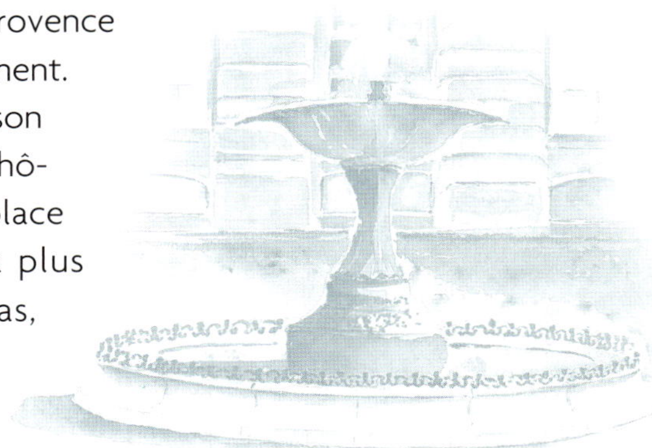

Découverte technique

Peindre une façade en suggérant les arrondis de la place avec en premier plan une fontaine.

Format 61 cm x 46 cm ▸

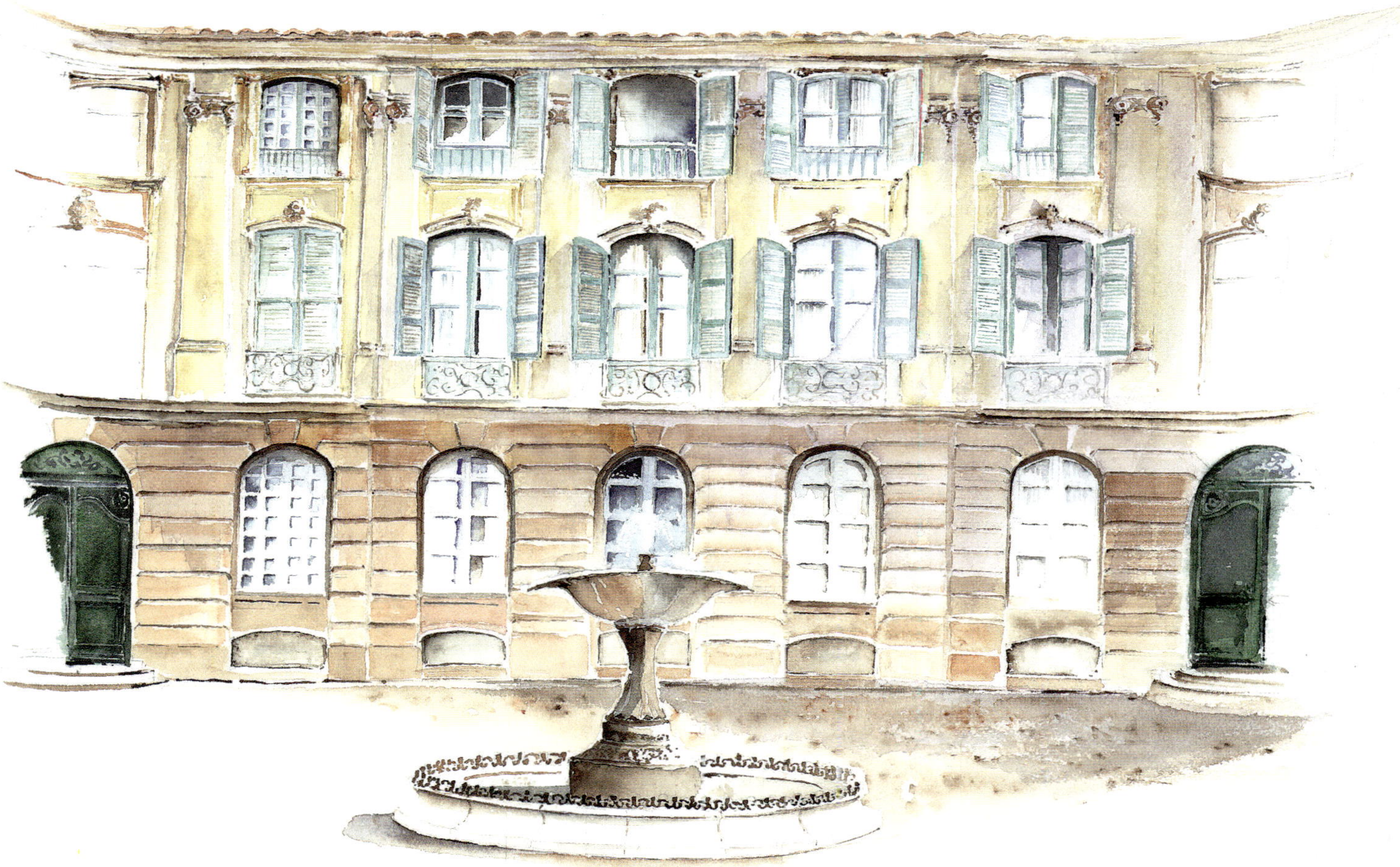

Réalisation

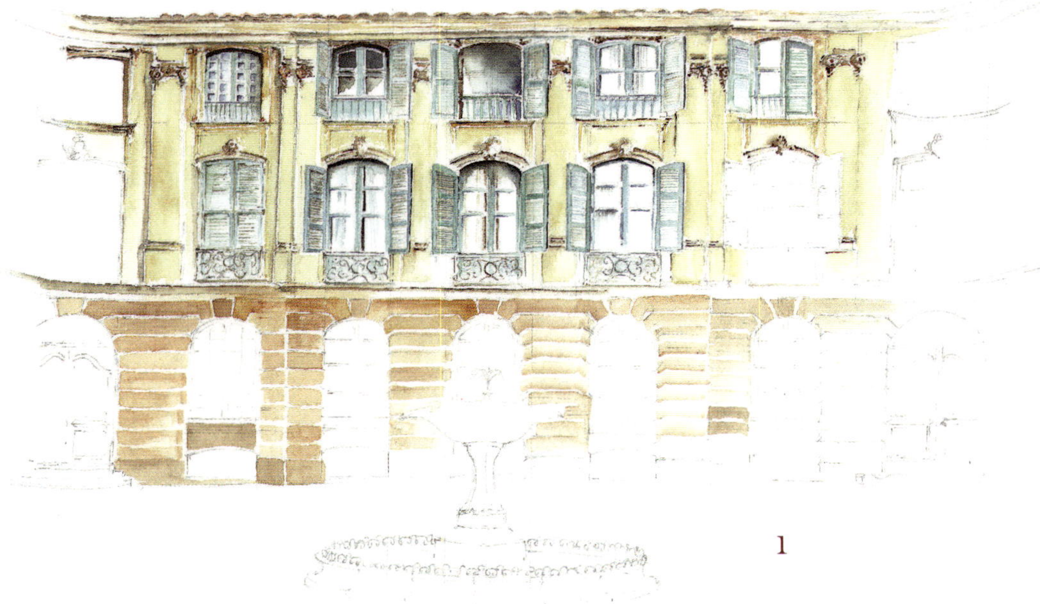

1

La première impression donnée par cette place est une image de grand classicisme. L'ordonnancement des façades avec ses fines sculptures néo-classiques, est animé par le jeu des ouvertures : si les embrasures sont identiques à chaque niveau ou étage, les fenêtres sont toutes différentes, ouvertes, entrouvertes, garnies de rideaux ou pas, volets fermés totalement ou à moitié… La lumière qui vient de la droite éclaire différemment la façade et le rythme des pilastres allonge le bâtiment. Le dessin doit prendre en compte tous ces éléments.

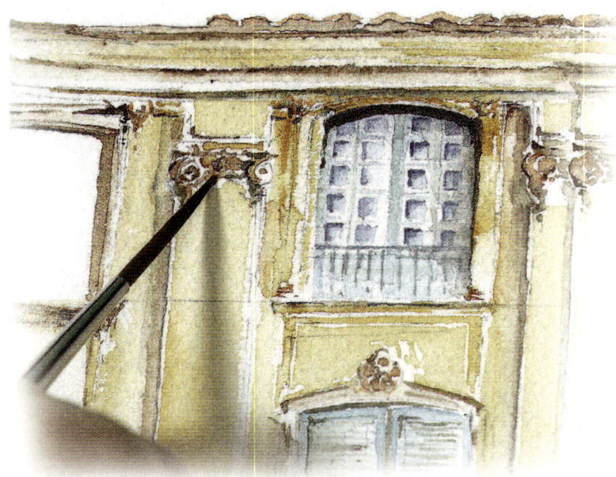

2

1▪ La façade dans sa partie supérieure est recouverte d'un enduit défraîchi, mais mordoré dans le soleil. Elle sera traitée avec une aquarelle de la même couleur, de la terre de Sienne naturelle. Il n'est pas opportun de faire un lavis d'ensemble qui escamoterait les plans ; il vaut mieux prendre en compte les différents éléments de l'architecture, les corniches, les moulures… en les peignant séparément.

2▪ Un peu de Sienne brûlée et de brun Van Dyck vont servir à travailler les éléments décoratifs : rinceaux, fleurons, acanthes surmontant les pilastres qui vont prendre du relief si vous apportez de petites touches dans les creux, utilisez pour cela le pinceau à lettres.

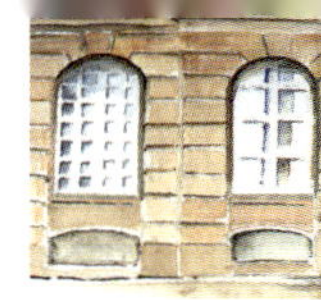

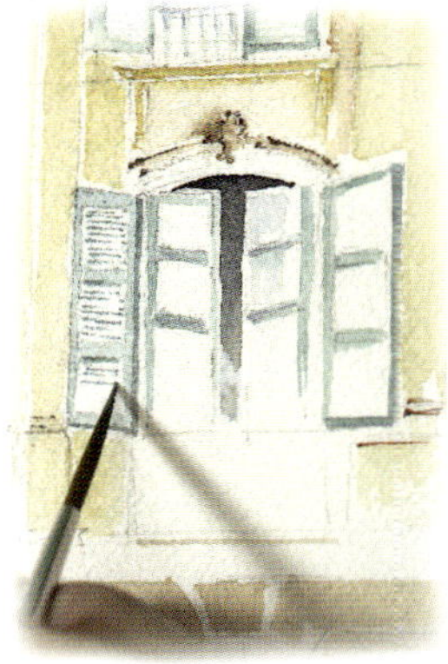

3

3 ▪ Poursuivez par les fenêtres et les volets en observant bien les différences : pour les boiseries des fenêtres et les volets il faut utiliser un mélange de vert émeraude et de bleu de cobalt. En fonction des motifs, prenez soit le pinceau à lettres, soit le pinceau n° 0. L'ombre qui provient des fenêtres ouvertes n'est jamais homogène : appliquez une couleur sombre : brun Van Dyck et indigo, en haut dans l'arrondi de la fenêtre ouverte puis faites fondre la couleur vers le bas avec de l'eau. On peut éponger partiellement et légèrement pour accentuer l'impression d'éclairage irrégulier.
Les linteaux des fenêtres sont peints avec le même mélange ainsi que la moulure qui les surmonte.

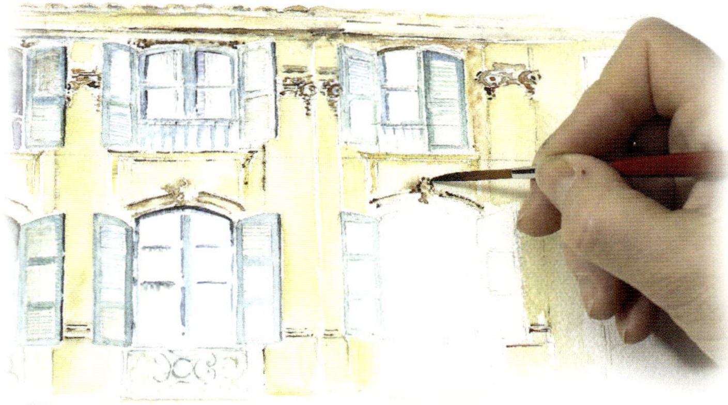

4 ▪ Le premier niveau constitué de blocs de pierre horizontaux est peint avec une petite brosse plate n° 10 et de la terre de Sienne brûlée, en prenant soin de laisser un interstice blanc entre les bandes horizontales. Il suffira lorsque ces bandes seront sèches, de passer un petit filet de peinture légèrement plus sombre en haut de cette ligne blanche puis de la diluer avec de l'eau claire pour réaliser le refend entre les pierres.

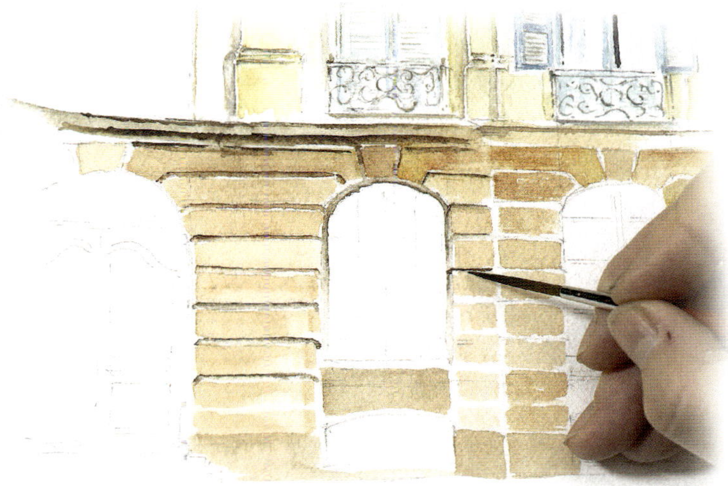

4

Réalisation

5■ Passez une couleur sombre, du brun par exemple, dans l'arrondi des fenêtres pour créer le renfoncement. On peut rajouter un peu de bleu de cobalt très dilué pour faire descendre l'ombre en dégradé.

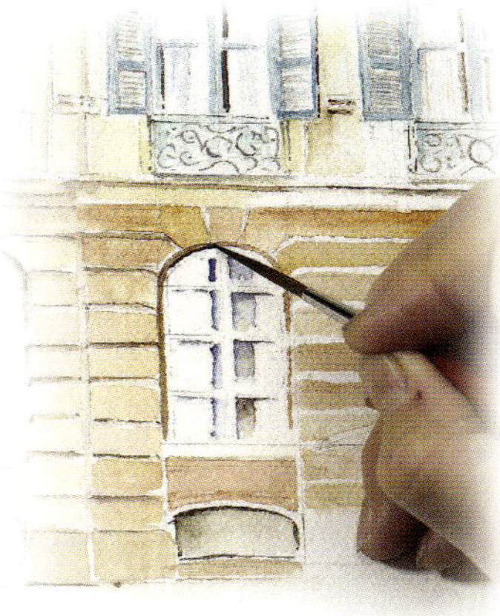

5

6■ Pour la fontaine, utilisez deux couleurs plus ou moins mélangées et plus ou moins diluées : un brun Van Dyck et de la terre de Sienne brûlée. Le brun pur est appliqué sur la partie gauche de la vasque qui se trouve dans l'ombre. Ensuite chaque élément du pied est peint séparément en gardant des blancs entre les plans. Veillez à bien garder le rebord de la vasque en réserve. C'est ce liseré blanc qui contribuera à détacher la fontaine de la façade.

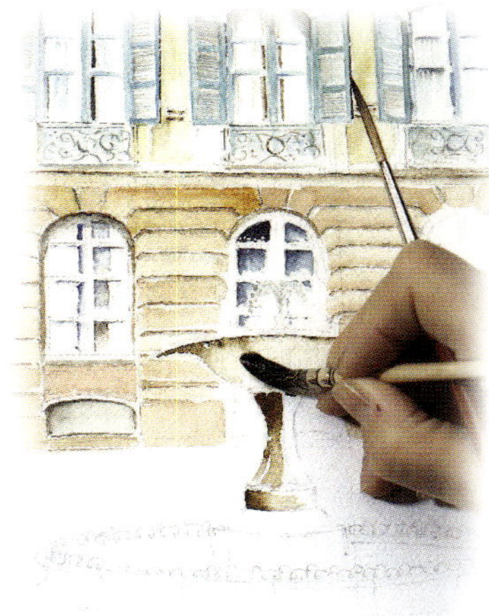

6

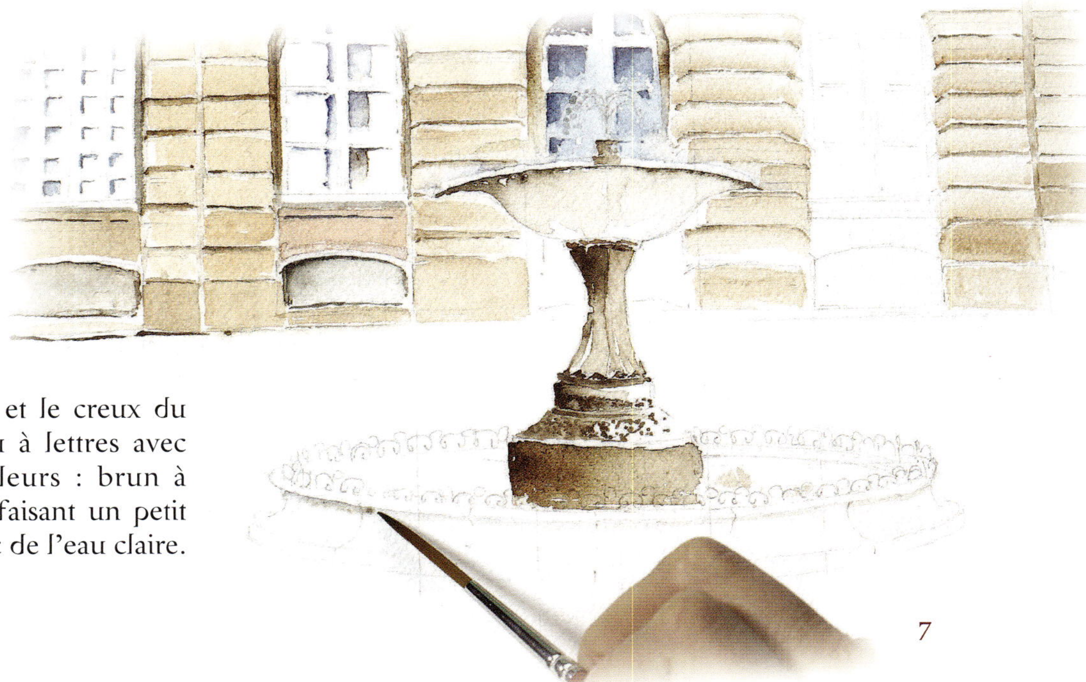

7■ Pour rendre l'arrondi et le creux du bassin, utilisez le pinceau à lettres avec toujours les mêmes couleurs : brun à gauche pour l'ombre en faisant un petit ourlet, puis en diluant avec de l'eau claire.

7

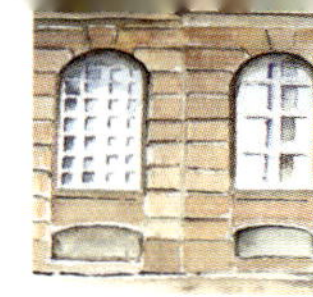

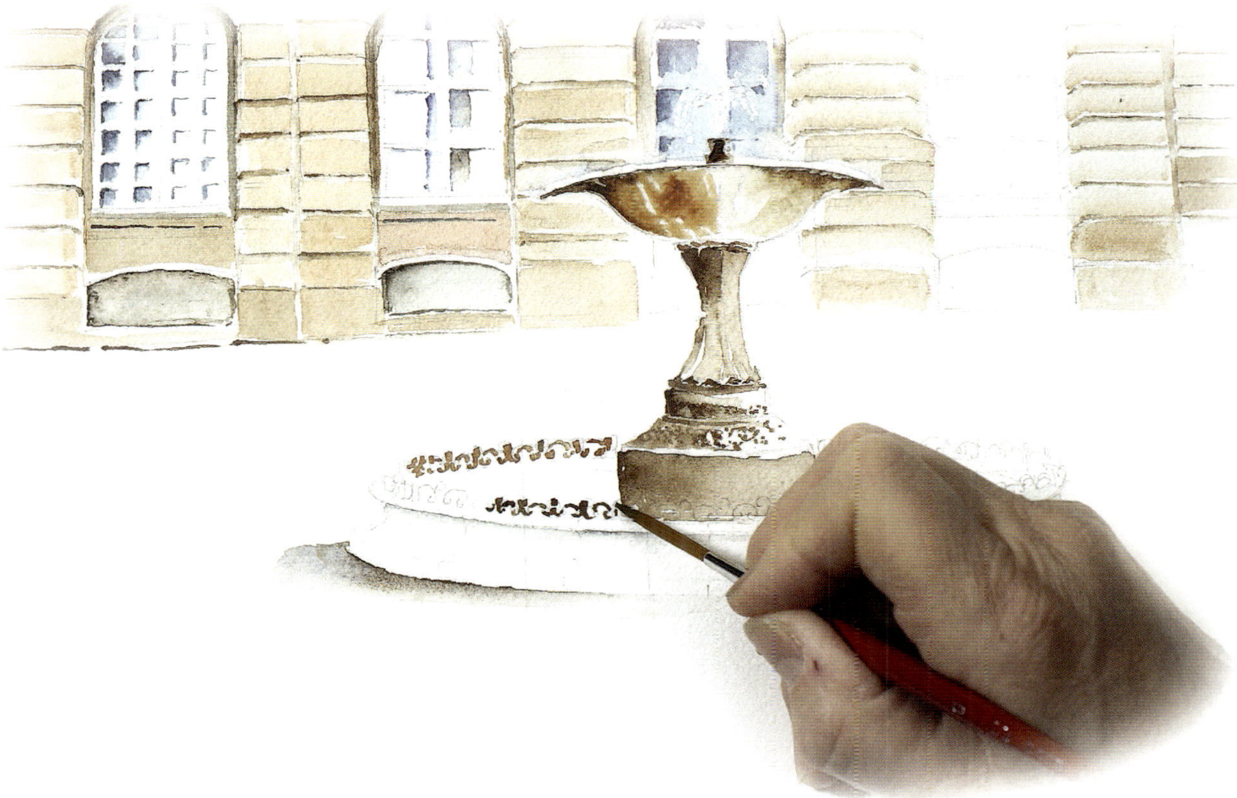

8

8■ La pierre du bassin est blanche et en peignant simplement l'ombre formée sur le sol, la forme en est révélée. Il reste à réaliser la frise de fer forgé. Le motif est simple, mais il est bon de s'exercer à dessiner sur un papier pour l'avoir bien en main quand vous attaquerez l'aquarelle. Utilisez le brun devant et à gauche et passez progressivement à la terre de Sienne brûlée derrière et à droite.

Pour finir, effectuez quelques balayages en oblique sur la façade avec un violet Winsor très dilué pour suggérer les ombres : en allongeant les ombres sur la droite, la valeur de la lumière change sur le reste de l'aquarelle. Les portes dans les angles sont juste esquissées.
Quelques points de peinture pure : gamme de bruns et de terres claires sont posés sur le sol puis dilués pour suggérer les calades de la place.

La fontaine des Quatre-Dauphins à Aix-en-Provence

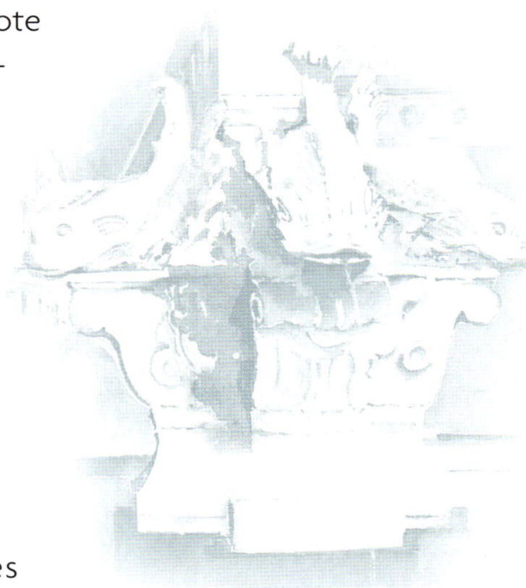

On dit que la ville d'Aix compte quarante fontaines. Au croisement de la rue du Quatre-Septembre et de la rue Cardinale, sur une petite place discrète tout près du cours Mirabeau, quatre dauphins crachent un filet d'eau rafraîchissant. L'eau est partout, essentielle à la vie dans cette région méditerranéenne. L'aqueduc romain du Pont du Gard, le canal de Provence en sont des témoins d'hier et d'aujourd'hui. Si la Fontaine de Vaucluse est célèbre à plus d'un titre, d'autres, moins connues, méritent le détour comme le lavoir de Mollans non loin de Vaison-la-Romaine.

La difficulté, ici, sera de peindre une fontaine blanche à l'aquarelle : le blanc doit rester celui du papier mais le blanc n'est pas seulement une réserve sur le papier. En aquarelle il doit être considéré comme une couleur. Il faudra travailler en tirant parti de la moindre nuance de gris ou de vert. C'est en soulignant une ombre dans le creux d'une moulure, que le motif surgit.

Format 61 cm x 46 cm ▸

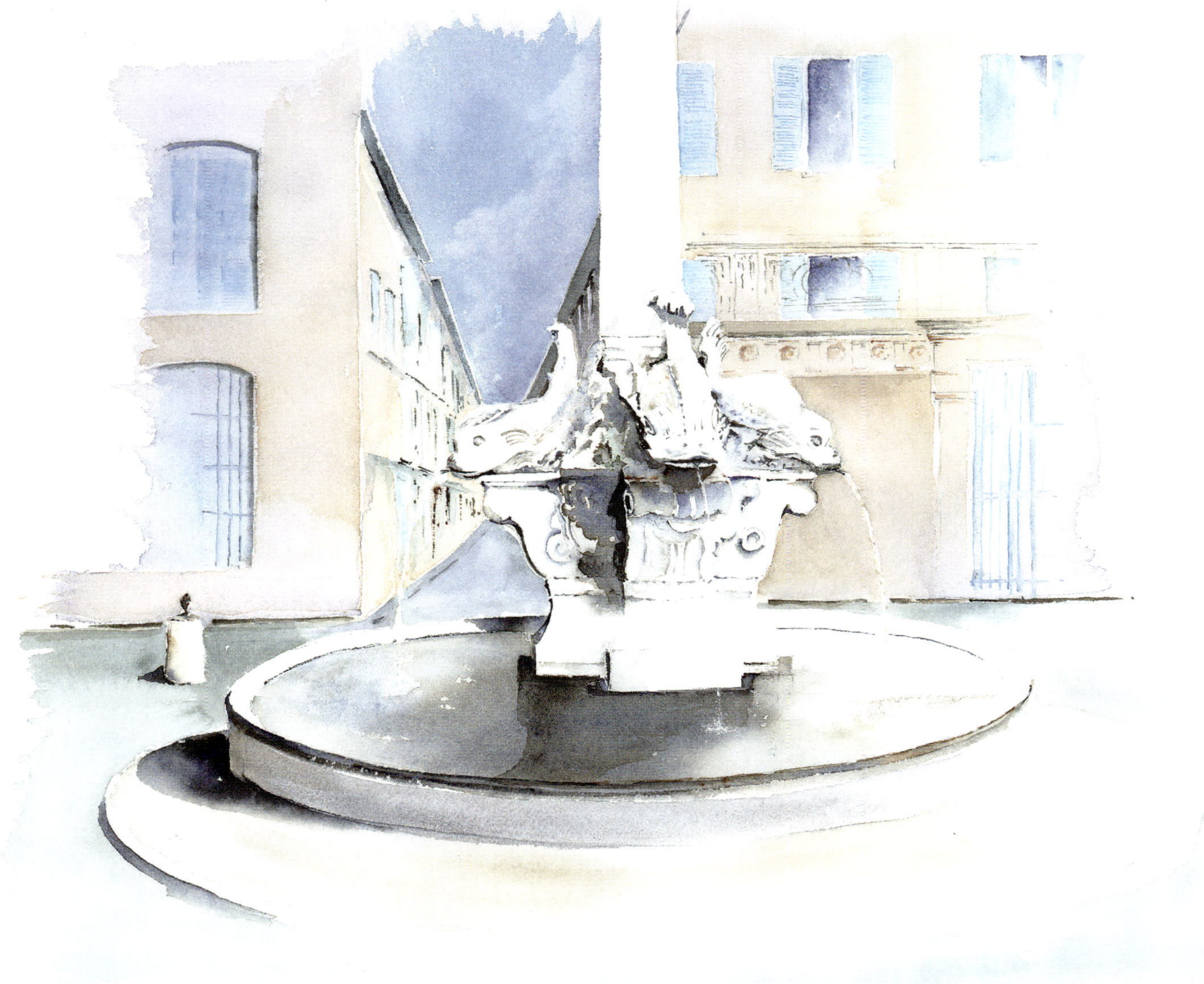

Marché et rue dans le soleil à Aix-en-Provence

Le marché : il faut pour y accéder braver le flot de voitures, la bousculade et la foule. J'y viendrai plusieurs fois avant de me décider à prendre mon pinceau. La peinture est un exercice solitaire et la concentration nécessaire est parfois éreintante. S'abstraire du bruit, du mouvement pour concentrer son regard sur le pétillement des tissus, les rondeurs des poteries. Aix est une croisée de chemins, une ville élégante à l'abri de son boulevard circulaire. Née bien avant Jésus-Christ, elle fut baptisée Aquae Sextiae en référence à ses eaux thermales bien aimées du consul Sextius. Elle disparut pour renaître plusieurs fois et les souvenirs de son histoire se juxtaposent. Paradoxalement, l'heure de la sieste est un bon moment pour dessiner et peindre dans les rues étroites. Les terrasses bondées sont plongées dans la torpeur. Les petites rues se sont vidées pour quelque temps. Le soleil, au zénith, accentue le contraste entre zones sombres et lumière aveuglante.

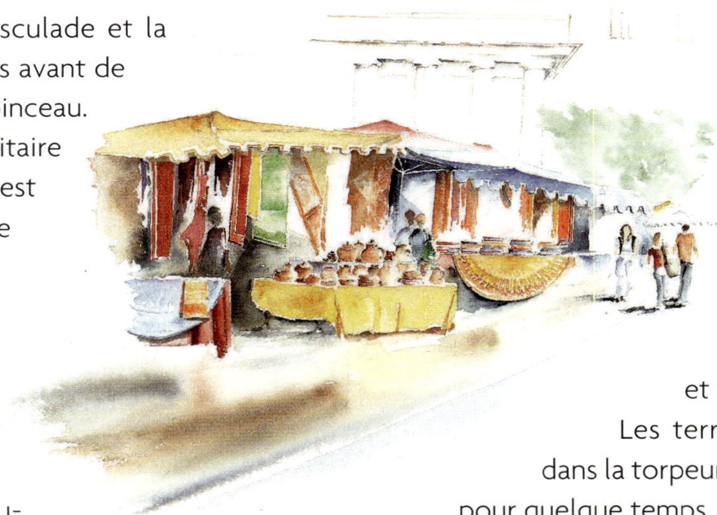

Format 28 cm x 40 cm ▸

Figues et grenades

Les grenades achetées au marché de Cassis étaient roses, gonflées, en un mot tentantes. Je les imaginais imprégnées du soleil d'ici, mais découvris peu de temps après qu'elles arrivaient d'Espagne. À Saint-Cyr-sur-Mer, dans le jardin de Marcel, le petit

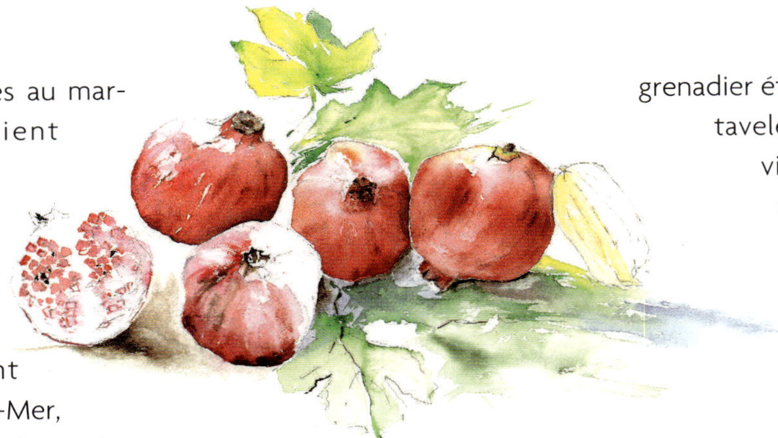

grenadier était couvert de fruits bosselés, tavelés et je ne résistai pas à l'envie de peindre une autre aquarelle : une poignée de figues presque trop mûres et quelques feuilles vertes permettaient de réaliser une composition très simple destinée à mettre en valeur la fusion des couleurs.

Découverte technique

Volume et texture d'un fruit et son ombre portée.

Format 61 cm x 46 cm ▶

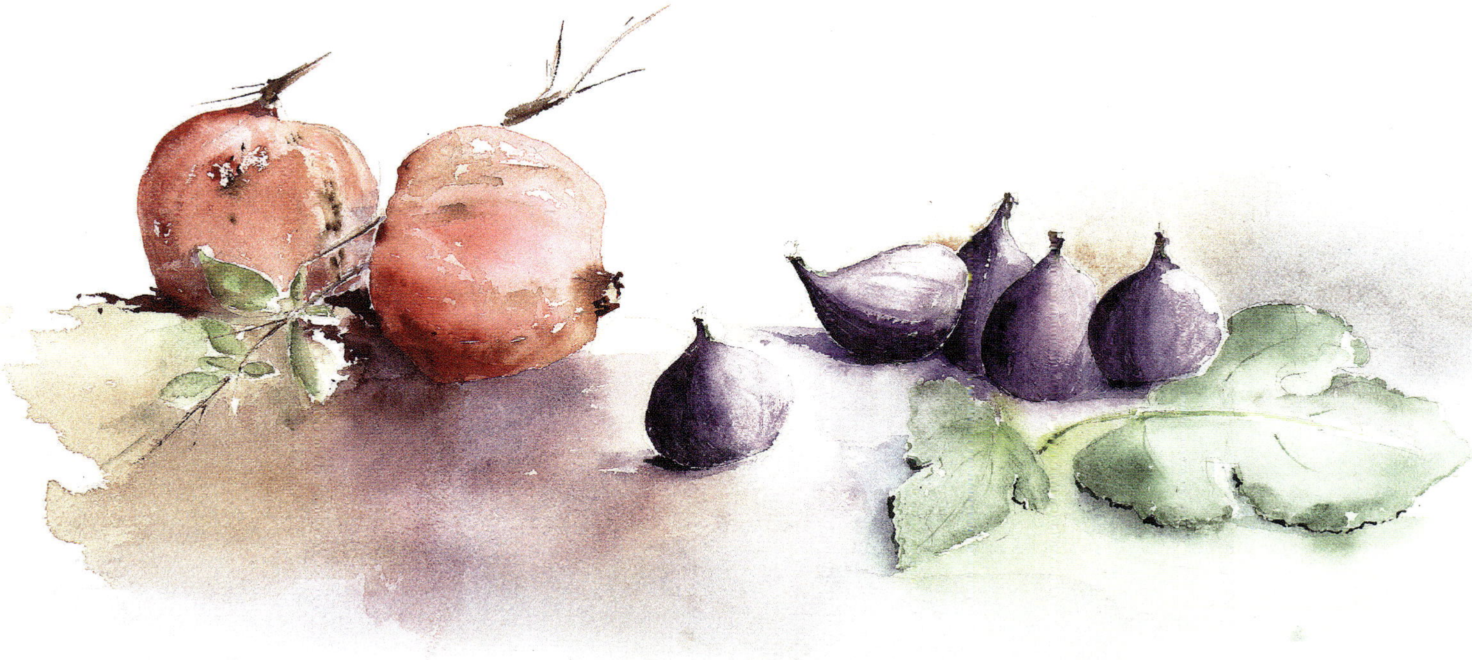

Réalisation

1 ■ Avec un crayon plutôt sec, esquissez sommairement la composition des deux grenades et procédez à des essais pour sélectionner les couleurs : essentiellement du cramoisi d'alizarine, du marron de pérylène et une touche de violet Winsor qui a servi à peindre les figues. Commencez par les arrondis des grenades. Le geste doit suivre la courbe du fruit.

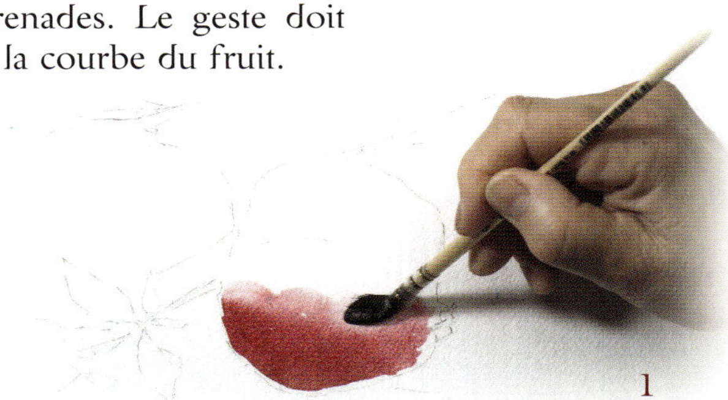

1

2 ■ Faites diffuser la couleur en approchant un pinceau d'eau claire au bord et absorbez le trop plein avec un chiffon propre. Ces opérations sont très liées aux conditions de séchage et, si vous êtes en plein soleil avec un petit vent, il ne sera pas nécessaire d'enlever de l'eau, mais peut être au contraire d'en rajouter. Laissez des blancs pour les brillances.

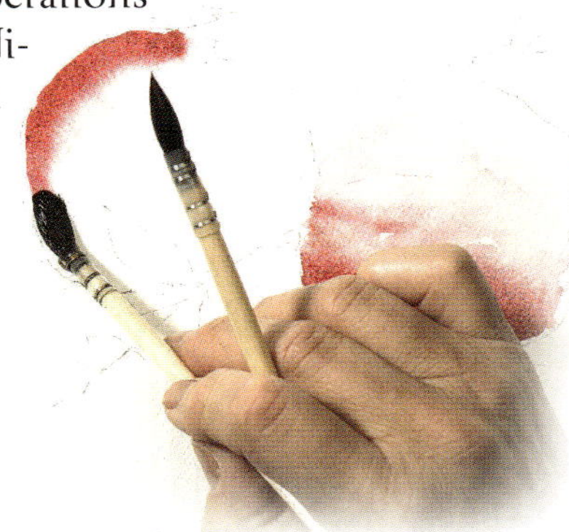

2

3 ■ Peignez les zones sombres du fruit avec du marron de pérylène avant que la première couleur ne soit sèche car elle doit se fondre dans la précédente.

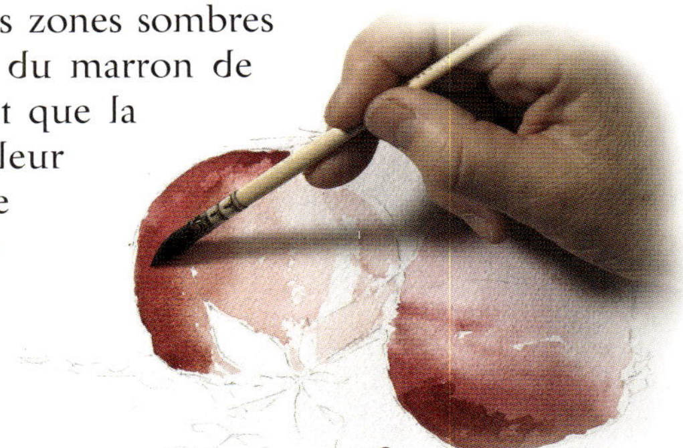

3

4 ■ Pendant que cette première étape sèche, passez aux ombres du fruit qui seront peintes dans un premier temps avec du violet Winsor très dilué, additionné d'un peu de brun Van Dyck. Laissez un petit liseré blanc entre le fruit et son ombre pour garder le modelé du fruit.
Tirez la couleur avec de l'eau et estompez les bords extérieurs pour ne pas avoir de bords marqués. La surface colorée se dilue petit à petit dans le blanc du papier.

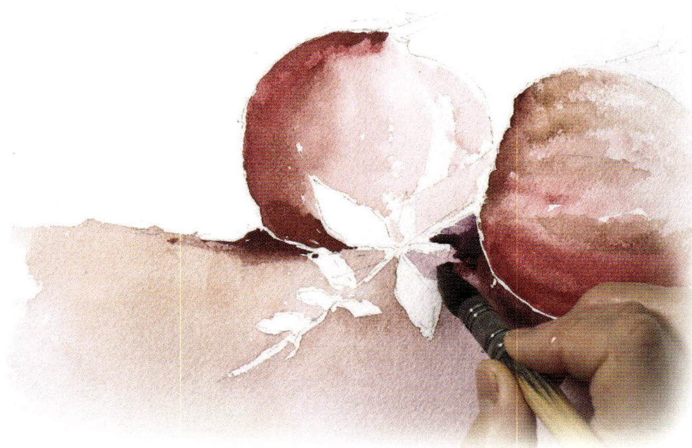

4

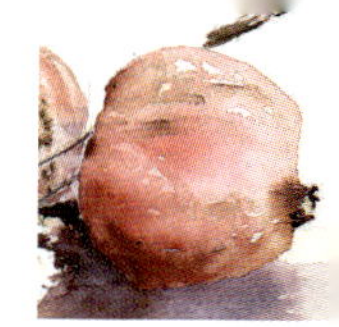

5▪ Passez au feuillage avec deux pinceaux : le n° 0 et le pinceau à lettres. Déposez délicatement du vert de vessie sur le bord de la feuille et diluez la couleur au fur et à mesure. Ce travail s'effectue très vite car si on attend, la couleur risque de se diffuser difficilement, or, il faut éviter de produire des limites nettes. La plus forte concentration de couleur est toujours appliquée au bord du feuillage le plus sombre.

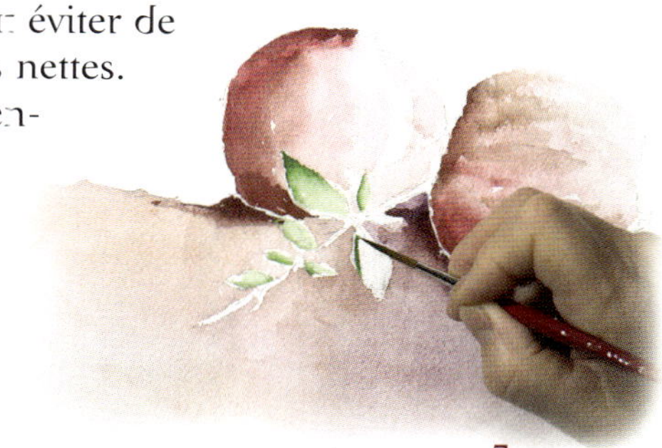

5

6▪ Ajoutez des petites touches d'auréoline jaune dans les feuilles avant que la couleur ne sèche. Supprimez maintenant le liseré blanc réservé à la base du fruit en rajoutant d'abord de l'eau claire, puis le pigment. Gardez quelques points blancs pour traduire les éclats de lumière.

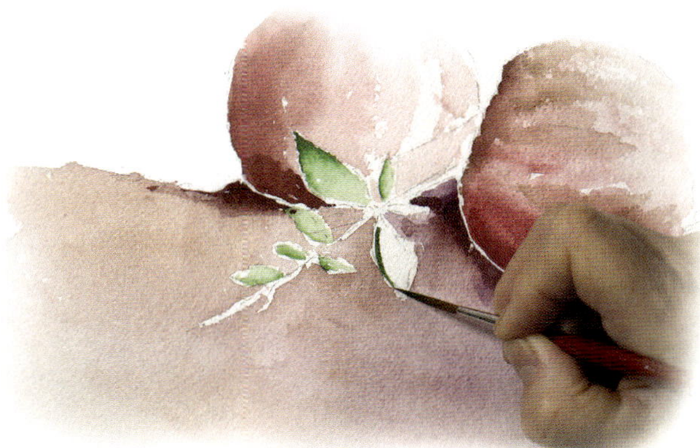

6

7▪ Le violet Winsor, le marron de pérylène et le brun servent de nouveau à creuser les ombres. Le même mélange, mais avec plus de brun, permet d'esquisser l'amorce des branches épineuses. Après avoir pris un peu de recul (il est souvent intéressant d'oublier votre aquarelle pendant un petit quart d'heure) relevez quelques détails à la surface des fruits et des branches.

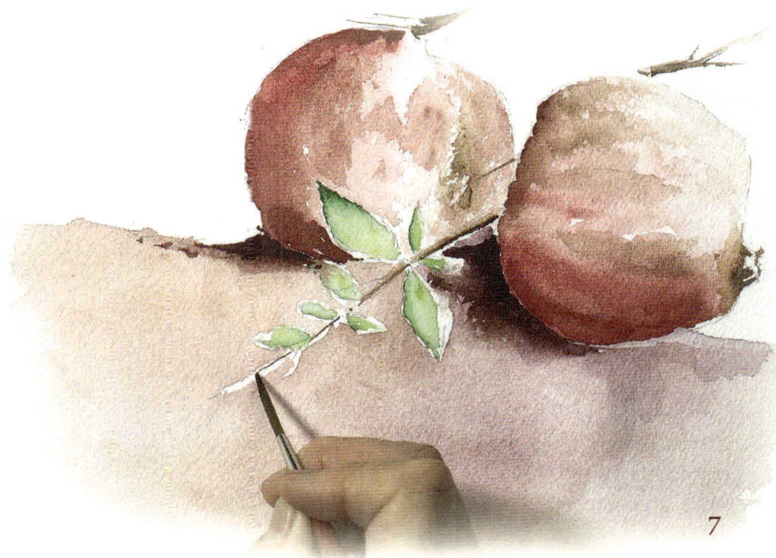

7

La calanque d'En-Vau

Pour les calanques, laissons parler Jean-Claude Izzo : « Une petite route sinueuse, taillée dans la roche blanche, surplombe la mer. Au bout, abrité par des collines arides, le port des Goudes. La route se termine un kilomètre plus loin. À Callelongue [...]. Derrière, les calanques de Sormiou, Morgiou, Sugitton, En-Vau. De vraies merveilles. Comme on n'en trouve pas sur toute la côte. On ne peut y aller qu'à pied. Ou en bateau. C'est ça la chance. Après, bien après, il y a le port de Cassis. Et les touristes. Ma maison, c'est un cabanon. Comme presque toutes les maisons ici [...]. Le mien était construit sur les rochers, au-dessus de la mer [...]. Mon bateau était amarré huit marches plus bas. Un bateau de pêcheur, un pointu »

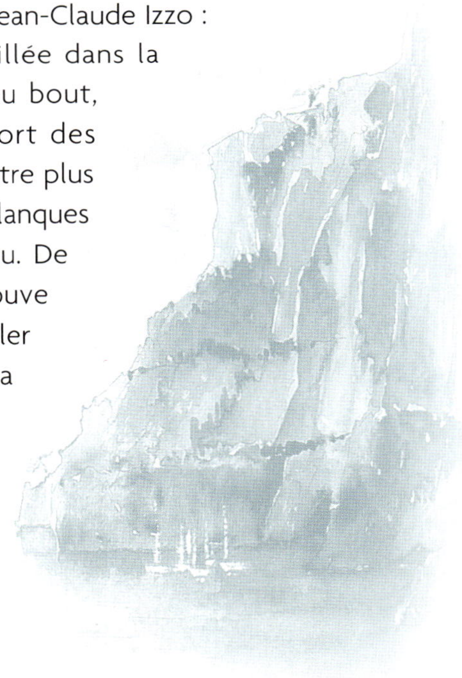

En-Vau n'a pas de cabanon, ni de route. Il faut marcher longtemps sur la crête éblouissante puis dans une vallée sèche grandiose avant d'atteindre un petit bourrelet de cailloux, la plage et, de part et d'autre, des falaises calcaires magnifiques. Ce jour-là, la mer forme des plaques de bleus différents, de l'indigo au bleu turquoise. Il n'y a ici presque personne en ce début d'octobre, seulement une belle lumière d'après-midi et la sensation d'être infiniment petit.

Format 45 cm x 30 cm ▸

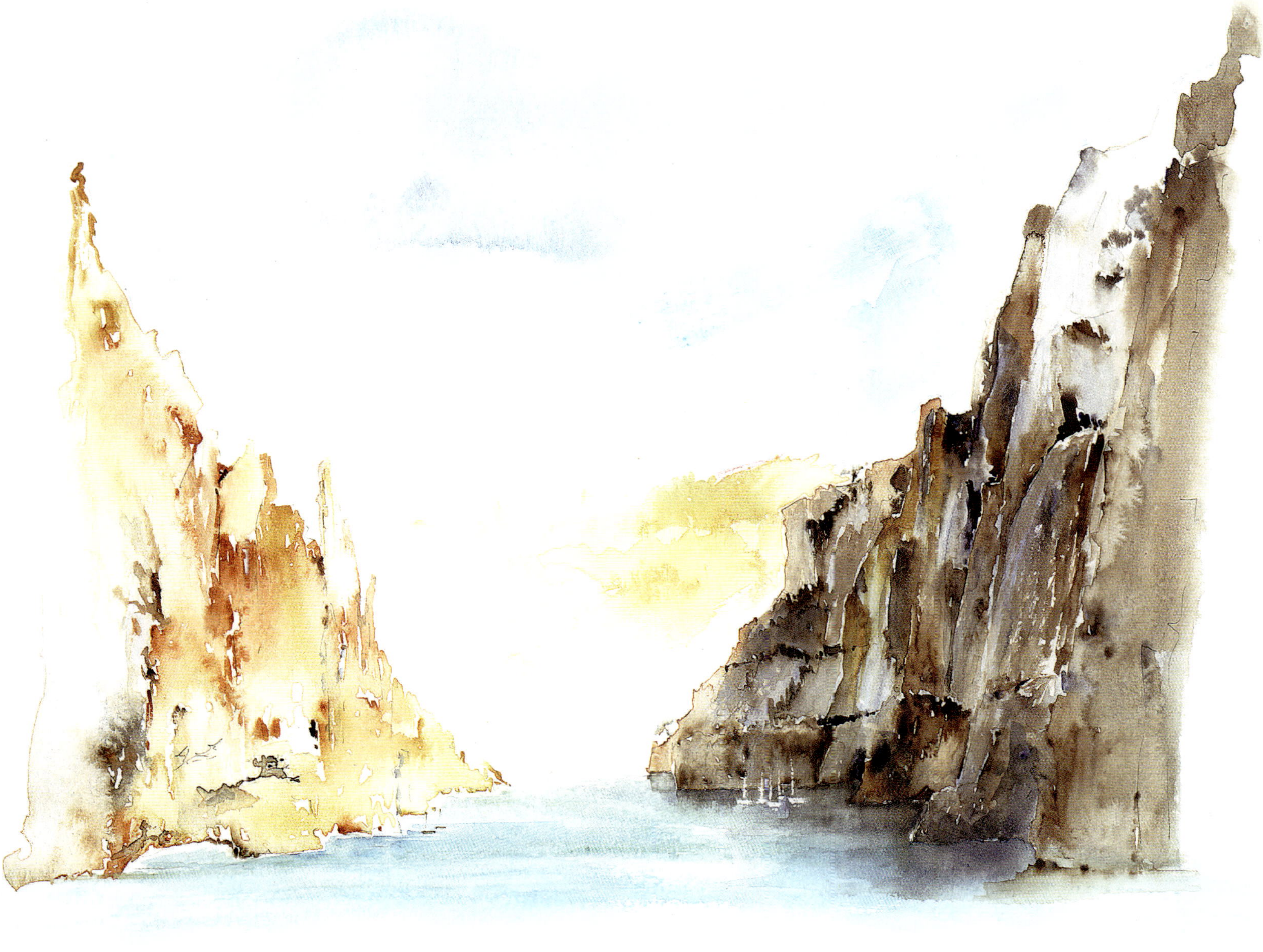

Daurades et rouget barbet

La recette est simple : il suffit de se trouver au bon moment sur le port de La Ciotat – ou de Marseille, Cassis, Bandol, Sanary ou ailleurs. Un petit chalutier se balance parmi quelques pointus pontés, équipés d'une roue pour remonter le filet ou de flotteurs pour la palangre et les casiers. Les pontons sont encombrés de paquets de filets, de caisses en plastique. L'eau ruisselle d'un tuyau, la glace fond doucement sur les tréteaux et des daurades, loups, rascasses, rougets, poulpes surgissent. Il ne vous reste qu'à acheter ce qui vous plaît et à rentrer bien vite pour fixer sur le papier les brillances, les écailles, les ventres mous, les yeux vitreux.

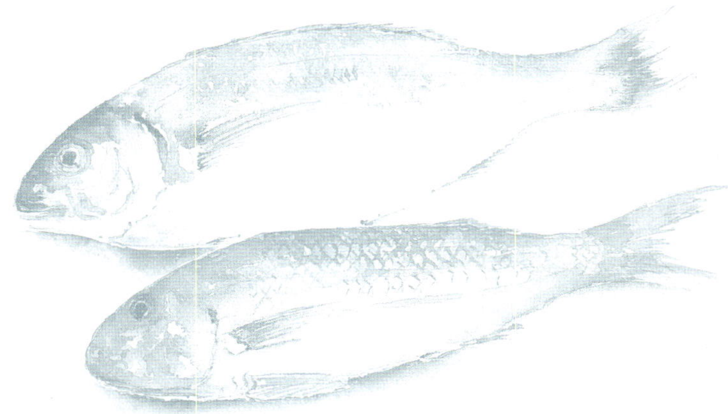

Découverte technique

Réaliser un motif très peu coloré par petites touches de couleur et par un cerne partiel d'ombre.

Format 61 cm x 46 cm ▸

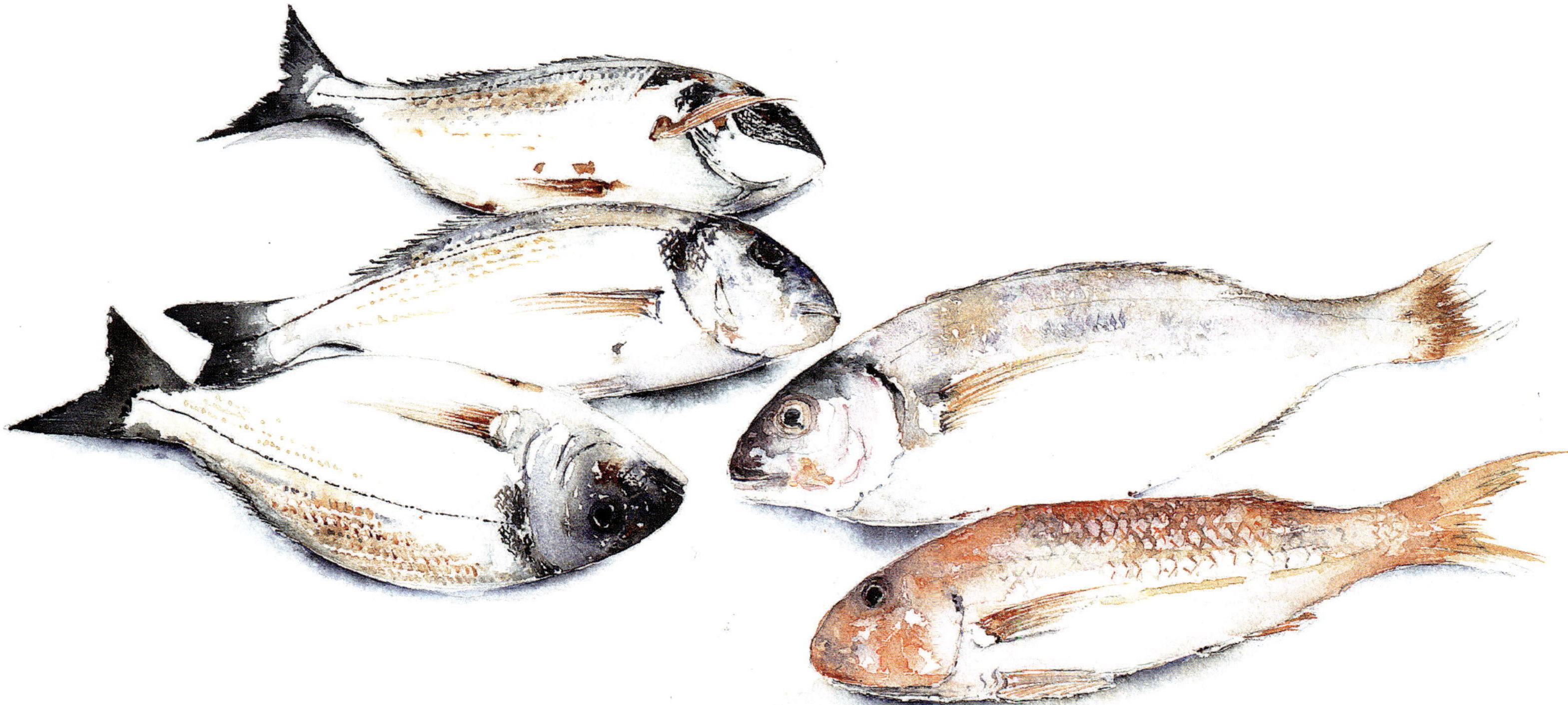

Réalisation

1. Le dessin doit rester simple mais en même temps rigoureux : une daurade, un rouget ou un loup ne se ressemblent pas. Croquer ces daurades et ce rouget permet de mieux comprendre leurs différences : plus rond, plus plat, plus effilé…

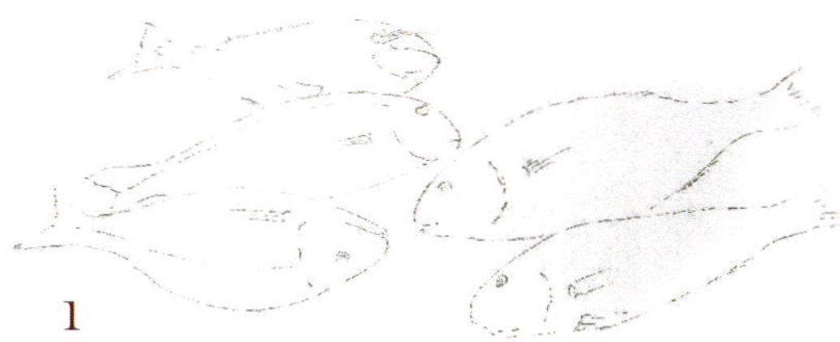

1

2. Par quoi commencer : le fond ? le poisson ? Prenons le parti de commencer par les détails en avançant doucement et surtout en diluant pour respecter l'aspect très clair de la composition. D'abord, les écailles du rouget : deux petits coups de pinceau à lettres avec du rouge de cadmium et du marron de pérylène tracent deux côtés du losange qui sont aussitôt dilués par de l'eau claire.

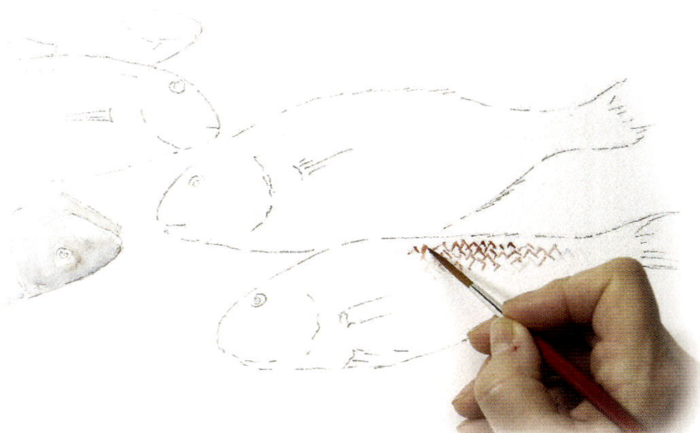

2

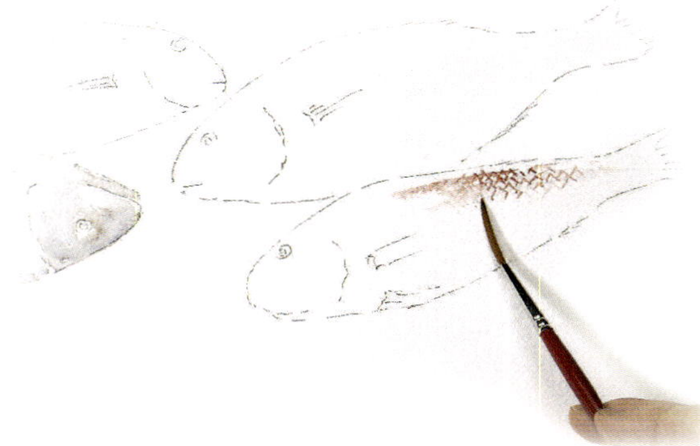

3

3. Si l'eau fait disparaître le motif, reprenez-le avec une pointe de pérylène. En regardant bien le sujet, vous constatez que les écailles se voient seulement à certains endroits. Il ne faut donc pas remplir d'écailles le dos du poisson.

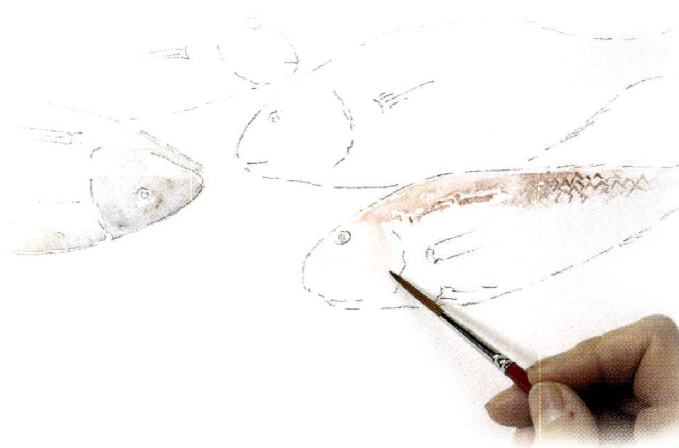

4

4. Sur le reste du dos, posez de petits aplats de rouge, de Sienne brûlée, de cobalt et noyez aussitôt pour faire fondre tout en gardant des taches de couleurs différentes. Rosissez légèrement le ventre du rouget en gardant une zone plus blanche sur le bombé.

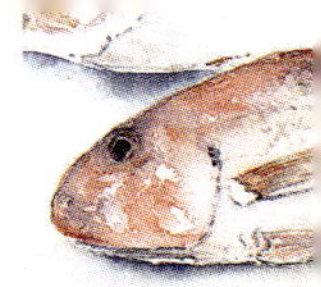

5■ Procédez de la même façon avec la daurade. Les gris bleutés seront prédominants : Sienne et outremer. Gardez une surface blanche plus grande pour le ventre du poisson et ombrez un peu plus le dessous de la tête.

6■ Pour peindre l'œil de la daurade et du rouget, il faut d'abord bien les observer. Le cerne qui entoure l'œil est irrégulier dans son tracé et sa densité. Le point sombre central est entouré de blanc : c'est ce qui lui donne cet aspect vitreux.

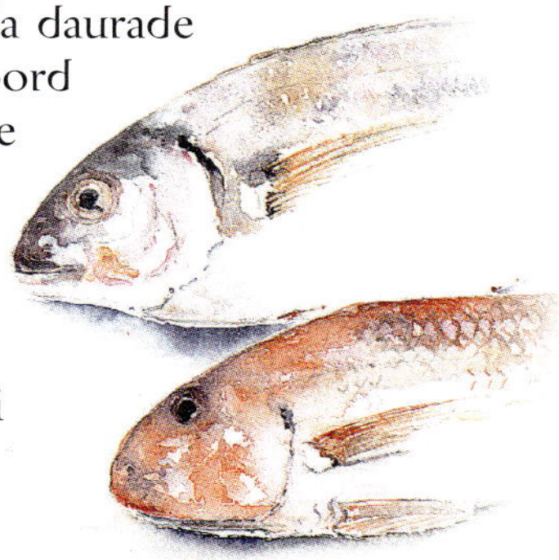

6

7■ Peignez les nageoires anales et caudales. Pour la queue, tracez rapidement vers l'extérieur des pointes colorées un peu plus soutenues que les couleurs dominantes de chaque poisson : Sienne et pérylène, et ajoutez un peu d'eau pour lier les éléments entre eux sans les faire disparaître.

8■ La position de la daurade de gauche est inversée : l'éclairage sera donc différent et les écailles ne peuvent se travailler de la même façon. Petits traits obliques sur le dos et chapelet d'écailles plus sombres au bord de la tête. Vous utiliserez du bleu d'indanthréne et de l'indigo pour le groupe de daurades de gauche. Le trait qui sépare le dos du ventre est réalisé en pointillés, unifiés ensuite par un apport d'eau claire.

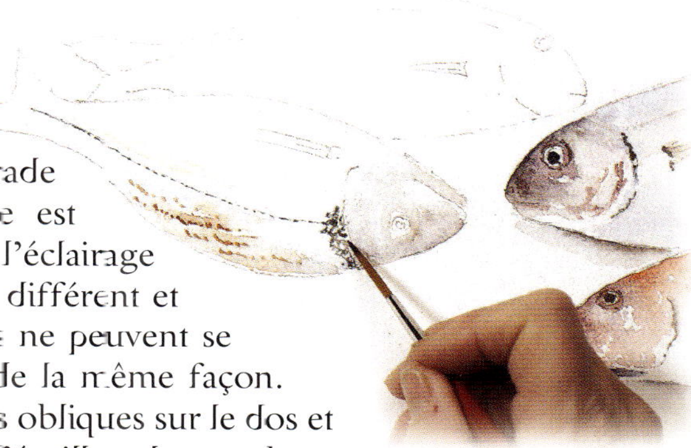

8

9■ La dernière étape sera déterminante : les ombres sous les ventres vont faire ressortir très nettement les poissons de la feuille. Utilisez du cobalt avec un peu d'indigo ou du bleu d'indanthrène en bordure des ventres, puis diluez en tirant la couleur vers le bas.

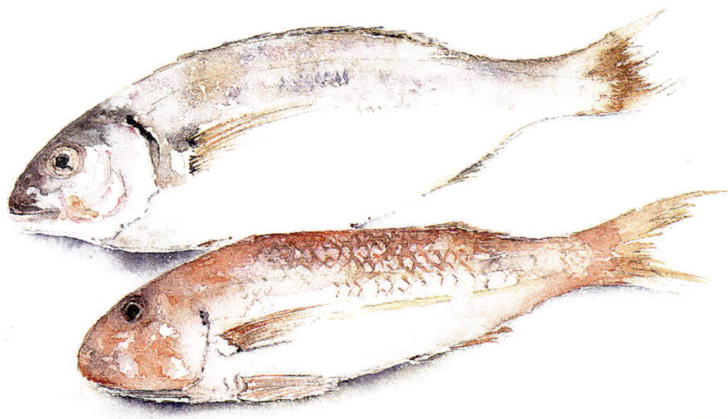

7 et 9

Le marché de Cassis

Les marchés de Provence rythment la vie des habitants et des vacanciers. Lieux de rendez-vous incontournables pour ceux qui aiment l'animation, ils ont chacun leur atmosphère, leur couleur, leur public.
En dehors de la période étouffante de l'été, ce sont des lieux savoureux ; les toiles des stands rayonnent de couleur, les fruits et les légumes débordent, les bouteilles d'huile, les pots de confiture s'étalent et s'étagent, les fromages embaument et que dire des tapenades, des olives ! Essayez-vous à peindre les silhouettes des promeneurs en deux coups de pinceau très rapides.

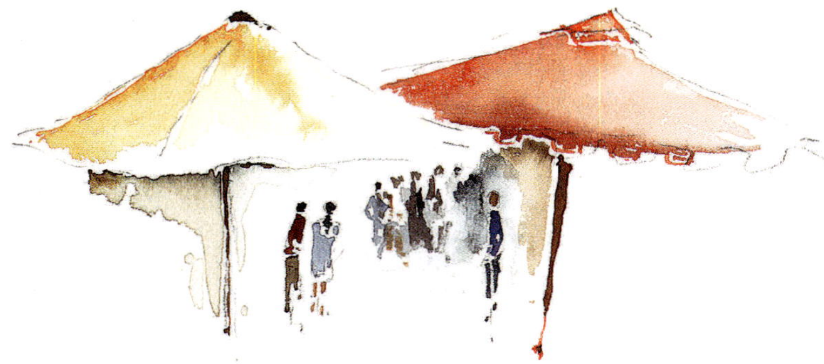

Format 45 cm x 35 cm ▸

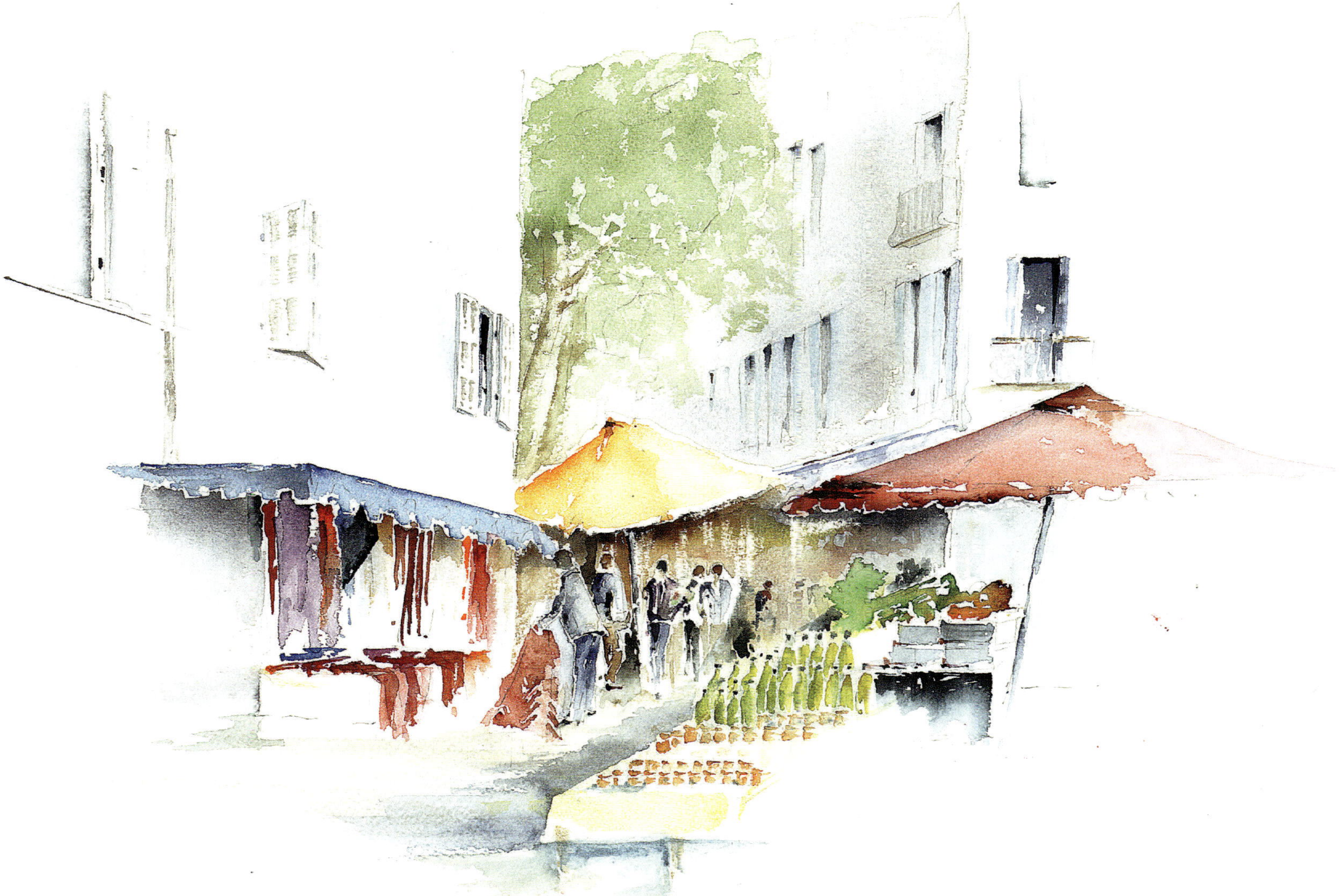

Marseille

Marseille étonne et fascine : plus ancienne ville de France, plus grand port de Méditerranée, ville la plus accueillante pour ceux qui cherchent refuge, point de départ pour ceux qui tentent une nouvelle vie... On dit souvent qu'on aime Marseille ou qu'on la déteste. Pas de demi-mesure ! Pour ma part, longtemps je ne l'ai connue que pour l'avoir traversée brièvement, de la gare Saint-Charles au quai de la Joliette, en partance pour un ailleurs. Le jour où j'y suis venue pour m'y poser une première fois, je l'ai trouvée éblouissante.

Marseille se laisse découvrir et apprécier à pied mais en cas de fatigue, le bus, le métro ou même le ferry-boat sont là. Mon matériel de peinture sur l'épaule, j'ai arpenté le quartier du Panier, grimpé jusqu'à la Vieille Charité, contourné le fort Saint-Jean et la jolie église Saint-Laurent, découvert avec bonheur les restes romans de l'ancienne cathédrale Major, paressé dans le parc du Pharo, humé avec délices les odeurs du marché des Capucins... À Marseille, tout est à peindre, un livre d'aquarelles tout entier n'y suffirait pas.

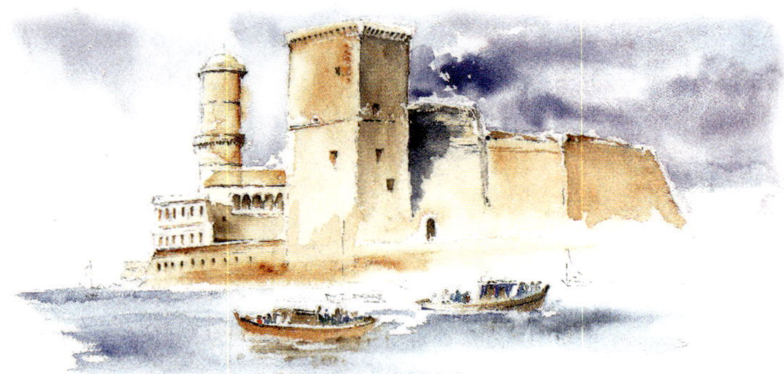

Découverte technique

Réaliser un grand panorama d'une ville.

Format 61 cm x 46 cm ▸

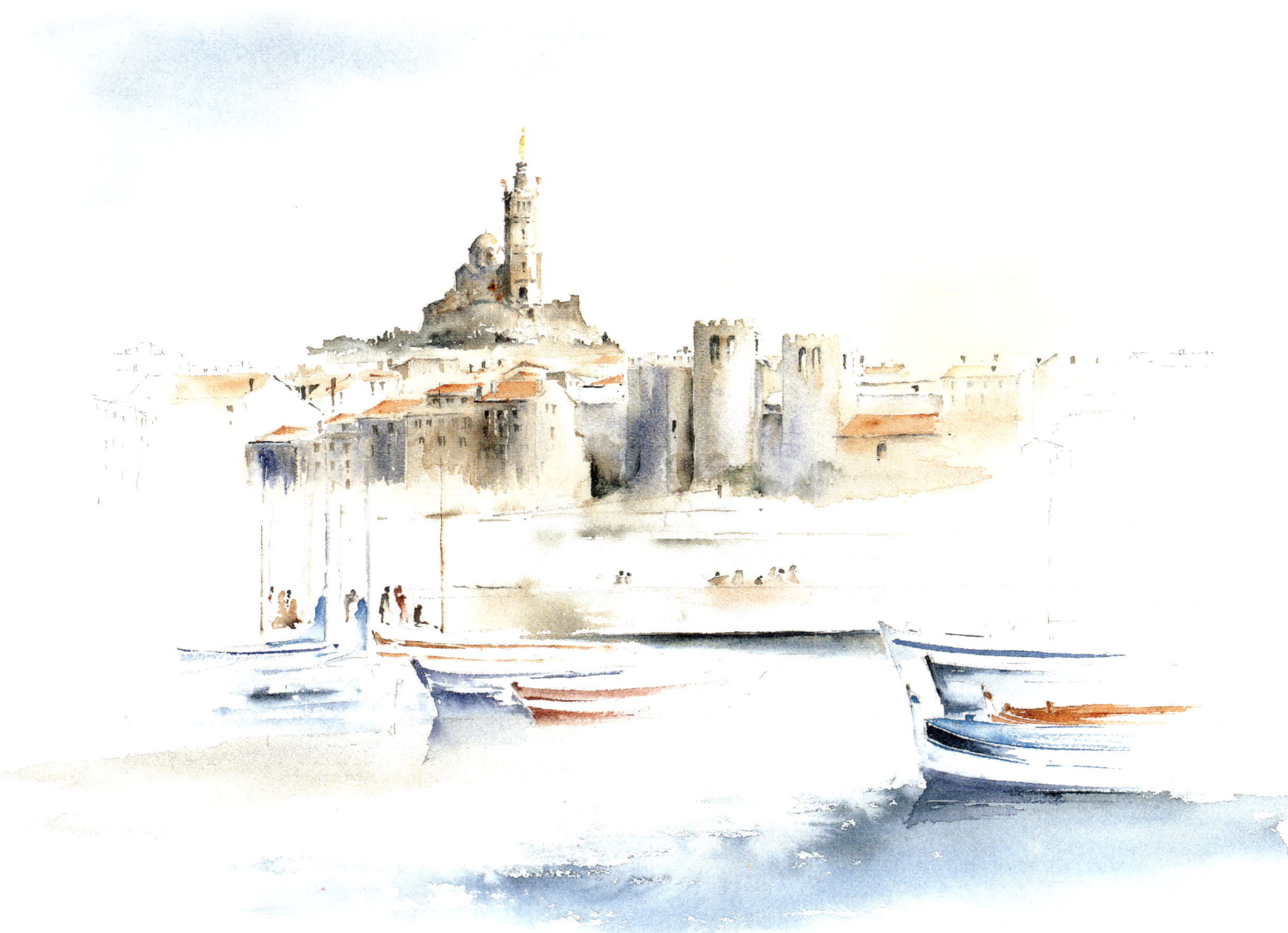

Réalisation

1 ▪ Les pontons du Vieux Port transformé en port de plaisance permettent de bien s'installer après avoir choisi son point de vue et délimité son sujet. Il est important, lorsqu'un paysage est complexe, de réfléchir à ce que l'on veut mettre en valeur : ici, la lumière vient de la droite, fait briller les toits orangés, délimite des zones d'ombre. Au premier plan, esquissez quelques bateaux du Vieux Port et la zone de réverbération de la lumière sur l'eau.

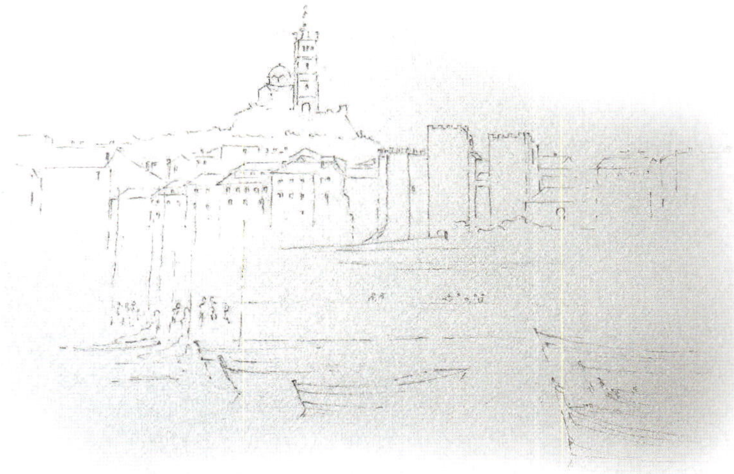

1

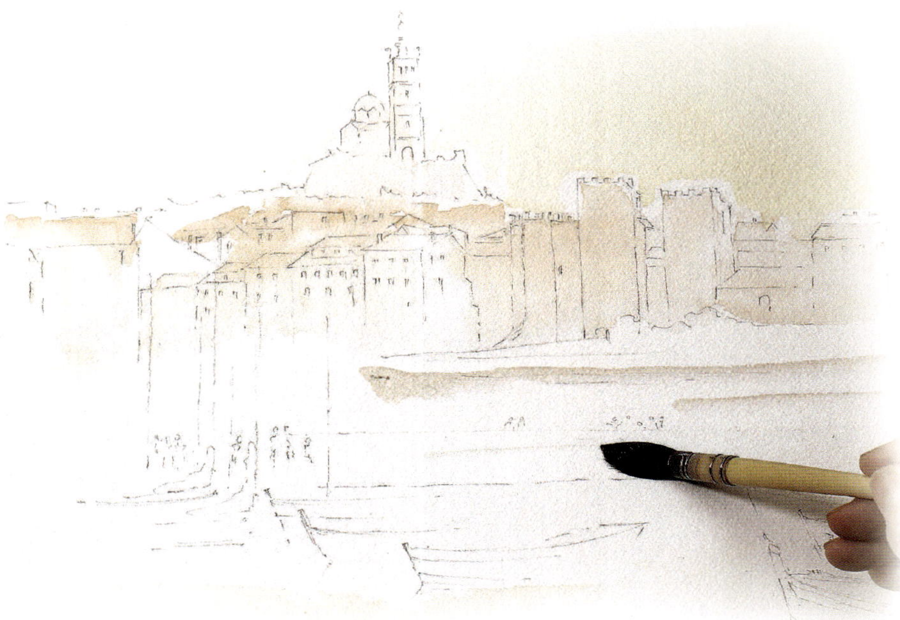

2

2 ▪ Commencez par mouiller la totalité du papier en ne laissant que quelques zones sèches : les pignons des maisons qui font face au soleil, les coques des bateaux et les reflets dans l'eau. Dans le ciel, appliquez un jaune de terre de Sienne naturelle à droite, un bleu de cobalt très dilué à gauche à quelque distance l'un de l'autre, pour éviter l'apparition inévitable d'un vert si les deux couleurs se rencontrent. Le blanc est ici considéré comme une valeur de transition. Sur la zone mouillée des maisons et immeubles, passez une terre de Sienne brûlée. Entre les immeubles et le port, sur ce que l'on suppose être quai, rambarde, route, effectuez trois grandes traînées de gris clair avec le gros pinceau à réserve d'eau.

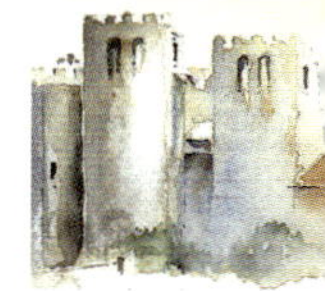

3■ Au premier plan, déposez sur le papier toujours mouillé un bleu d'indanthrène, devant et à droite, et de la terre de Sienne brûlée à gauche. Appliquez maintenant un gris chaud : Sienne brûlée et outremer sur les bâtiments situés à l'ombre. Faites ceci de façon irrégulière, en prenant avec la pointe du pinceau les couleurs toutes à la fois dans les godets sans les mélanger.

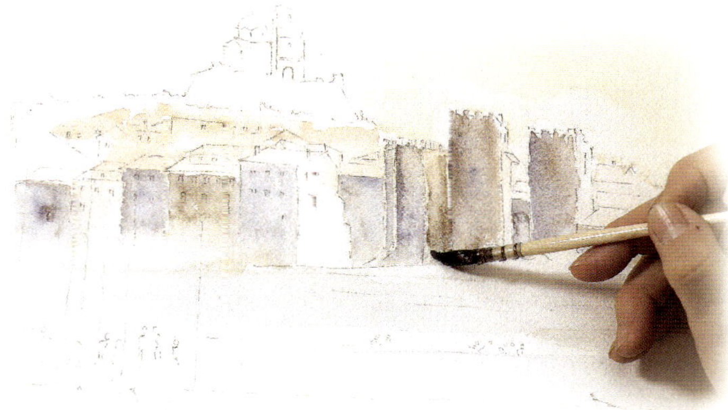

3

4■ A cette étape, compte tenu des conditions climatiques, votre papier est sec. Profitez-en pour travailler avec le petit pinceau toutes les parties situées à l'ombre. Il faut tenter de différencier les plans et les éléments par des dégradés : brun Van Dyck et indigo pour le plus sombre, Sienne brûlée et outremer pour les gris les plus légers et entre les deux des variations avec ces quatre couleurs.

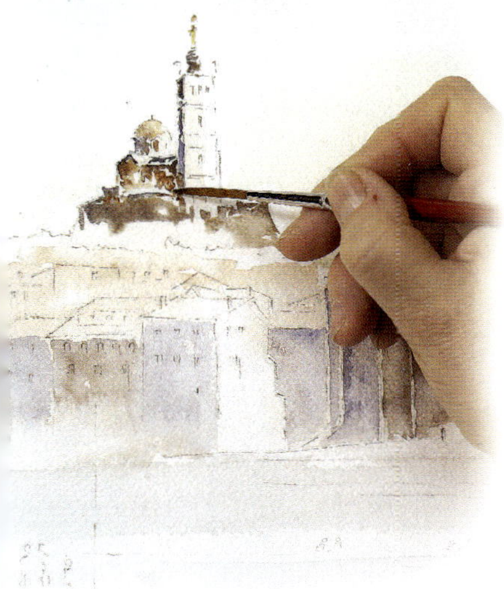

4

5■ Appliquez de la terre de Sienne brûlée pure sur les toits qui sont situés en pleine lumière.

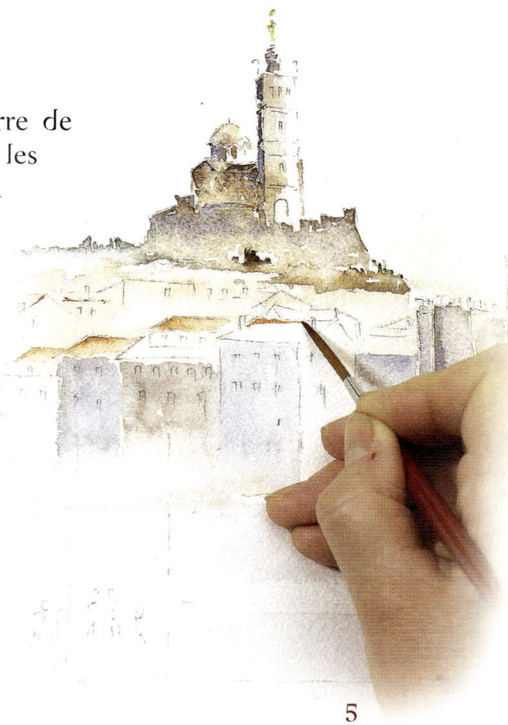

5

Réalisation

6, 6 bis ▪ Pour renforcer l'effet de contre-jour, ajoutez au pied des fortifications et au débouché des rues un mélange très foncé : indigo et brun et faites fuser la couleur vers le haut avec un pinceau plein d'eau claire.

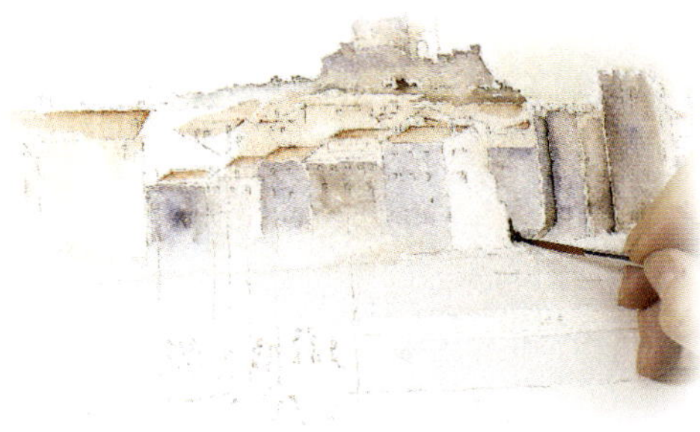

6

6 bis

7 ▪ Les bateaux seront esquissés plutôt que peints en détail. Contrairement à l'idée qu'il faut travailler avec plus de minutie un premier plan, on peut envisager de garder un certain flou pour donner plus de légèreté à l'ensemble et renforcer l'effet de luminosité de l'eau. Quelques traits de couleur pure : pérylène marron, bleu Winsor, indigo, Sienne brûlée pour les bateaux en bois, seront appliqués d'une façon dense à gauche et traînés ensuite vers la droite. Posez en même temps les reflets en respectant bien le dessin de l'étrave.

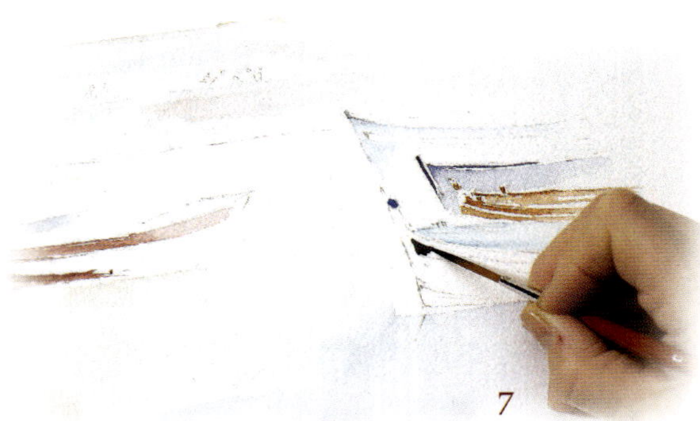

7

8 ▪ Pour faire reculer la ville et mieux séparer les plans, soulignez d'un trait sombre le ponton qui longe le quai puis le diluer vers le bas et les côtés.

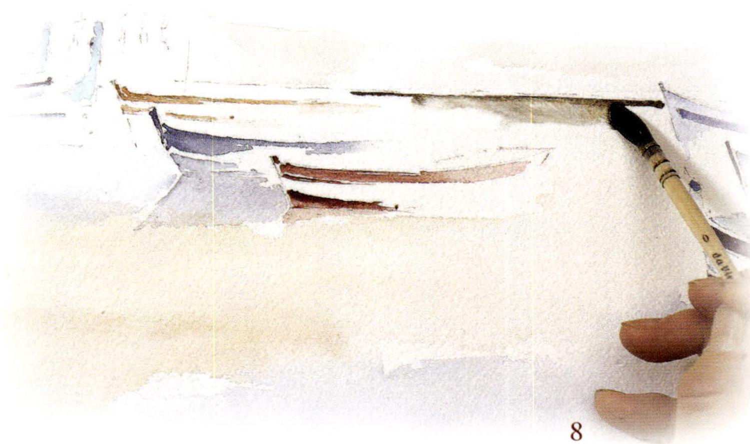

8

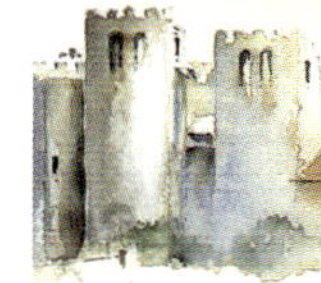

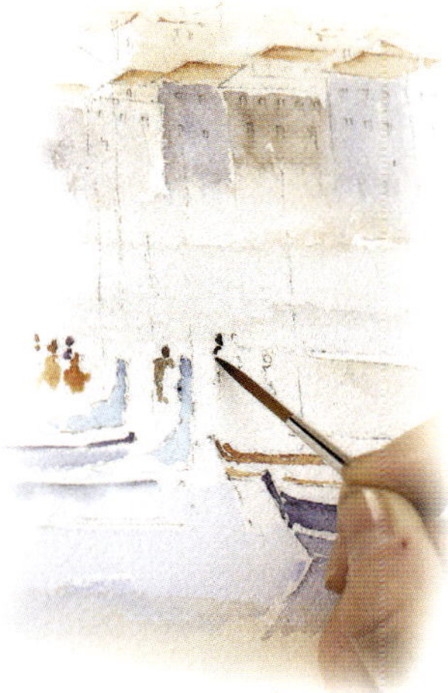

9

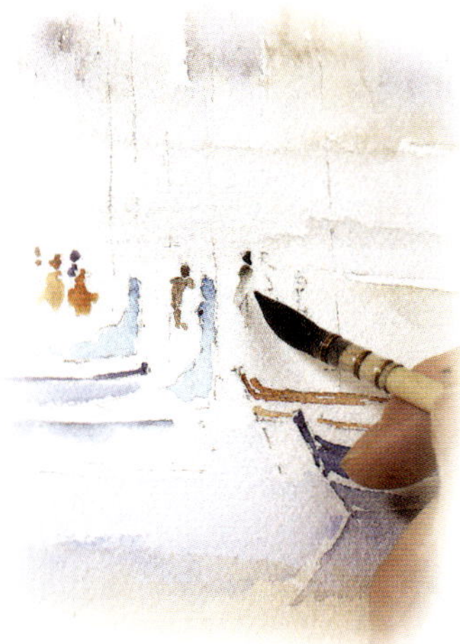

9 bis

9, 9 bis ▪ Pour animer le quai, réalisez quelques silhouettes avec un petit point sombre pour la tête puis pour le corps, une tache identique qui est aussitôt diluée en ayant soin de laisser un blanc entre les deux.

10, 10 bis ▪ Passez ensuite au petit personnage avec des cheveux plus clairs et un vêtement rouge en procédant de la même façon.

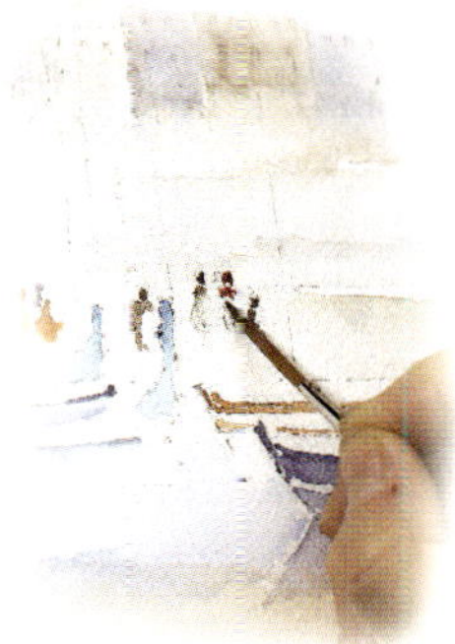

10

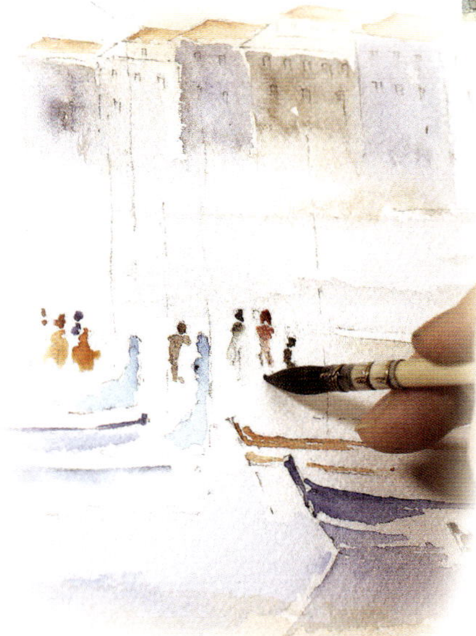

10 bis

11 ▪ À droite de la composition, les personnages sont à peine esquissés pour créer un décalage de plans.

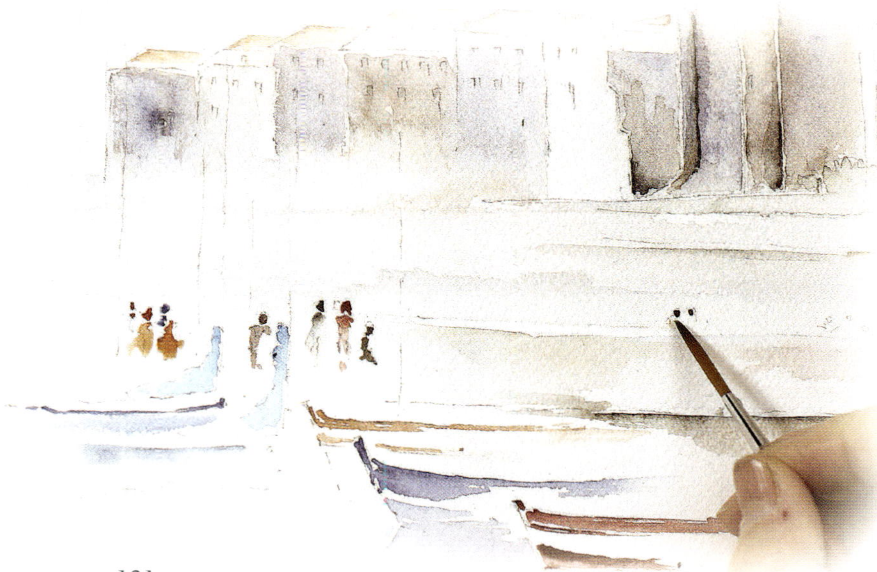

11

Réalisation

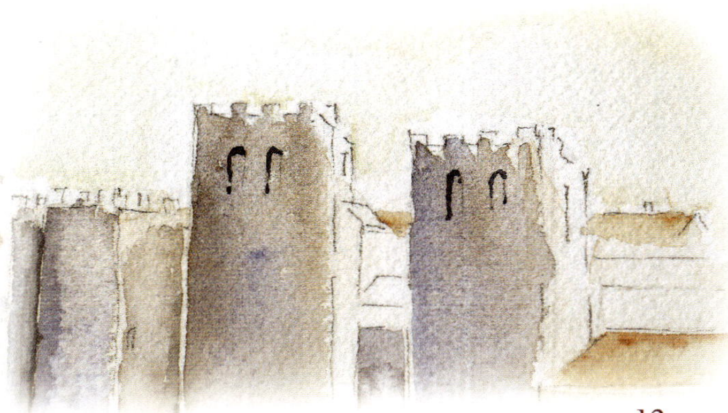

12

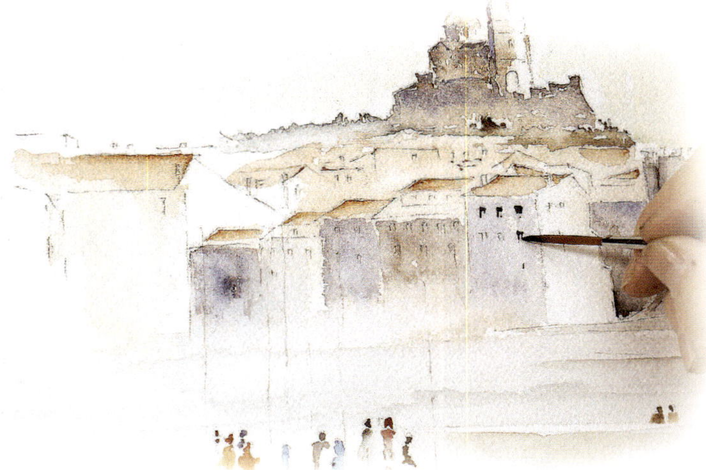

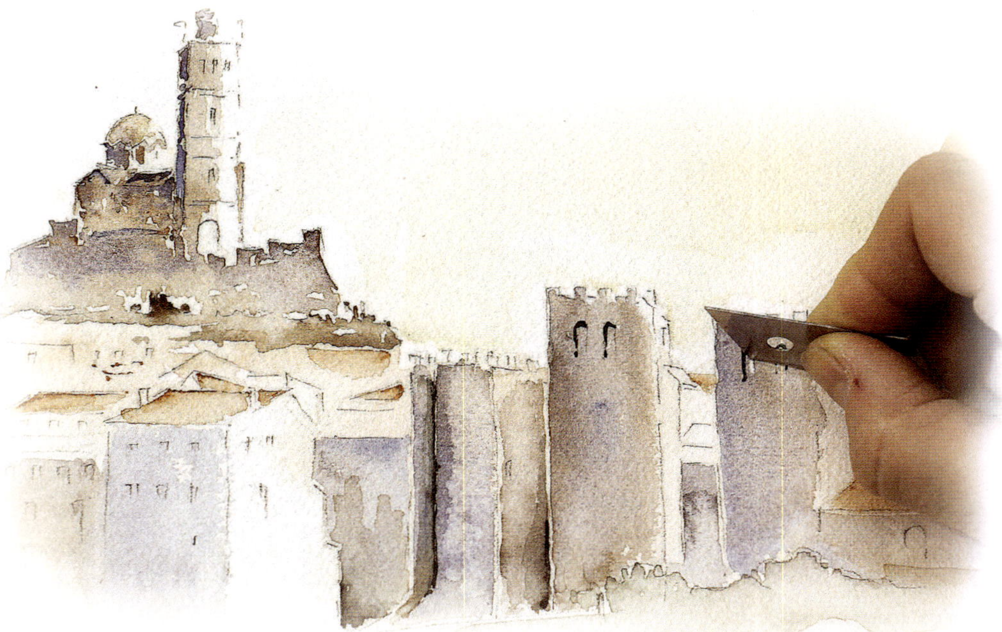

13

12 ■ Les ouvertures de la forteresse que constitue la basilique Saint-Victor sont soulignées d'un trait sombre qui épouse l'arrondi et sera plus marqué à gauche qu'à droite.

13 ■ Si vous avez oublié de garder une zone claire pour la lumière des ouvertures, vous pouvez gratter légèrement avec une lame de rasoir pour retrouver le blanc du papier. Ceci se fait sur papier sec.

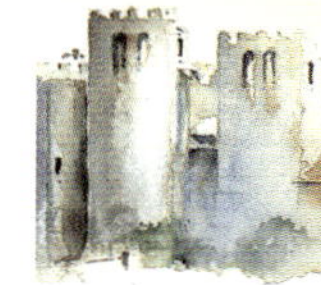

14 ▪ Avec de la terre de Sienne brûlée et du bleu outremer, ou du bleu d'indanthrène pour une notation plus sombre, on marquera les fenêtres des maisons et immeubles. Observez ce que vous avez devant les yeux et faites varier votre mélange : les taches doivent rythmer la façade sans monotonie.

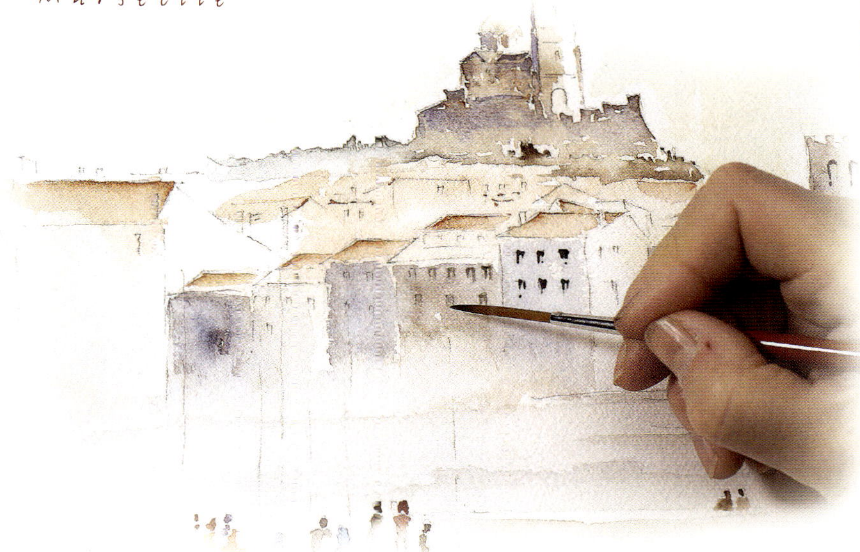

14

15 ▪ Les mâts des bateaux seront réalisés par un trait de bleu de cobalt pour les mâts métalliques, et de terre de Sienne brûlée pour les mâts en bois : appuyez votre poignet sur le papier et faites un trait par petits coups. Un filet d'eau passé aussitôt après fera le lien. C'est beaucoup plus facile que d'essayer de tracer un trait vertical.

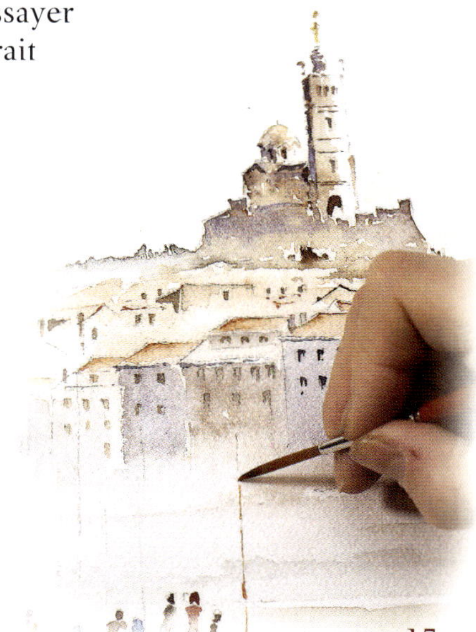

15

16 ▪ Terminez en humidifiant la zone entre les bateaux et les maisons pour renforcer la liaison entre les deux éléments structurants de cette aquarelle.

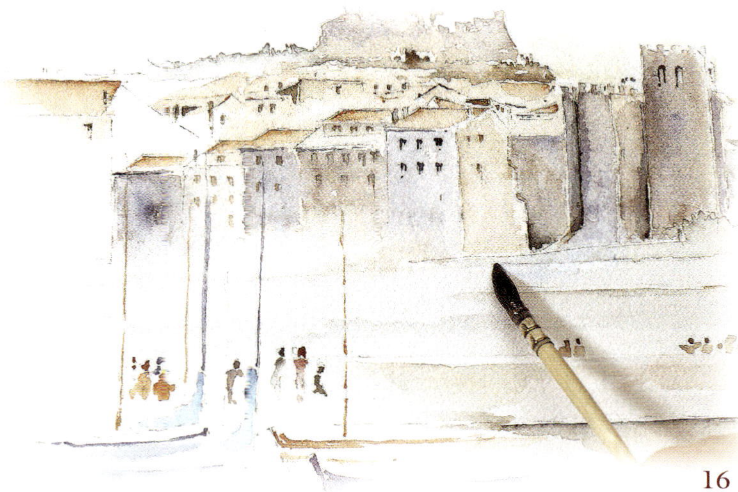

16

Arles

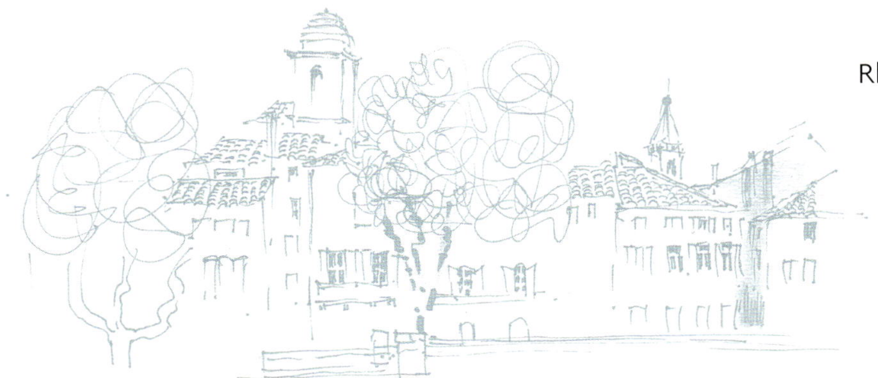

On a du mal à imaginer qu'Arles fut un grand port maritime et fluvial du temps des Romains. Aujourd'hui, peu de bateaux circulent sur les eaux du Grand Rhône, mais le fleuve confère à la ville un souffle, une ouverture, une porte vers le rêve. Il devient miroir de la ville lorsque, traversant le pont de Trinquetaille, on se promène sur les quais de cet ancien quartier de bateliers et de marchands. La ville se laisse découvrir. Arles est belle. Le ciel, nettoyé par le mistral, lui donne une lumière unique. Ce n'est qu'après quelques journées de promenades et de dessins pour apprivoiser mon sujet que je m'installe quai Saint-Pierre en cette fin d'après-midi.

Découverte technique

Un ciel en deux étapes et le rythme que forment les façades se reflétant dans le Rhône.

Format 61 cm x 46 cm ▸

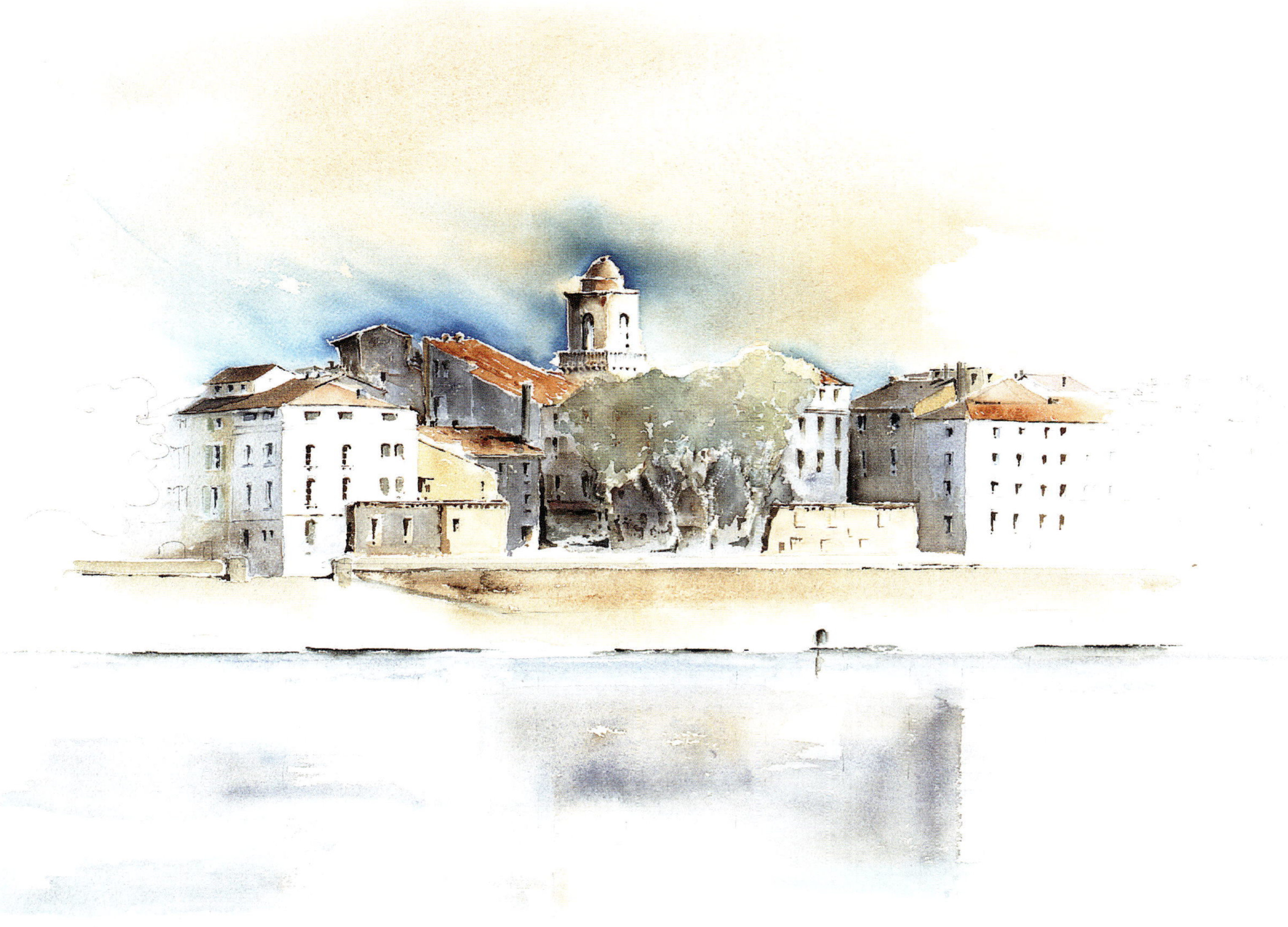

Réalisation

1 ▪ Esquissez les toitures, le clocher un peu décentré sur la gauche, et les grandes zones des façades dans l'ombre et la lumière. Sur le Rhône, indiquez par un trait la marque du reflet des immeubles dans l'eau du fleuve. Avec un gros pinceau à réserve d'eau, procédez à une mise en eau du ciel pour préparer le papier à recevoir un premier aplat de terre de Sienne brûlée passé à grands coups de pinceau dans le sens du mouvement du ciel.

1

2 ▪ Attendez un séchage complet, puis avec le pinceau à lettres, déposez du bleu Winsor par touches le long de la ligne des toits et du clocher. Provoquez la diffusion du bleu avec un gros pinceau chargé d'eau en tirant la couleur en oblique, vers le haut et à gauche, pour respecter le mouvement du ciel. Ces deux étapes ne peuvent se faire que par très beau temps car elles nécessitent un séchage rapide.

3 ▪ Couvrez les toits de couleur : les toits exposés au soleil sont peints avec de la terre de Sienne brûlée ; pour ceux qui sont dans l'ombre, nuancez cette teinte avec du brun Van Dyck et apportez des touches de rose indien en fonction de la couleur et de la pente des toits. Posez un vert très léger, un peu gris, sur la masse des arbres qui ne doivent pas être trop présents.

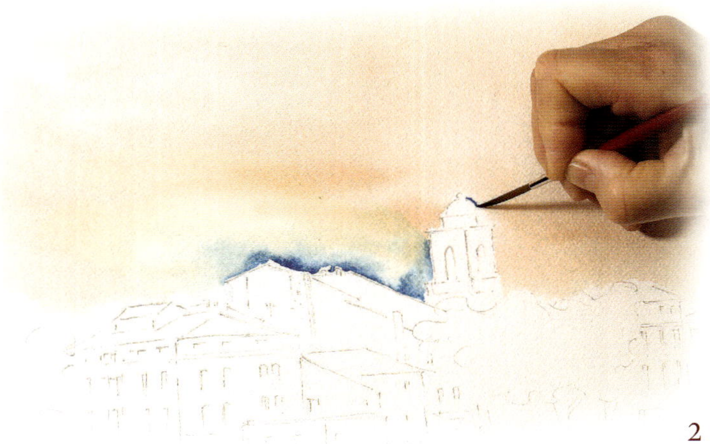

2

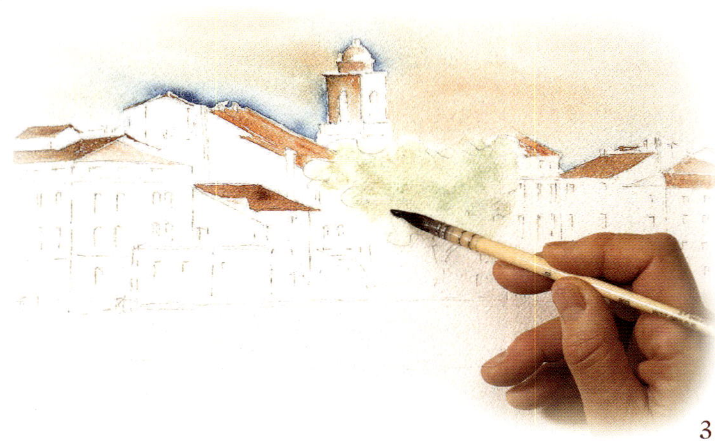

3

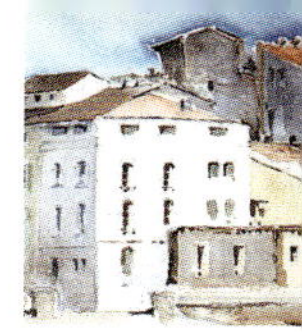

4▪ Sur les deux façades exposées à l'ombre, marquez les fenêtres avec des petites taches de brun, indigo, bleu... puis passez un jus d'indanthrène additionné d'une légère pointe de Sienne brûlée.

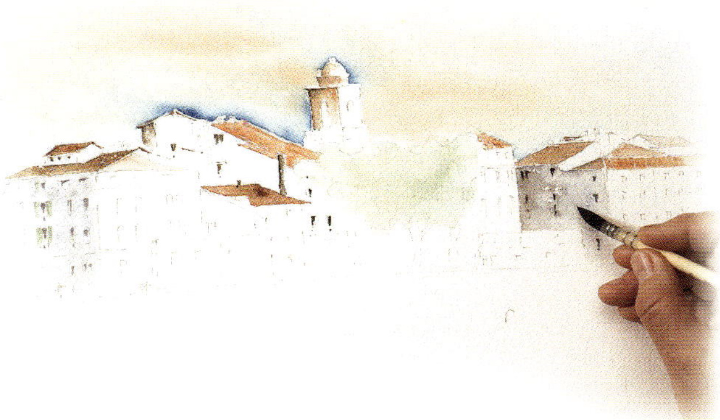

4

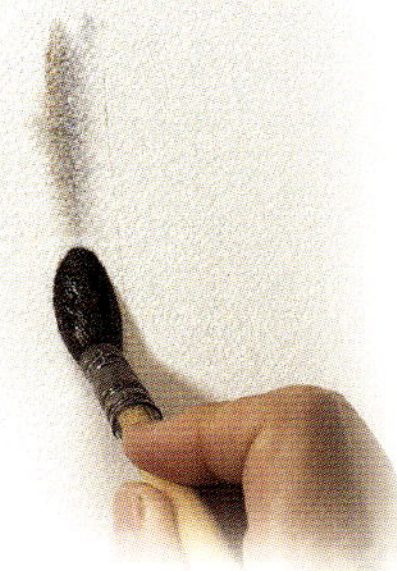

6▪ Sur les bandes d'ombre que l'on distingue dans le Rhône, passez un aplat avec le pinceau n° 3 de haut en bas en laissant nettement les reflets blancs dans un premier temps. Utilisez de l'outremer et du Sienne brûlée.

6

7▪ Aussitôt après, tirez ce gris vers la droite en horizontales allégées çà et là de traces plus claires. Quand cette partie est presque sèche, cassez les arêtes blanches en amenant quelques petits filets colorés dans la zone d'ombre.

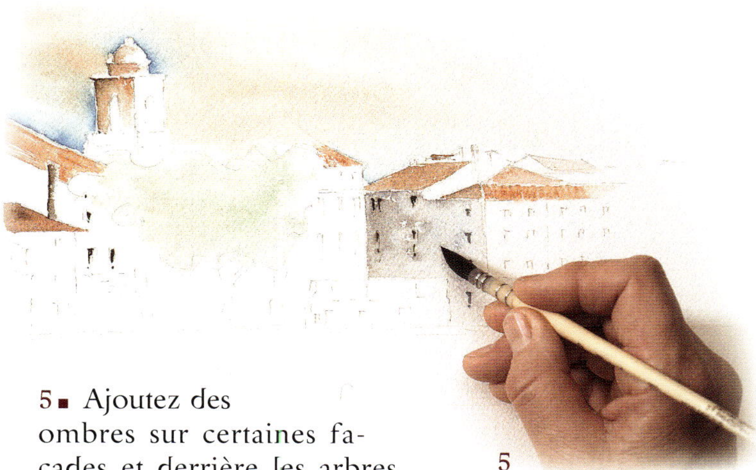

5▪ Ajoutez des ombres sur certaines façades et derrière les arbres. On peut toujours atténuer une ombre trop forte avec de l'eau et un chiffon absorbant.

5

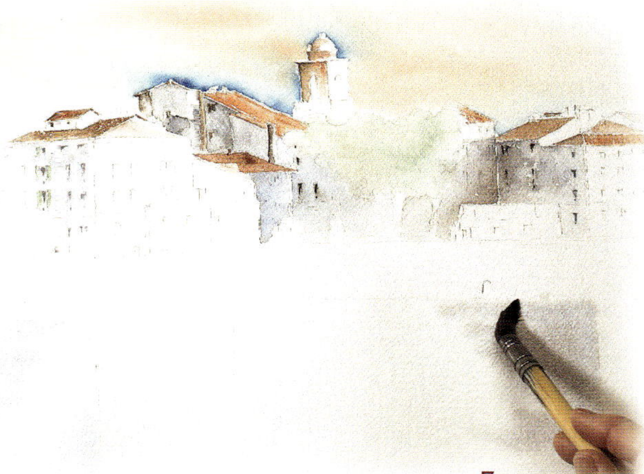

7

Réalisation

L'essentiel de l'aquarelle est fait : composition, zones de lumière, masses de couleur. Prenez votre temps pour continuer.

8 ▪ Avec un gros pinceau et du brun très dilué évoquez le quai en gardant un liseré blanc entre le quai et les maisons.

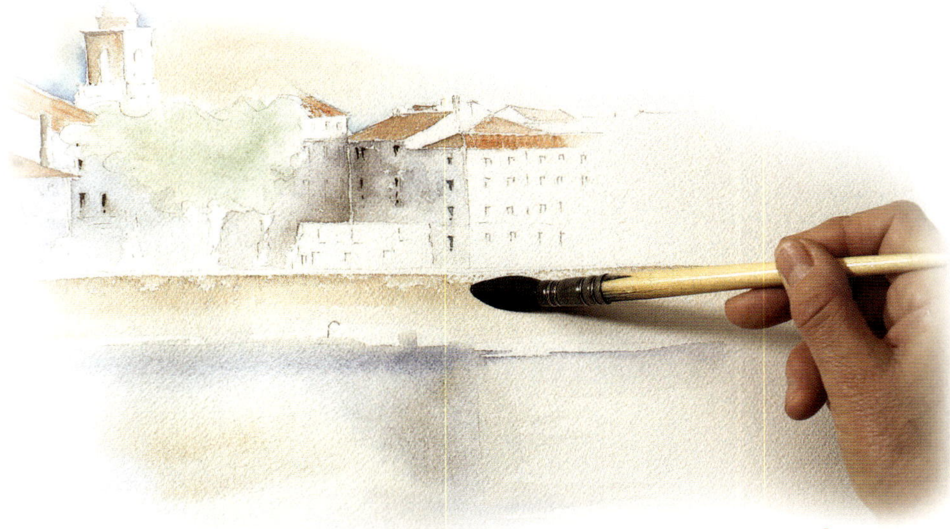

8

9 ▪ Avec un pinceau à lettres, commencez à renforcer les détails en reprenant les couleurs déjà utilisées mais moins diluées.

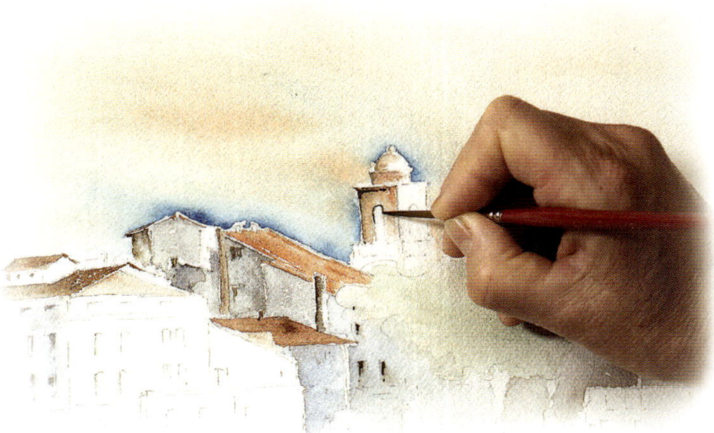

9

10 ▪ N'hésitez pas à garder des blancs en réserve, ces blancs contribuent à la luminosité de l'ensemble. Achevez deux ou trois fenêtres et esquissez les autres pour exprimer l'essentiel.

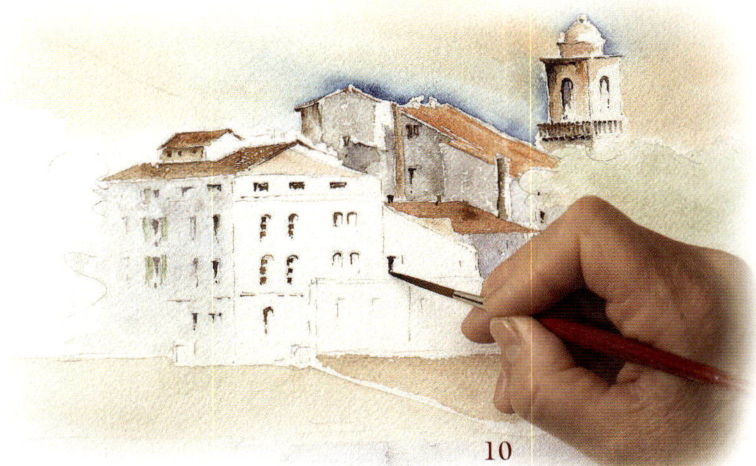

10

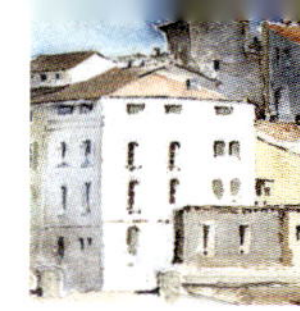

11 ■ Exécutez ce même travail minutieux sur les toits, les ombres portées des cheminées, les décrochements, les pans de murs…

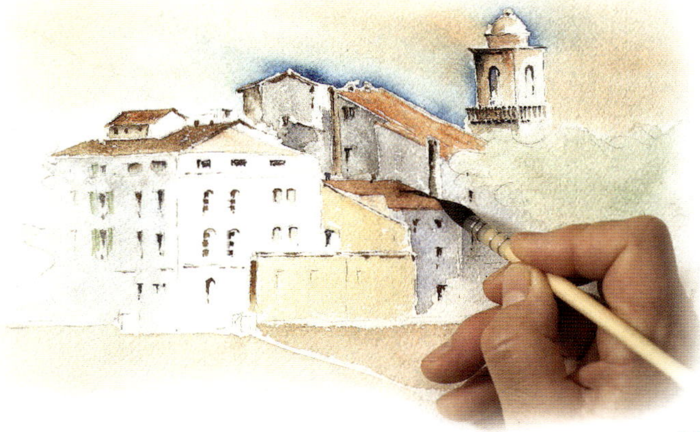

11

12 ■ Pour donner de la profondeur, accentuez la couleur à la base des murs situés aux angles des rues qui débouchent sur la petite place. Procédez de bas en haut avec un trait de couleur qui va s'éclaircir en montant.

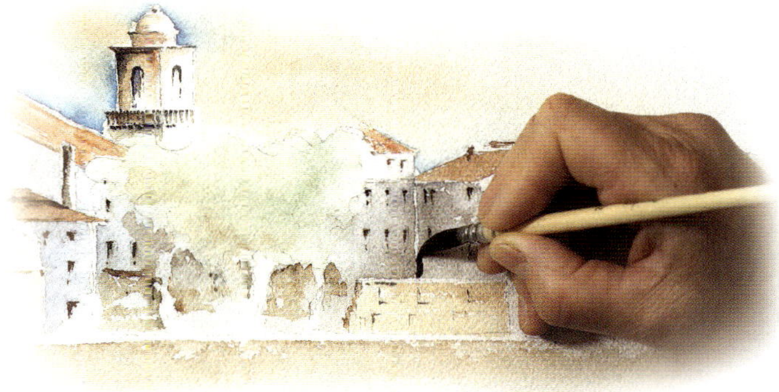

12

13 ■ Pour éviter de faire un trait rigide, ajoutez de l'eau claire et tirez cette couleur sombre vers vous et vers le haut.
Soulignez les restes du mur de Constantin de part et d'autre de la place ombragée avec le petit gris n° 0 et terminez par de nombreuses petites touches de couleur sous les arbres.

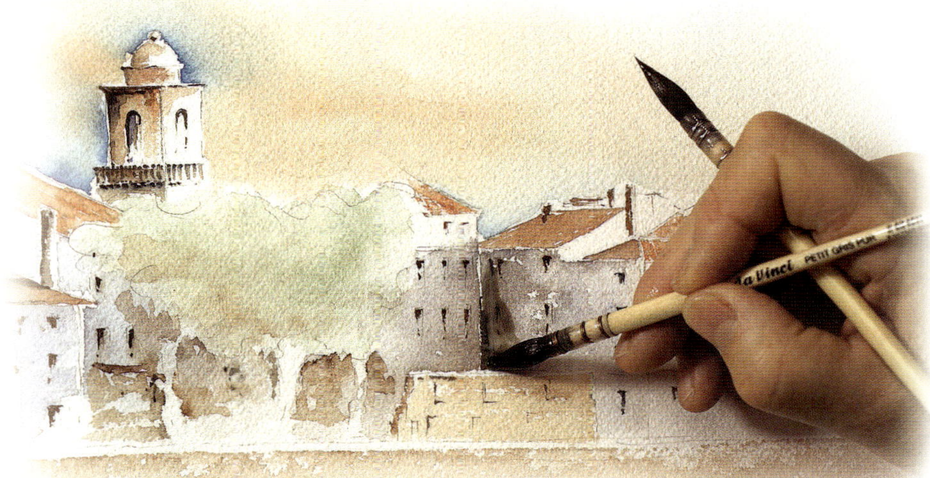

13

Le pont Langlois peint par Van Gogh

Le pont Langlois, à quelques kilomètres de la ville d'Arles, est surtout connu pour être celui qu'a peint Van Gogh. La transparence de l'air et la chaleur sèche et limpide qui avaient tant frappé le peintre étaient toujours sensibles. Le hasard fait bien les choses : quelques jeunes arbres récemment coupés avaient dégagé un petit coin sur la berge me cachant des regards et m'isolant agréablement. La fraîcheur de l'eau toute proche tempère l'ardeur du soleil encore très sensible : rien que du vert et du jaune, des gris subtils et des reflets limpides. Une cavalière et une petite fille surgies d'un chemin de traverse apportent deux taches de couleur.

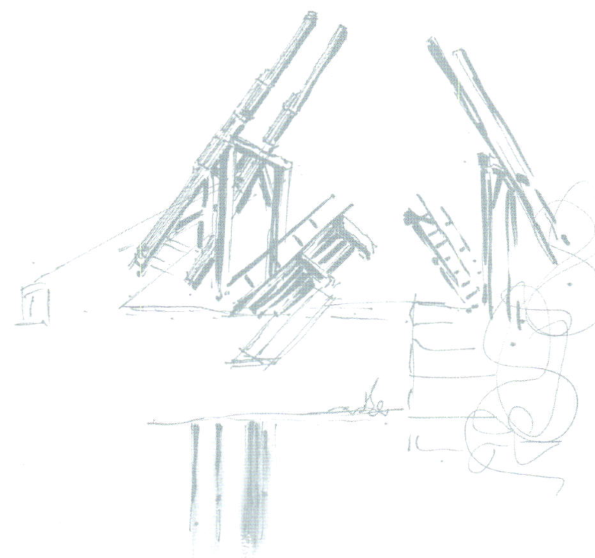

Format 61 cm x 46 cm ▸

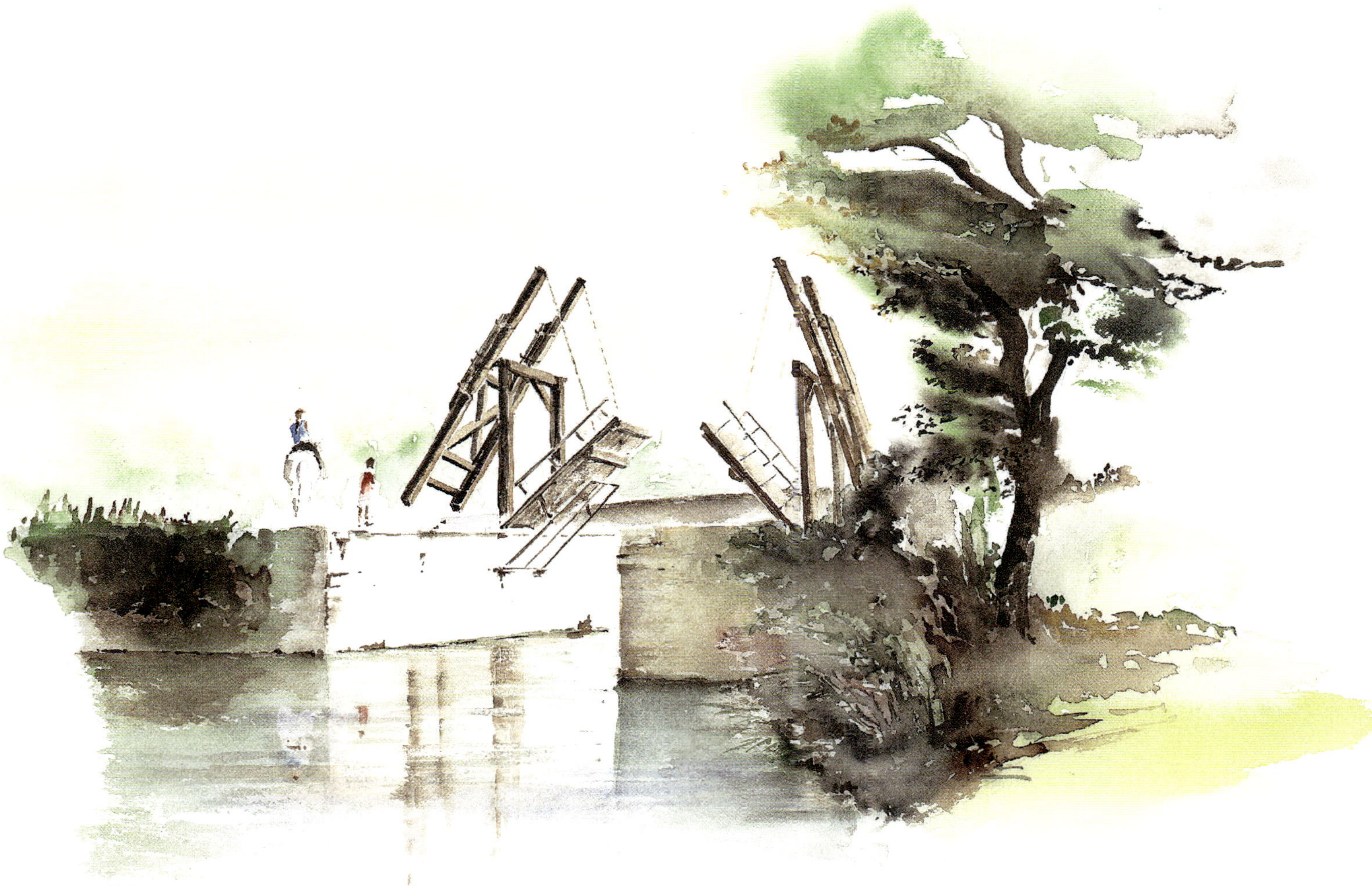

Martigues

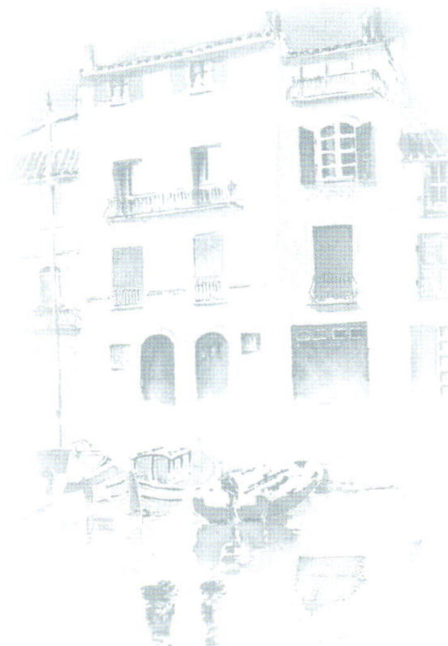

L'île Brescon, au cœur de Martigues, offre une évasion loin de l'environnement industriel de l'étang de Berre. Passé le pont-levis, on respire : canaux, maisons, églises, ruelles, bateaux s'enchevêtrent. La ville est dans l'eau et c'est un plaisir de s'y promener à pied. Les maisons de pêcheurs du Miroir aux Oiseaux ont changé de visage, les couleurs y ont un petit air de Toscane et les embarcations, une allure de bateaux de plaisance. Aujourd'hui, les filets qui séchaient jadis sur les quais et les pêcheurs ont disparu. Mais ne soyons pas nostalgiques et ne boudons pas notre plaisir. Les enfants courent toujours sur le quai et le linge sèche encore sur les balcons.

Découverte technique

Maisons colorées et alignement de bateaux dans le bassin du Miroir aux Oiseaux.

Format 61 cm x 46 cm ▸

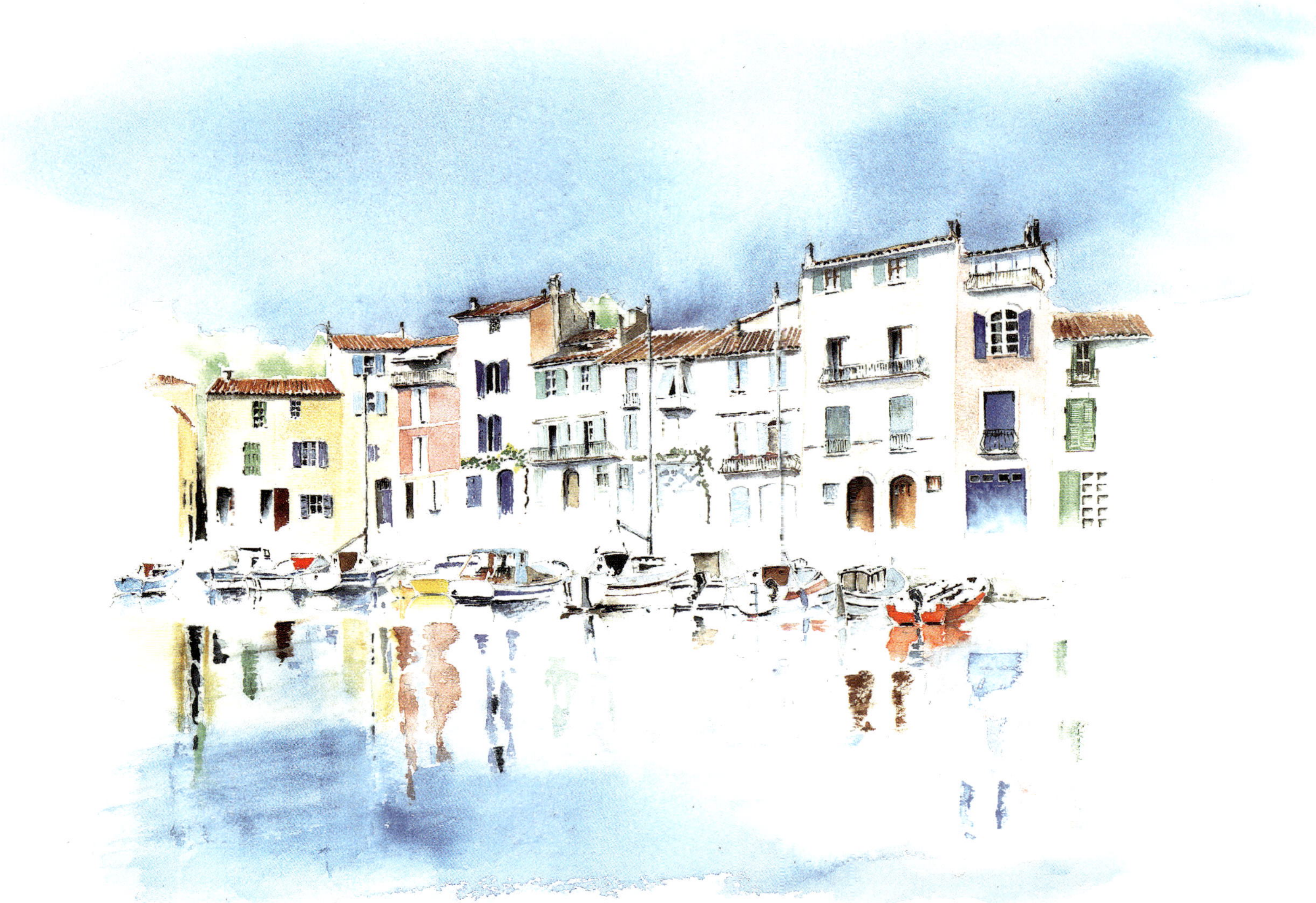

Martigues

Réalisation

1 ▪ Tracez au crayon les éléments essentiels des maisons et des bateaux ainsi que les reflets les plus colorés. Commencez par un ciel uniforme en bleu Winsor après avoir mouillé votre papier, mouillez-le beaucoup s'il y a du soleil.

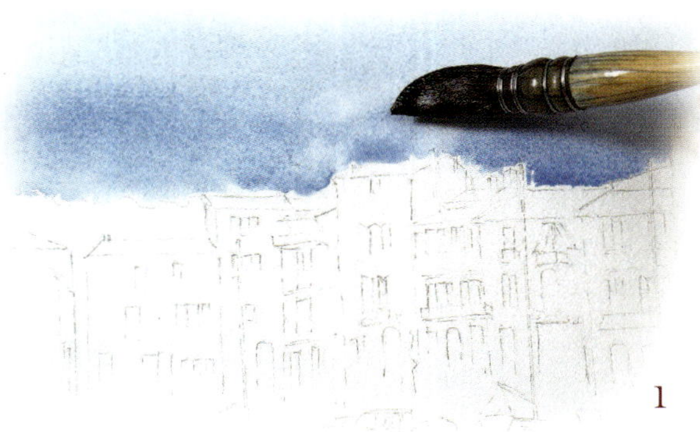

1

2 ▪ Le ciel est très bleu sans un nuage : évitez donc la trace des coups de pinceau, en inclinant vers vous le papier et en absorbant l'excédent d'eau bleue avec un chiffon propre posé à plat aux bords des toits.

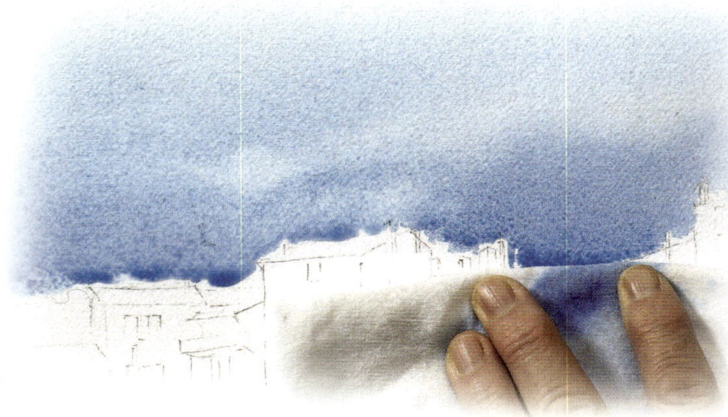

2

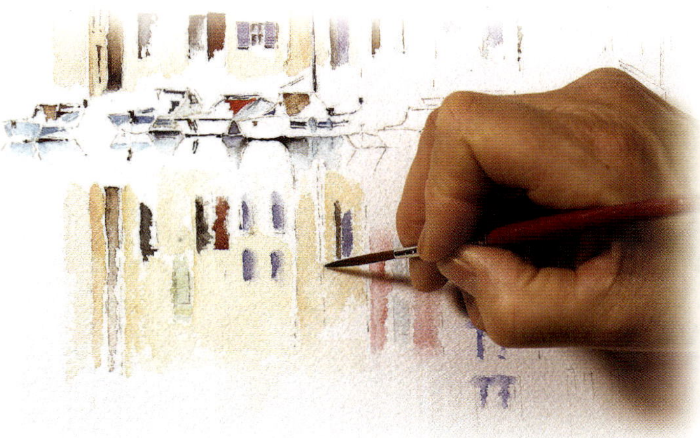

3

3 ▪ Travaillez ensuite simultanément les façades et leurs reflets dans l'eau, en ayant soin de tirer les reflets vers le bas avec suffisamment d'eau pour pouvoir y revenir et suggérer à l'œil une profondeur dans le bassin. N'hésitez pas à soulever le pinceau pour créer des irrégularités dans les reflets et laissez quelques traînées horizontales pour donner l'illusion des irisations.

Une fois les maisons colorées de rose indien, d'ocre jaune, de Sienne naturelle et brûlée, passez aux portes et fenêtres avec différentes nuances de bleu, de vert, couleur bois…

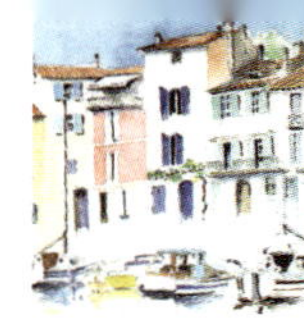

4, 4 bis ■ Peignez les toits de tuiles avec un pinceau à lettres chargé de terre de Sienne brûlée en suivant la pente du toit ; notez que les orientations diffèrent totalement à gauche et à droite. Faites des rangées irrégulières en laissant des interstices qui figurent les creux dans lesquels vous rajouterez quelques ombres.
Au bord du toit, peignez un feston pour matérialiser la dentelle des génoises et passez tout de suite un pinceau plein d'eau pour faire descendre l'ombre du toit sur la façade.

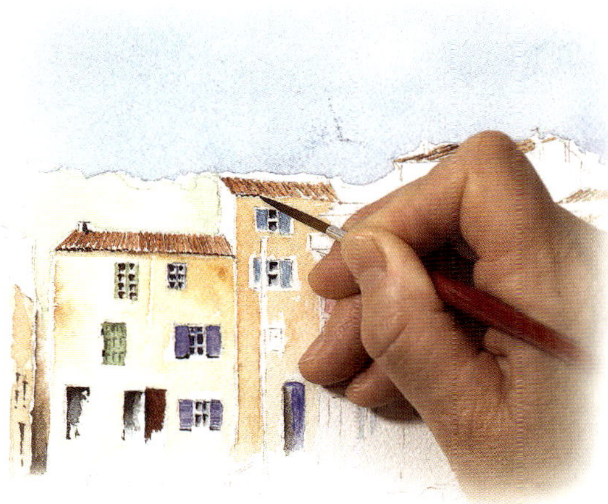

4

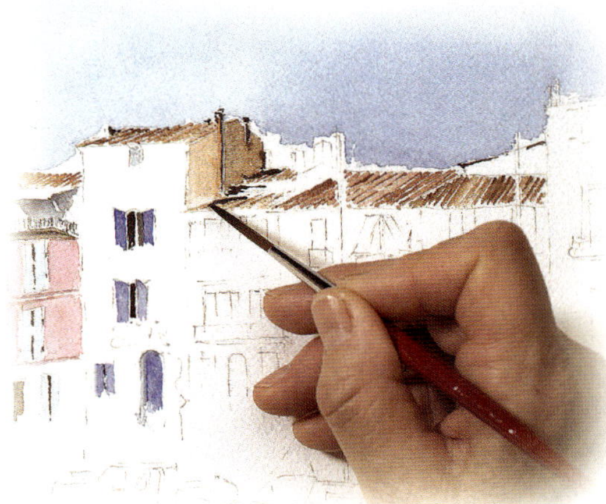

4bis

5 ■ Avec quelques points de vert de vessie, évoquez la vigne sur la maison blanche aux volets bleus et réalisez tous les petits détails qui personnalisent les maisons : balcon, terrasse, ombre sur les toits, cheminée...

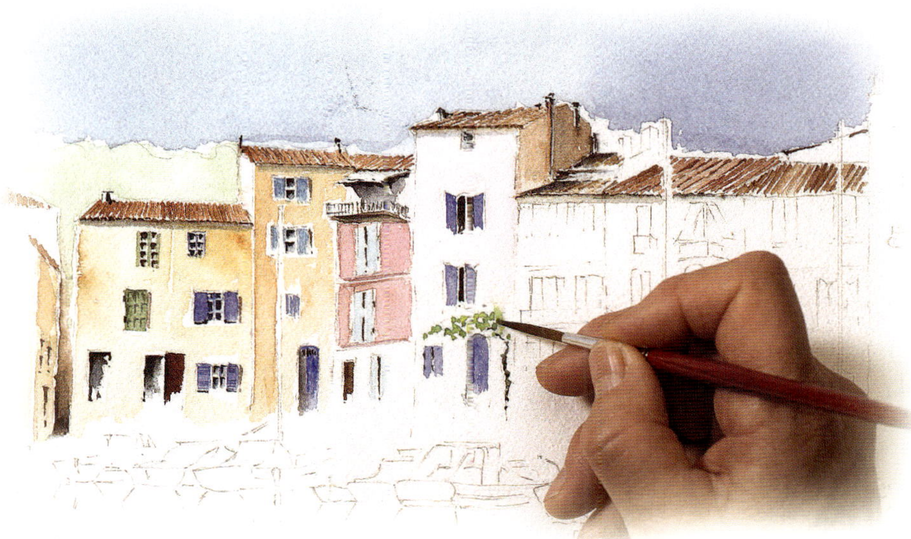

5

Réalisation

6. Les bateaux qui auront été dessinés soigneusement apparaîtront autant par les touches de couleur vive que par les reflets des coques et des bouées. Notez que j'ai délibérément laissé une zone blanche entre les maisons et les bateaux pour décaler les plans.

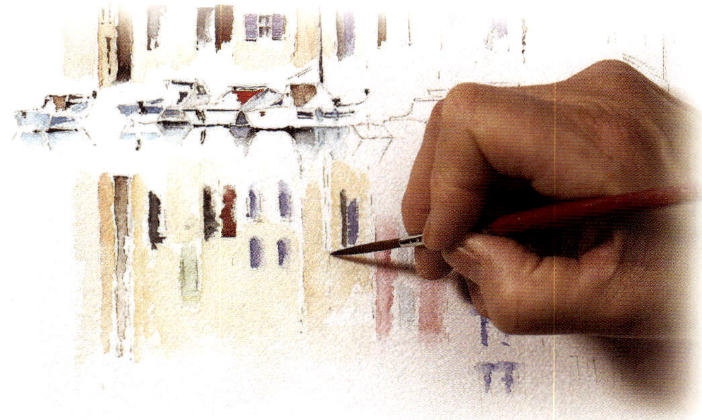

6

7, 7 bis. Pour les mâts, tracez une ligne foncée et fine par petits fragments, puis passez un filet d'eau sur la gauche puisque la lumière vient de la gauche. Procédez de la même façon mais en plus irrégulier pour le reflet dans l'eau. À ce stade, vous pouvez compléter les reflets des façades et des ouvertures.

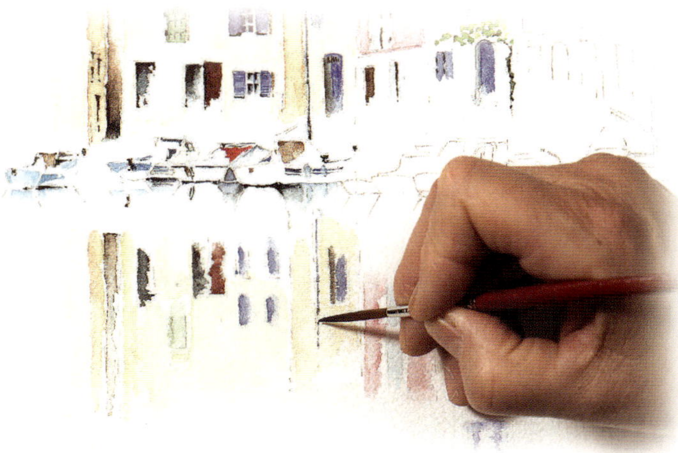

7

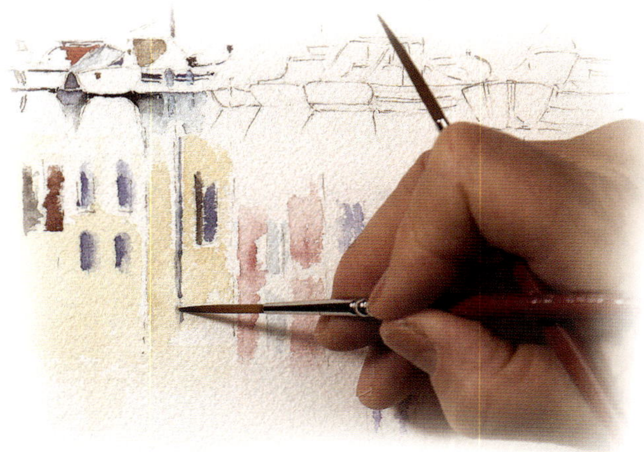

7 bis

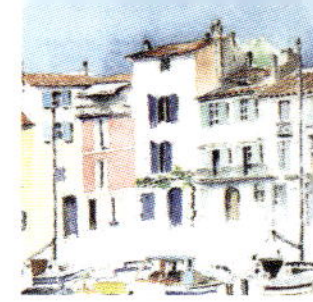

8 ▪ Lorsque l'aquarelle est bien sèche, gommez énergiquement le crayon du dessin qui souvent « salit » l'ensemble : personnellement, je gomme souvent la totalité du crayon qui s'en va sans toucher aux couleurs lorsque le papier et les pigments sont de bonne qualité.
Sachez que le crayon part difficilement sous les pigments tenaces et intenses : cramoisi d'alizarine, bleu et vert Winsor, vert émeraude, auréoline…

9 ▪ Pour terminer, balayez sous forme de traînées horizontales un peu de bleu de cobalt et de bleu Winsor, utilisés pour le ciel, afin d'homogénéiser les reflets dans l'eau. N'insistez pas sur les reflets de terre de Sienne naturelle : levez le pinceau.

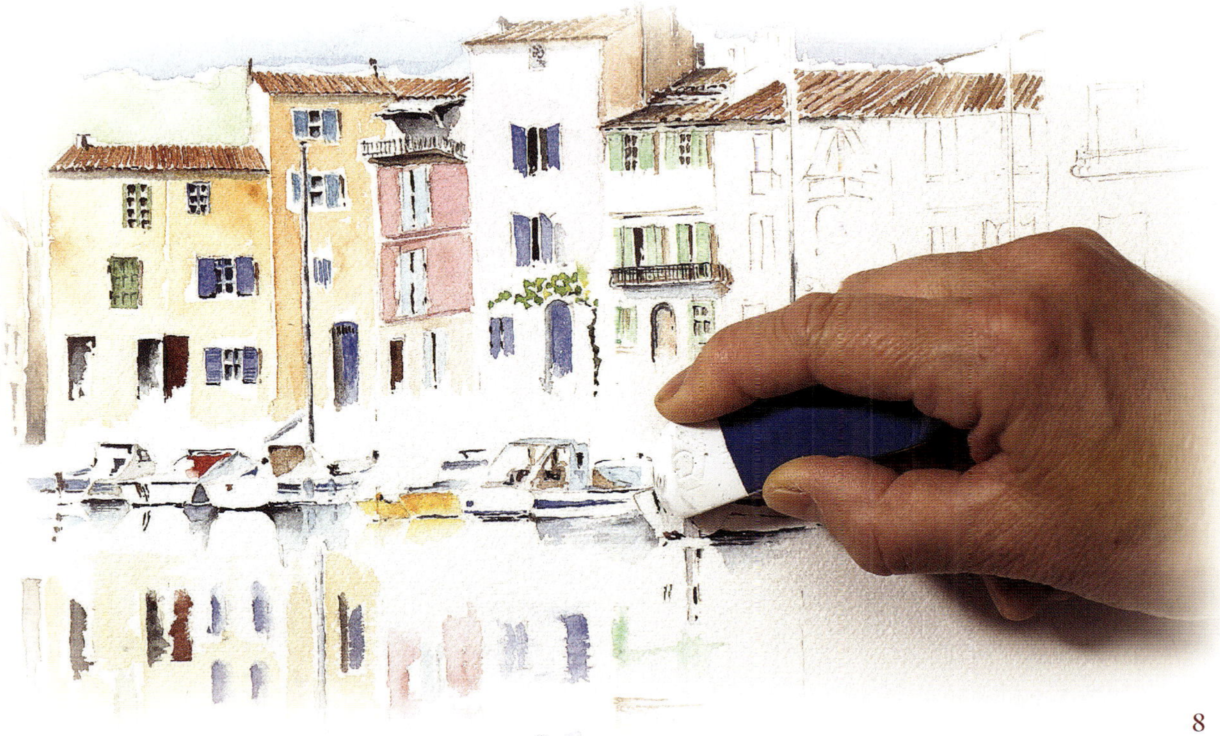

8

Les cabanes Saintes-Maries-de-la-mer

Juste en sortant des Saintes-Maries-de-la-Mer en direction d'Aigues-Mortes, on aperçoit sur la droite quelques cabanes camarguaises. Le côté qui porte l'arrondi indique tout de suite la direction du vent : il vaut mieux faire le dos rond quand le mistral survient ! Émergeant des chaumes, une pièce de bois se termine en forme de croix. À l'autre extrémité, l'entrée de la maison est surmontée par la poutre faîtière, pièce maîtresse de la charpente du toit.

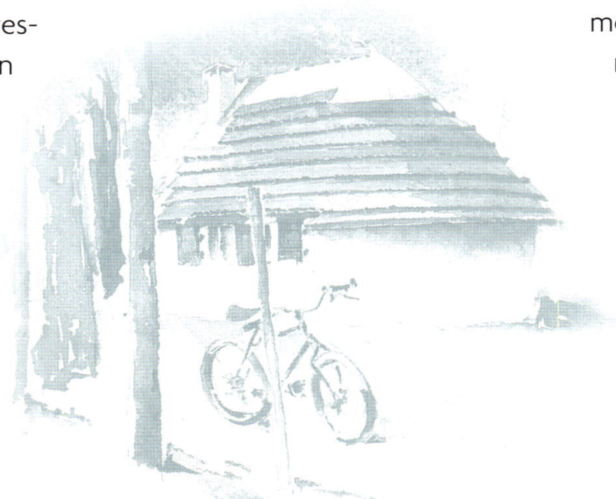

Ces maisons de gardians et de pêcheurs sont recouvertes de roseaux des marais. Les ouvertures sont rares dans les murs de pisé enduits d'un blanc de chaux étincelant. Des volets bleu vif, un vélo abandonné le temps d'une sieste, du linge qui sèche, quelques outils de jardin, autant d'éléments colorés qui se détachent sur fond de ciel d'un bleu dense.

Format 61 cm x 46 cm ▶

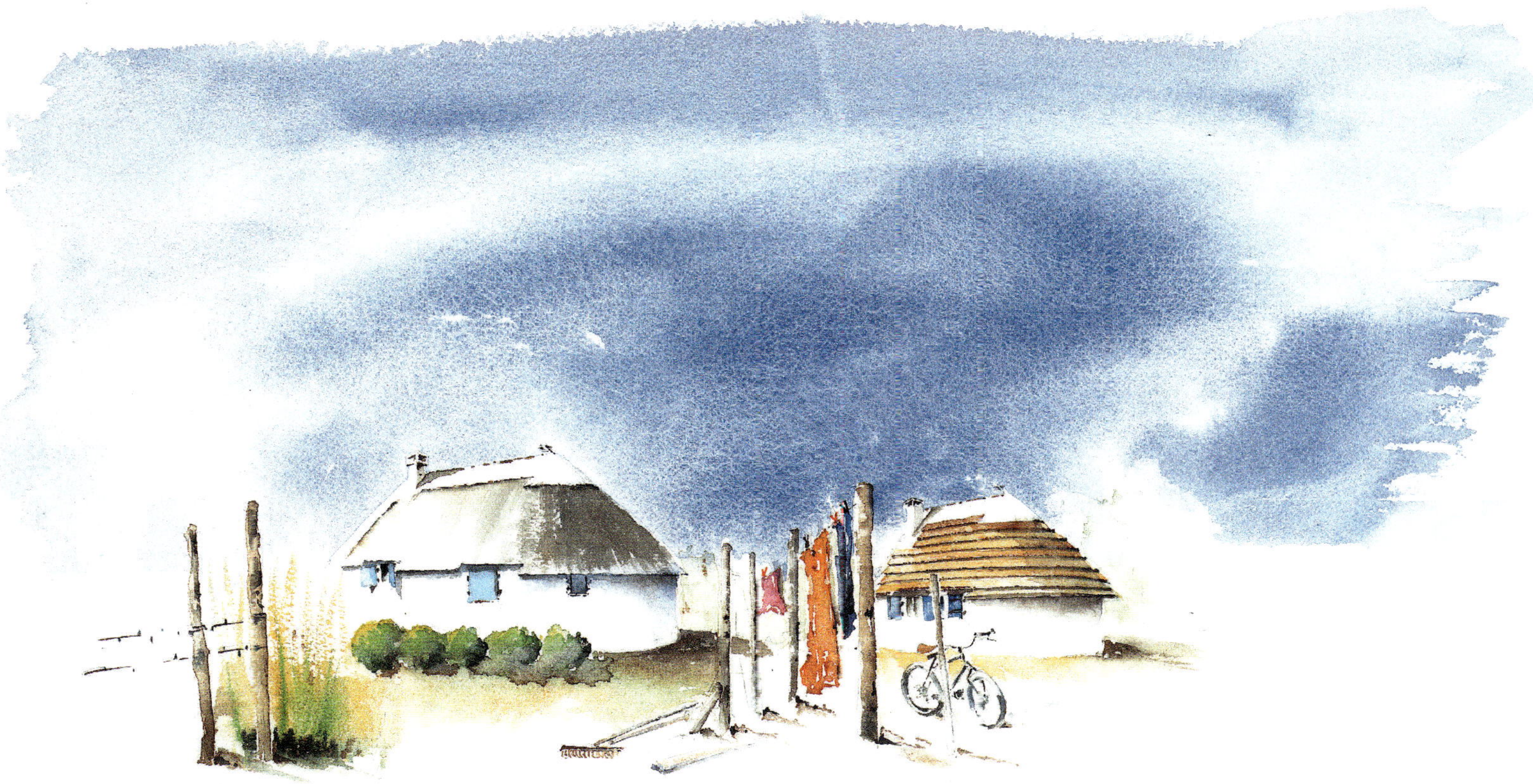

Les cavaliers

Tout près du bac du Sauvage, les groupes de cavaliers se succèdent sur ce chemin qui longe le Petit Rhône. Les petits chevaux blancs de Camargue, fidèles compagnons du gardian et du manadier (le conducteur et le propriétaire de troupeaux) offrent aussi aux visiteurs et touristes une très belle façon de découvrir ce pays de marais, d'étangs et de lagunes.

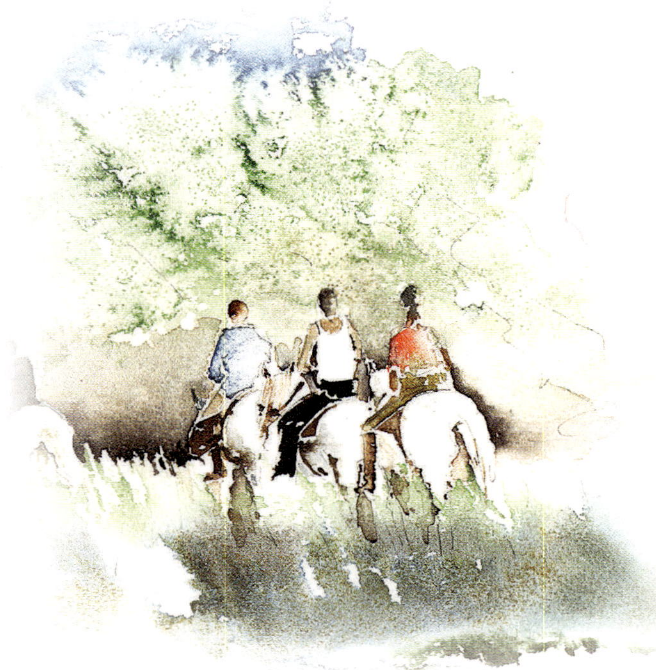

Découverte technique

Esquisse de silhouettes de cavaliers et utilisation du sel pour obtenir des effets spéciaux dans le feuillage.

Format 61 cm x 46 cm ▸

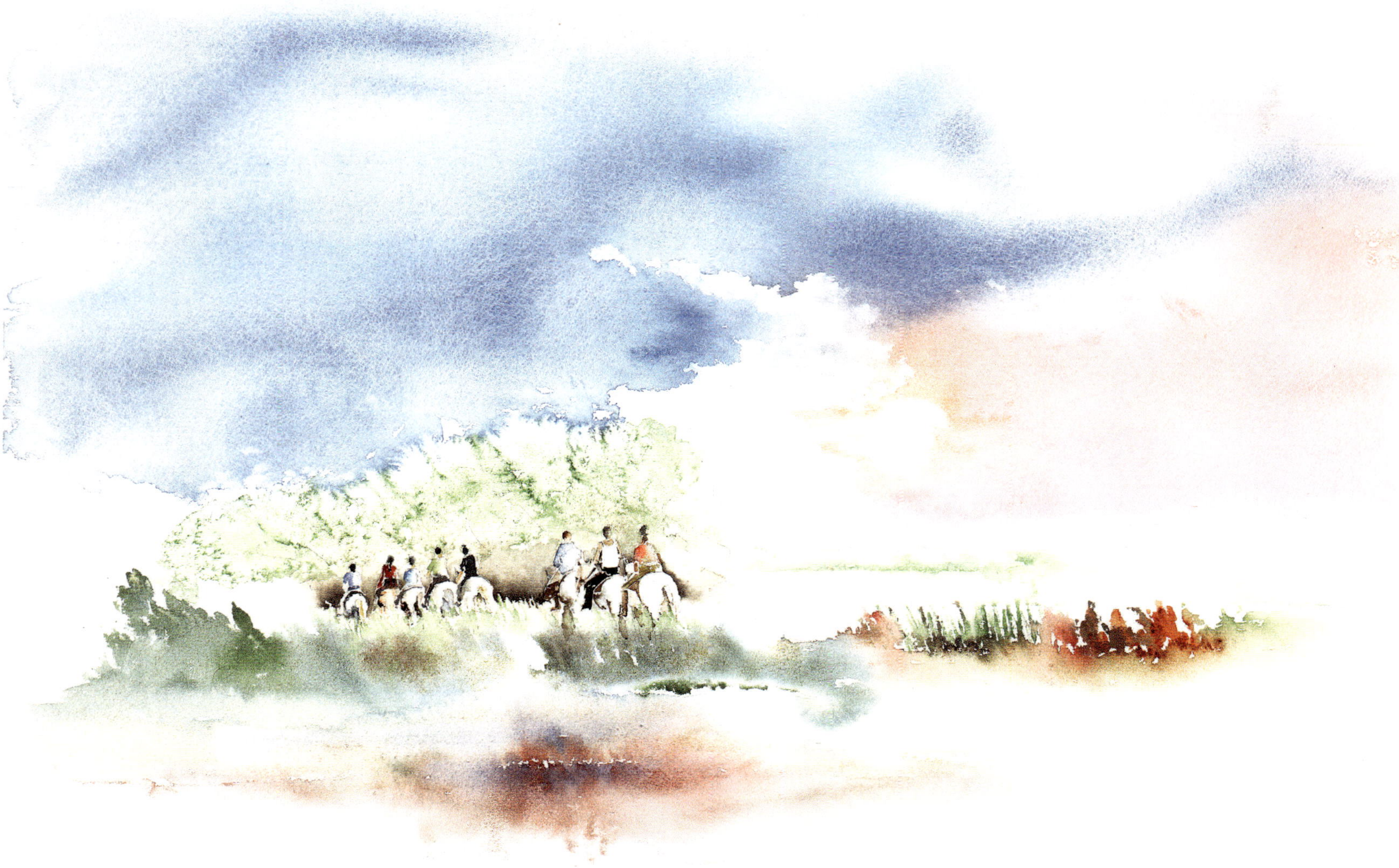

Réalisation

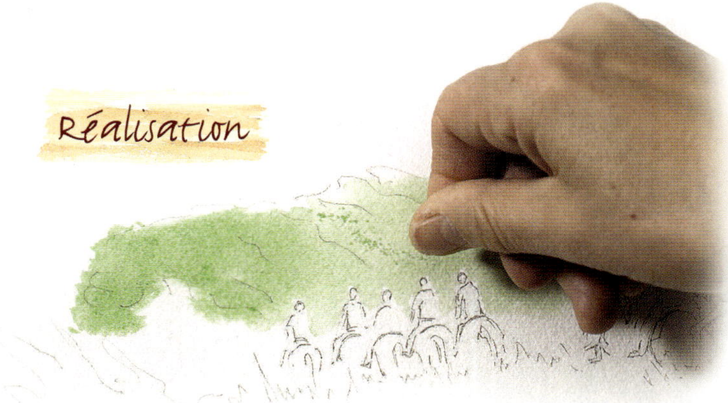

1

1 ▪ Après quelques grands traits de crayon pour cadrer le paysage, dessinez les cavaliers : représentez l'alignement un peu décalé et respectez la taille des cavaliers. Le premier à gauche est presque deux fois plus petit que celui de droite et c'est ce qui va créer la perspective.
Avec le pinceau à réserve d'eau, après avoir mouillé le papier, déposez du vert de vessie en aplat sur les arbres et arbustes qui se trouvent derrière les cavaliers.
Quand la couleur devient mate, parsemez de grains de sel fin en suivant le mouvement du feuillage. Le sel absorbe l'eau et repousse le pigment. On obtient ainsi des irisations dont la légèreté correspond à la nature du feuillage.

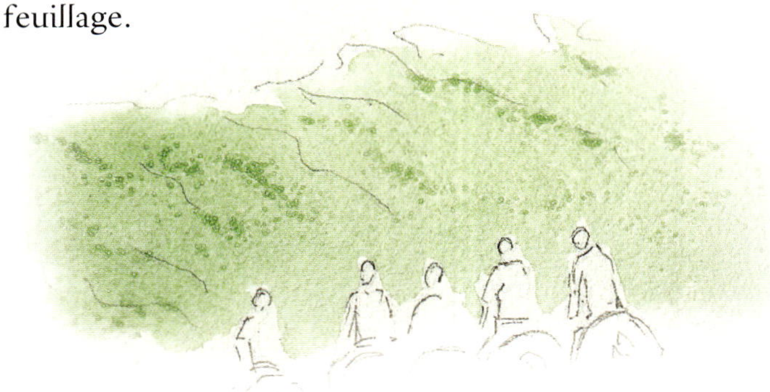

2 ▪ En attendant que le sel sèche (ne pas y toucher avant), passez aux tons vifs des cavaliers. Sur l'épaule et le côté gauche des vêtements des cavaliers, posez des couleurs pures rouge, bleu, vert, noir et mouillez la couleur vers la droite, côté orienté vers le soleil. La différence de valeurs diluées dans l'eau va traduire le volume et l'arrondi des dos.

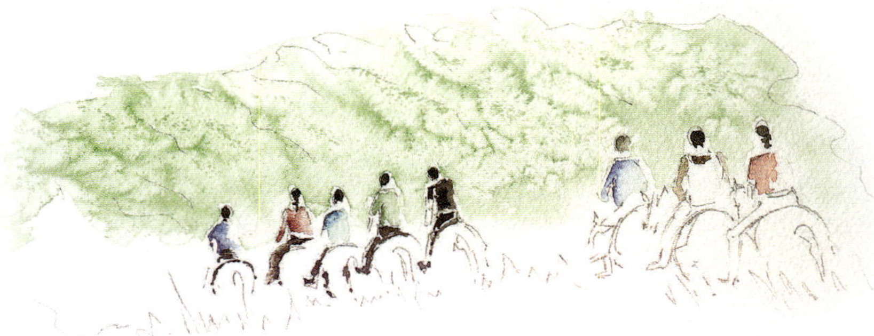

2

Exécutez ensuite les traits et petits points sombres qui vont matérialiser en négatif toutes les formes exposées au soleil : les croupes blanches des chevaux et les détails vestimentaires des cavaliers.
Évoquez les têtes des cavaliers et les détails sombres, les bottes par exemple, avec du brun Van Dyck ; ajoutez un peu d'indigo pour les taches les plus noires. Dégagez les têtes de toute attache, laissez du blanc.

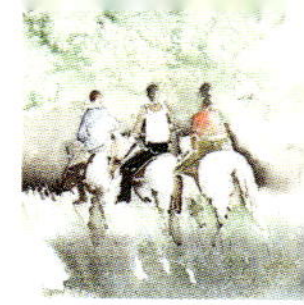

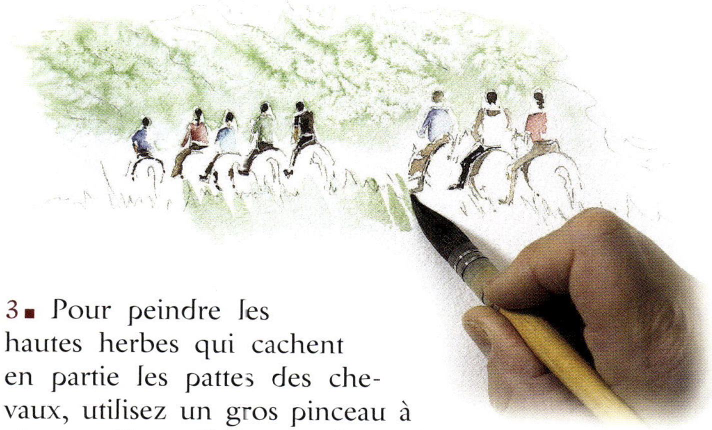

3

3■ Pour peindre les hautes herbes qui cachent en partie les pattes des chevaux, utilisez un gros pinceau à réserve d'eau. Déposez des traits verticaux légèrement obliques avec un mélange de vert oxyde de cadmium et de vert de vessie. Ces rayures verticales suivent la même orientation que le feuillage des arbres. Puis balayez le premier plan d'un geste ample avec le gros pinceau plein d'eau et un peu de vert, bleu, Sienne et pérylène…

4■ Pour traduire le creux du chemin sur lequel marchent les cavaliers, posez un brun Van Dyck nuancé d'indigo à la base, puis mouillez en tirant la couleur vers le haut pour obtenir un dégradé.
Les cavaliers émergent ainsi plus nettement.

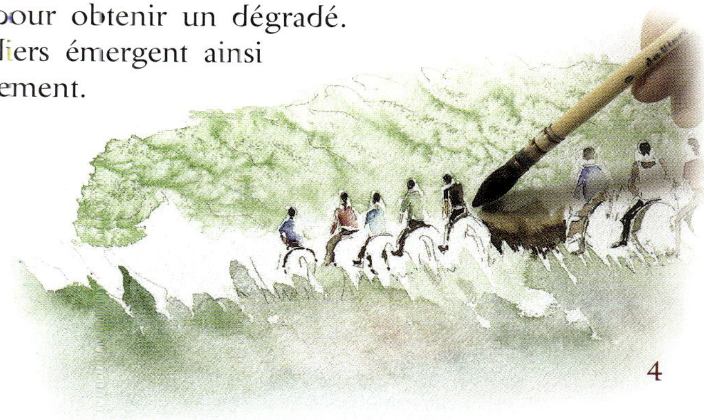

4

5■ Il reste quelques précisions à apporter : les croupes et les queues des chevaux, la pointe d'une oreille, le dessous des selles. Employez un gris obtenu avec du bleu de cobalt et de la terre de Sienne brûlée, toujours posé sur le côté opposé à la lumière. La fraîcheur de l'aquarelle ressortira mieux une fois le crayon gommé.

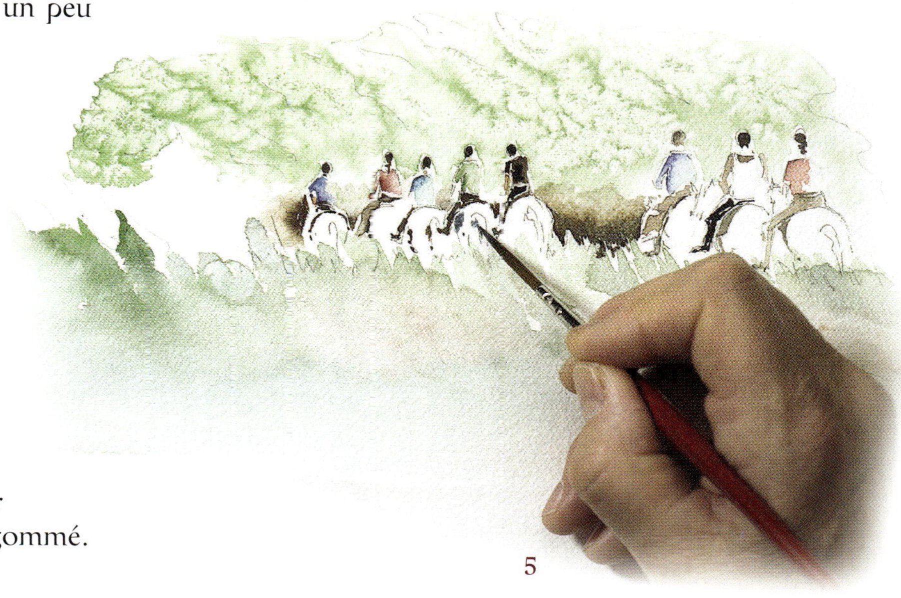

5

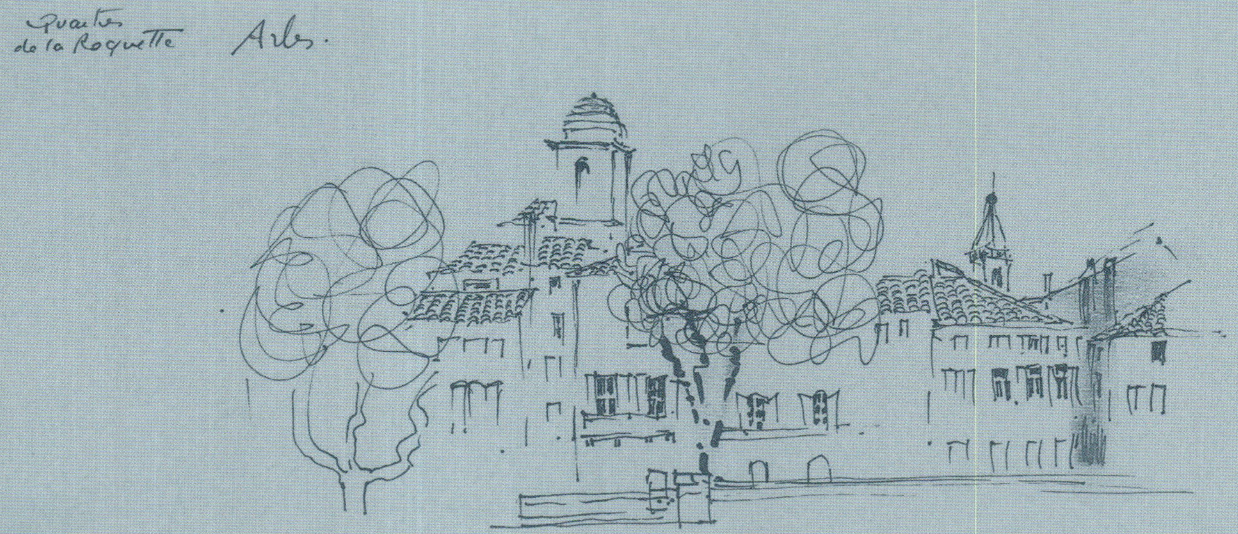

Dans la même collection

Peindre la Bretagne à l'aquarelle – Yvon Carlo

Peindre la Flandre et la Côte d'opale à l'aquarelle – Dominique Darras

Des îles aux vignobles. Peindre les Charentes à l'aquarelle – Yvon Carlo

Peindre la Normandie à l'aquarelle – Isabelle Issaverdens

Peindre Paris à l'aquarelle – Gilles Ronin